阅读成就梦想……

Read to Achieve

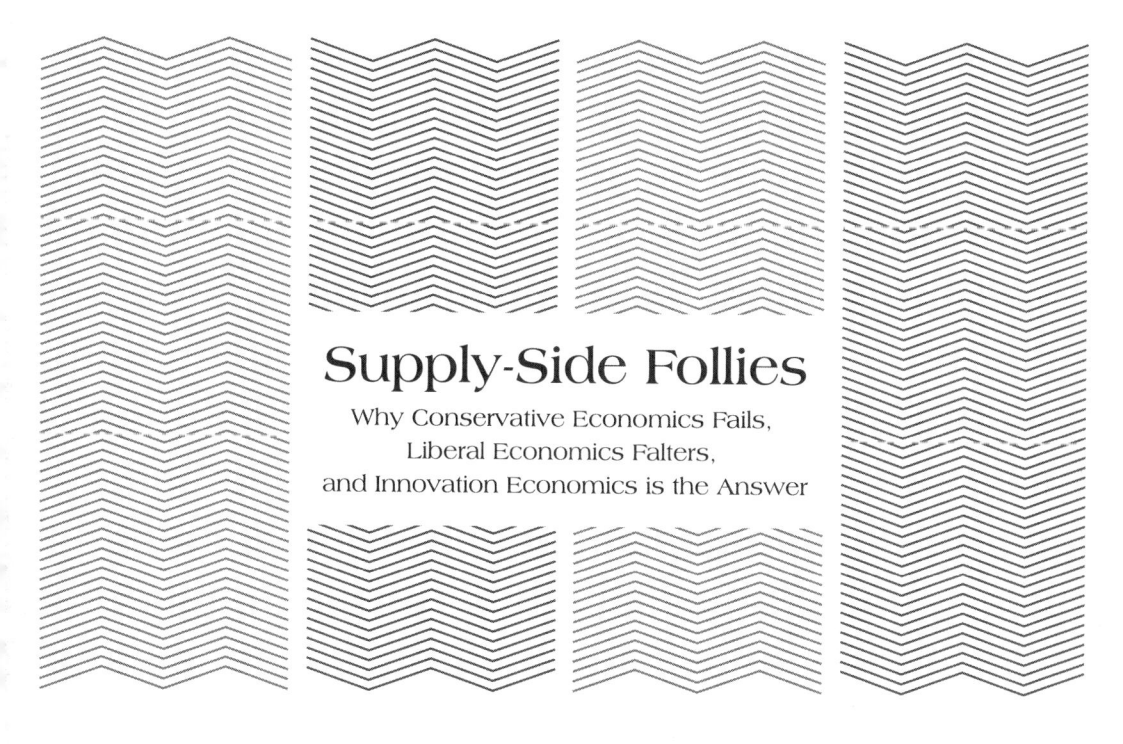

Supply-Side Follies
Why Conservative Economics Fails,
Liberal Economics Falters,
and Innovation Economics is the Answer

美国供给侧模式启示录
经济政策的破解之道

［美］罗伯特·阿特金森（Robert D. Atkinson）◎著
杨晓　魏宁◎译

中国人民大学出版社
·北京·

SUPPLY-SIDE
FOLLIES
推荐序

创新是促进经济可持续增长最关键的因素

丁开杰[①]，中央编译局世界发展战略研究部副主任、研究员

2015年11月10日，习近平总书记在中共中央财经领导小组第11次会议上，提出"供给侧结构性改革"，要求"在适度扩大总需求的同时，着力加强供给侧结构性改革，着力提高供给体系质量和效率，增强经济持续增长动力，推动我国社会生产力水平实现整体跃升"。随后，李克强总理也在"十三五"《规划纲要》编制工作会议上强调，要在供给侧和需求侧两端发力促进产业迈向中高端。

"供给侧结构性改革"概念提出后，迅速成为国内外舆论关注的热点，各界对其也产生了不同的理解和争论。其中，有人简单地将我国"供给侧结构性改革"等同于西方经济学的供给学派，甚至极端地认为我国强调供

[①] 丁开杰，经济学博士，研究员，中央编译局世界发展战略研究部副主任，《经济社会体制比较》杂志主编，全国新闻出版行业领军人才。兼任中央编译局比较政治与经济研究中心主任、劳动经济学会理事，中国社会组织促进委员会专家委员，曾任英国剑桥大学应用经济学系访问学者、达尔文学院研究助理，德国图宾根大学访问学者，德国杜伊斯堡 - 艾森大学访问学者。先后求学于中国人民大学农业经济系、中国农业大学社会学系和南开大学经济学系。

给侧结构性改革就否定了需求侧，抹杀了需求侧的重要性。针对这些错误认识，习近平总书记2016年《在省部级主要领导干部学习贯彻党的十八届五中全会精神专题研讨班上的讲话》中特别指出，"我们讲的供给侧结构性改革，同西方经济学的供给学派不是一回事，不能把供给侧结构性改革看成是西方供给学派的翻版"。

西方经济学的供给学派有什么主张？它与我国供给侧结构性改革有什么区别？要回答好这两个问题，均有赖于我们辩证理性地对西方经济学的供给学派进行全面的认识和了解。令人高兴的是，中国人民大学出版社译介的《美国供给侧模式启示录》一书将在这个方面为我们提供帮助。

《美国供给侧模式启示录》一书的作者罗伯特·阿特金森博士是美国华盛顿信息技术与创新基金会主席，在技术和新经济研究领域颇有建树。在本书的写作中，阿特金森博士延续了他善于说理和喜欢讲故事的文风，通过讲述有趣的故事、提供数据详实的例子，把供给学派和美国供给侧模式的内涵、起源、后果以及出路等向读者娓娓道来。可以肯定地讲，这是一本引人入胜的理论性读物，一旦你开启了阅读模式，就很难放下。

本书主要讨论了供给经济学的复兴及其缘由、供给经济学无效的原因以及新经济下的增长战略选择。概要来看，它至少从五个方面为我们提供了经济学家关于供给学派和美国供给侧模式的认识。

认识一：自19世纪末20世纪初以来，美国的思想运动此起彼伏，国家政治形势也在发生变化，为供给经济学复兴创造了机会。从历史的角度看，早在凯恩斯主义以及20世纪30年代罗斯福新政兴起之前，供给经济学就已经在近50年的时间里指导了大部分经济学家和共和党。只不过，直到里根和小布什上台执政时期，供给经济学才真正得以复兴。在里根上任前的五十多年里，民主经济学一直主导美国，当时的经济政策依据的是凯恩斯主义经济学，强调的是"需求侧"，认为促进经济增长的最佳途径是提高就业率，而政府主要负责刺激商品和服务的消费，尤其是在消费者和企业可能会削减开支的经济萧条时期。以里根、小布什为代表的共和党人士对经济的认识与民主党派不同。民主党强调"均分蛋糕",而共和党寄希望于"做大蛋糕",力主推动以减税为单一特征的供给经济学政策。这种供给经济学最核心的动力是以自由作为其基本原则。在供给经济学家看来,由于累进税制将一些人手中的钱给了另外一些人,因此是对个人自由的威胁;同时,由于政府开支使得集体判断代替了个人判断,所以它也是对自由的威胁。作为最忠诚的供给学派的支持者,里根和小布什都相信,税收减免可以带来繁荣的经济发展,以及更小的联邦政府。

认识二:以供给学派为理论依据的共和党上台执政后,其政绩泛善可陈,因为"承诺很美好,现实很残酷"。这就像一支玉米棒子,外表看起来很饱满,剥开一层层的壳,里面却是干瘪的玉米粒。按照供给派学说最基本的理论,减税能够促进工作、促进储蓄和刺激投资,然而阿特金森从现实经验和学术证据角度进行的论证表明,供给学派的理论预期根本无法实现,单一的减税政策不仅没有使人们多就业、多储蓄或多投资,而且还引发了不利的社会和财政现象,加剧了不平等。

认识三:供给学派和需求学派都无法成为 21 世纪新经济下最为有效的经济政策。通过详实的数据,阿特金森博士回答了关于供给学派的五个"为什么",包括"为什么供给经济学不能通过减税来促进就业""为什么减税不能增加储蓄""为什么减税不能增加税收""为什么供给侧减税政策会加剧不平等""为什么供给侧的减税政策无法促进增长"?在造成以上后果的诸多原因中,最为突出的一个原因是"税收中性被破坏"。大多数供给学者认为唯一重要的是经济增长,而且简单地认为更多的不平等能激发人们更多的进取精神,支持共和党的选民也天真地认为"即使不平等现象加剧,我们都会有富起来的那天"。事实上,单一的减税政策只是让高收入者获得更多的税收优惠,却没有刺激更大多数属于中低收入阶层的公民去提供更多的劳动。大部分增长最后都集中到了少数高收入者手中。共和党的供给侧理论失效。但是民主党的需求侧理论也没有确保经济的可持续增长,因为民主党人大多数站在公平的立场上，低估了共和党计划的激进性。如果说，在20世纪90年代的时候，民主党还能够清楚地阐明其连贯有效的增长策略，即结合定向的公共投资、财政节制和全球化的克林顿经济学，而此后的民主党却未能清楚地阐明连贯的增长策略。相反，他们过于保护旧经济下需求侧和平民经济学的理论框架。总之，囿于自身的种种缺陷，供给学派和需求学派都无法成为21世纪新经济下最为有效的经济政策。

认识四：随着经济与社会政治的转型，创新和知识成为21世纪经济增长的两个最重要的因素，新的经济政策应该将创新和知识摆在核心位置，既强调供给也强调需求。从经济思想史来看，凯恩斯主义就是适应经济社会转型而提出和发展的，它的主要贡献在于说明经济发生了根本改变，经典模型已经不合时宜。在约翰·肯尼迪上台后，美国政府运用凯恩斯主义来干预经济。到20世纪七八十年代，凯恩斯主义衰败，旧经济的衰竭由此产生的经济滞胀使得政界广泛而深刻地对需求学说进行批判。于是，供给经济学得以填补了经济理论的空缺。然而进入21世纪后，旧秩序让位于新秩序，供给学派和需求学派的时代都已经过去。用阿特金森的话来说，"保守经济学一败涂地，自由经济学举步难艰，创新经济学高歌猛进"。只有通过将知识和创新放在国家经济政策中心，才能保证实现强劲的经济增长，提高人民的生活质量。

认识五：美国当前需要的经济政策是增长经济学。阿特金森博士在本书中对实现美国经济的持续增长提出了不同于供给经济学的增长经济学，认为"美国当前需要的经济政策是增长经济学"。这种增长经济学的观点在四个方面与我国供给侧结构性改革观具有共识性，对我们也具有启示：一是在经济增长策略中，需要辩证处理政府和市场的关系，唯政府论不行，唯市场论也不行；二是要实现经济的持续增长，必须从供给侧和需求侧同时发力，唯供给侧不行，唯需求侧也不行，只是不同阶段对不同侧的发力程度要求不同；三是在新经济下，创新是实现广泛可持续经济增长的最佳选择，建立创新型国家和创新型社会是实现经济繁荣的必由之路；四是公平和增长之间不是妥协关系，而是完全可能同时实现的，关键在于坚持辩证地看待"生产力"和"生产关系"二者的关系，在不断提高生产力的同时，能够进一步完善生产关系。

  我们常说，开卷有益。相信各位读者从阿特金森博士这本力作中能获得很多有益于全面深化我国经济体制改革的启示。

SUPPLY-SIDE
FOLLIES
致 谢

写书不是一件可以掉以轻心的事情，它所耗费的漫长时间原本可以用来多陪伴家人。因此，我非常感谢我的妻子安妮·玛丽，在我写书期间，她不断地给予我鼓励和支持。正是她的热情让我下定决心写这本书，并在无数个深夜和周末坚持下来。我还想谢谢我的儿子大卫，感谢他做我的助理和抄写员，他对政治及政策的兴趣与热情也帮了我不少忙。

我还要感谢进步政策研究所和民主党领导委员会的朋友和同事们。在过去几年里，他们帮助我提炼了本书的许多想法。我特别要感谢埃德·基尔戈和威尔·马歇尔，以及为我提供了深刻有用的洞见的其他同事和朋友：贾里德·伯恩斯坦、史蒂芬·克流斯、亚历山大·菲尔德、罗宾·法莫替丁、大卫·哈特、乔·肯尼迪、迈克尔·曼德尔、大卫·莫谢拉、安德鲁·雷默、安德鲁·谢里、罗伯特·韦斯伯德和霍华德·威尔。他们每个人都给出了独特的见解，使这本书更清晰、更准确、更具说服力。最后，我要感谢我的编辑克里斯托弗·安扎隆，他从一开始就对这本书抱有信心，一路走来为我提供了许多支持和极具帮助的建议。

如果书中有任何错误，我愿承担全部责任。此外，这本书中所表达的观点全部来自我个人，与信息技术与创新基金会无关。

SUPPLY-SIDE FOLLIES
译者序

非常荣幸能够有机会翻译罗伯特·阿特金森博士所著的《美国供给侧模式启示录》一书。该书所阐述的内容准确生动，富有条理，逻辑清晰，让我在翻译过程中学到了很多有关美国政治经济以及历史的知识。

本书作者罗伯特·阿特金森博士是华盛顿信息技术与创新基金会的主席，他在经济政策分析方面颇有建树。其作品《创新经济学：全球优势竞争》的中文版于2004年问世，深受广大读者的喜爱。《美国供给侧模式启示录》是阿特金森博士的又一力作，该书严谨且条理地分析了供给经济学的历史，客观讨论了小布什政府时期的供给政策，并结合案例提出了21世纪新经济下最为有效的经济政策。

本书共分为三部分：第一部分结合小布什政府时期的供给侧理论复兴，分析论述了美国供给侧理论的定义、简史以及在里根政府和小布什政府执政时期的应用；第二部分主要针对美国供给侧理论强调的减税政策进行讨论，详细分析了小布什政府的减税政策在就业、储蓄、投资、国民收入水平和经济增长水平方面的效果，并提出了客观见解；第三部分进一步提出了需求经济学和增长经济学（创新经济学），通过多种政策分析，阐明什么才是在新时期最有效的政策。阿特金森认为，21世纪的新经济以知识、科技和创新为导向，应相对减少资本在经济发展中的重要性，要重视新知识和新科技，实现资源的最优分配。因此，政府应多支持校企合作等能带动创新的经济活动，扶持小企业进行研发，提高人民的生活质量，实现经济的健康和持续发展。事实上，作者提出的很多政策性建议与中国当前推行的供给侧结构改革不谋而合。

因此，我们必须辩证理性地看待美国的供给侧政策。正如习总书记所指出的，"供给学派强调供给会自动创造需求，应该从供给着手推动经济发展；增加生产和供给首先要减税，以提高人们储蓄、投资的能力和积极性。西方的供给学派强调的重点是减税，过分突出税率的作用，并且思想方法比较绝对，只注重供给而忽视需求、只注重市场功能而忽视政府作用。我们讲的供给侧结构性改革，既强调供给，又关注需求；既突出发展社会生产力，又注重完善生产关系；既发挥市场在资源配置中的决定性作用，又更好地发挥政府作用，既着眼当前，又立足长远。"尽管中国的供给侧结构性改革不能与西方的供给侧政策混为一谈，但我在翻译本书的过程中也进一步了解到，作者提倡的科技创新、重视资本使用方式而非数量、有效发挥政府功能等一系列建议，十分符合我国当前大力推行的供给侧结构改革和将创新居于首位的发展理念。因此，我们应信心十足，坚定地迈开步子，大步前行，以实现经济又好又快的发展。

最后，我还要感谢安译工作室能给我这次珍贵的机会，谢谢魏宁在翻译过程中给予的帮助和建议。在翻译此书的过程中，我受益匪浅，也希望这本书能够给更多读者带来知识的快乐。

SUPPLY-SIDE
FOLLIES
目 录

第一部分 **供给侧理论的复兴**

第 1 章　无可挑剔的里根共和党　3

第 2 章　供给经济学的十大核心特征　25

第 3 章　供给经济学简史　33

第 4 章　从罗纳德·里根到乔治·布什　51

第二部分 **供给侧理论的成效**

第 5 章　减税能够促进就业吗　83

第 6 章　低税率能增加储蓄、刺激投资吗　103

第 7 章　降低税率能增加税收　125

第 8 章　减税会影响收入不平等吗　145

第 9 章　低税率能使经济增长提速吗　165

第三部分 新经济下的替换策略

第 10 章 需求经济学:来自过去的替代理论 187

第 11 章 增长经济学:当前需要的经济政策 217

附 录 增长经济学政策提案:支持创新型国家

SUPPLY-SIDE FOLLIES

Why Conservative Economics Fails, Liberal Economics Falters, and Innovation Economics Is the Answer

第一部分

供给侧理论的复兴

SUPPLY-SIDE
FOLLIES
第 1 章
无可挑剔的里根共和党

> 那些自以为能够免受任何学术影响的实干家,往往奴役于一无是处的经济学家。
>
> 约翰·梅纳德·凯恩斯

1990 年,一位年轻的经济学家出版了一本新书,该书捍卫了罗纳得·里根总统当局的经济政策——通过减税和降低非国防政府开支的供给侧改革。供给经济学(supply-side economics)传达的信息简单明了,它不仅引起了新派保守主义者的兴趣,也受到无数为共和党提供资金的富豪们的关注:原来政府发展经济最重要的方式是减税,尤其是所得税最高税率、存款税和投资税。该书通过 260 多页的数据论证说明了降低税率能够促进就业,提高储蓄,刺激投资。在该书的最后一章,作者大胆地描述了里根改革后的议程,他认为大力调整经济政策的第一步就是要维护里根总统得来不易的成果,使所得税最高税率维持在 28% 以下(里根总统刚入主白宫时该税率为 70%)。

作为供给侧改革领域的罗伯斯庇尔（Robespierre）[①]，这位作者想要推进里根的改革，改变经济政策。他认为，为了实现这一目标，国会应该大幅削减资本收益率和股息税率，降低国家税和地方税，建立大额个人免税存款账户，取消遗产税，将社保私人化。然而他最大胆的提议是，撤销已有75年历史的累进所得税率，以19%的单一税率取而代之，其中包括个人所得税和尚未实行的存款税。这本学术性相对较强的书在一定程度上受到了保守党的关注，并获得了诸如《国家评论》（*National Review*）和《福布斯》（*Forbes*）等杂志的赞许。

如果该书作者期待着其大胆的经济计划马上得到实施的话，那现实恐怕得让他失望了。总统乔治·赫伯特·沃克·布什（George Herbert Walker Bush）不仅没有推进里根改革，反而背道而行，通过提高税收来减少预算赤字，令供给学派大失所望。1992年，比尔·克林顿当选美国总统，新民主党派提倡财政节制和有针对性的公共投资，这也与该书作者期待的供给侧改革大相径庭。

拥护者现身

这位年轻的经济学家并未因此止步，而是耐心等待着供给经济学的拥护者现身，推动里根改革取得成果。1999年，他的耐心终于获得了回报，他的拥护者出现了，那就是得克萨斯州州长乔治·沃克·布什。与其父亲老布什不同，小布什属于新派共和党人，其政治思想根源于20世纪80年代的里根执政时期，而不是20世纪50到70年代的艾森豪威尔和尼克松时期。在这类新派共和党人看来，政府与税收不是问题所在，而是解决方式。

后来，在小布什为总统大选寻找经济政策建议者的过程中，他向拉里·林德赛（Larry Lindsey）寻求意见，此人就是本书开始时提到的那位

[①] 法国革命时期雅各宾派领袖、革命家，最终被抓捕处死。——译者注

作者，他于1990年出版了《增长实验：新的税收政策将如何改变美国经济》(The Growth Experiment: How a New Tax Policy Is Transforming the U.S. Economy)一书。作为一位毕业于哈佛大学的经济学家，林德赛在里根和老布什执政期间没有受到重用，却在供给侧改革的浪潮中出人头地。他与当时的得克萨斯州州长小布什关系甚密。1999年，林德赛又出版了《经济傀儡师，从权力大厅中得到的教训》(Pconomic Puppetmasters: Lessons From the Halls of Power)一书，小布什在该书的封面上题词：关心国家经济命运的人都该读读此书。当别人问起林德赛在总统大选中所扮演的角色时，小布什回答说："我想你也知道，我和拉里·林德赛很熟，我们经常一起交谈。"①说实话，这样的回答太过轻描淡写。

2000年，小布什赢得美国总统大选，这是自1960年以来民意调查率最为接近的一次大选。小布随即宣布任命林德赛为国家经济委员会（National Economic Council，NEC）主任，该组织与国家安全委员会类似，是美国总统幕僚机构，负责制定和监管经济政策。对于保守派来说，林德赛的任命及其他著名供给学派人士的政府任职应该属于意料之中。因为到了2000年，供给经济学已经成为共和党的金科玉律，几乎所有的经济学保守派学者都认同这一政策，即使他们不把自己称作供给学派。

不过由于政府很少使用"供给侧"一词，鲜有人在听过总统的演讲或看过政府新闻稿后得出上述结论。这是因为该词在20世纪80年代曾遭到抹黑。当时供给学派承诺降低税收，提高收入，然而结果却导致预算赤字飙升。民主党领袖委员会副会长艾德·基尔戈（Ed Kilgore）称："布什政府不会承认供给侧学说，因为乔治·布什能够当选总统，很大程度上归功于其高超的骗术，让人们误以为，同为共和党人，他与纽特·金

---

① Larry Kudlow, "W. Slams a Homer for Growth," *National Review Online*, 20 October 2000, www.nationalreview.com/kudlow/kudlowl02100.shtml (accessed 21 November 2005).

里奇①（Newt Gingrich）并不一样。"②但是当布什政府将"供给侧政策"交到迪克·切尼③（Dick Cheney）的办公室时，意味着16年前林德赛大力倡导的供给侧改革已经成为美国政府经济政策的引路灯。借用供给经济学专家、前里根政府官员拉里·库德洛（Larry Kudlow）的话，"可以说明小布什政府是自1924年卡尔文·柯立芝（Calvin Coolidge）④胜利以来最保守的共和党政府。"⑤该评论很能说明问题，因为据保守派专栏作家罗伯特·诺瓦克（Robert Novak）称，卡尔文·柯立芝是"供给经济学之父"。⑥

入主白宫后，布什不失时机地推行林德赛当年倡导的供给侧改革。第一步就是降低1993年克林顿在任时对美国有钱人增加的税率。布什声称预算结余过高，并轻而易举地说服了由共和党控制的国会，将最高边际税率从39.6%降到35%。下一步是降低企业税。到2003年，作为降低存款税的部分计划，政府当局建议将股息税和资本利得税税率降到15%，国会予以批准。由此看来，乔治·沃克·布什已经超过罗纳德·里根，成为美国历史上减税规模最大的总统。不出所料，联邦收入迅速由2000年的GDP 20%下降为2004年的16%，创1959年以来的历史新低。

不过政府的任务尚未完成，因为它们的目标不仅仅是将税率下降几个百分点，而是要实行林德赛在1990年倡导的议程，按照供给经济学的原则转变税收政策。共和党在70年来首次控制政府和国会，而它们的梦想也正在

---

① 纽特·金里奇是美国政治家，国会保守派共和党领袖，后与克林顿总统在预算上冲突激烈，又支持因莱温斯基案弹劾总统，1998年中期选举失利辞职。——译者注
② Ed Kilgore, "Starving the Beast," *Blueprint Magazine,* June 2003, 44-46.
③ 迪克·切尼，美国政治家，2000年11月，切尼作为美国共和党总统副总统候选人同小布什一起在大选中获胜，出任美国第54届副总统，2004年再次当选美国副总统。——译者注
④ 卡尔文·柯立芝，递补为第29任美国总统，后成功连任，政治上主张小政府，以古典自由派保守主义闻名。——译者注
⑤ Larry Kudlow, "Coolidge Redux," *National Review Online,* 28 July 2000, www.nationalreview.com/kudlow/kudlow072800.shtml (accessed 21November 2005).
⑥ Robert Novak, "Father of Supply-Side," *TownHall.com,* 1 September 2005, www.townhall.com/opinion/columns/robertnovak/2005/09/01/ 155310.html (accessed 21November 2005).

逐步实现。的确，正如共和党派的关键人物、美国税制改革的领导者格罗弗·诺奎斯特（Grover Norquist）预测的那样：

> 布什在第二任期会进一步降税，加强全民资产化，允许人们拿出部分社保，即FICA税，并将其放入401（K）①的个人储蓄账户中。除此之外，人们可以拥有个人健康账户，相信它会逐渐取代医疗保险。同时，在布什第一任期时首次引进的退休储蓄账户和终身储蓄账户可以得到进一步推广。②

还有一些政策诺奎斯特没有提及，如废除替代性最低税（这项政策影响人群范围虽小，却在逐步增长，它要求纳税人在缴纳所得税之外再多交一部分税），废除对美国最富有人群征收的房产税，将第一任期的税收减免政策永久化。由此可见，这届政府大刀阔斧的改革令人震惊，因为它要恢复甚至赶超罗斯福新政之前盛行的经济、税收以及管理制度，当时的制度政策曾引发了无数渐进式改革。

布什政府承诺供给侧改革会产生巨大的经济效益。小布什总统在当年的一次讲话上说："当美国人民手头上的钱足够多，以至于他们能够随心所欲地储蓄、投资和消费时，美国经济肯定会繁荣起来。"③这样的说法听上去的确美好，然而现实却是进入21世纪以来，供给经济学并没有推动经济发展。无论从短期还是长期来看，它都没有促进经济增长。这并不是说供给经济学没有带来任何增长，因为它增大了财政赤字，加剧了收入不平等。

---

① 401（K），取自美国1978年《国内收入法》中的section401（K）条款，是美国一种特殊的退休储蓄计划。——译者注
② Grover Norquist, interview on *Frontline*, 12 October 2004, www.pbs.org/wgbh/pages/frontline/shows/choice2004/interviews/norquist.html (accessed 21 November 2005).
③ George W. Bush, "President Discusses Strong and Growing Economy," Chicago, 6 January 2006, www.whitehouse.gov/news/releases/2006/01120060106-7.html (accessed 31 January 2006).

为什么是供给经济学

那为什么共和党还要死心塌地地相信供给经济学呢？他们为什么要放弃财政节制这项共和党自1854年成立以来到20世纪70年代末一直坚持实行的政策？为什么共和党认为减税和缩小政府规模是解决国家各种问题的出路？要搞清楚这些问题，必须得知道，现如今许多供给学派对里根时代的经济政策烂熟于心。在里根上任前的五十多年里，民主经济学一直在主导世界，共和党只能听之任之。当时，经济政策的依据是另一场经济学革命，由英国人约翰·梅纳德·凯恩斯创立的凯恩斯主义经济学。凯恩斯主义经济学强调"需求侧"，认为促进经济增长的最佳途径是提高就业率，而政府主要负责刺激商品和服务的消费，尤其在消费者和企业可能会削减开支的经济萧条时期。由于缺乏替代增长理论，多数共和党人拥护"保守凯恩斯主义学派"，负责控制民主党偶尔的开支过度。

今天，在共和党中，保守的凯恩斯主义支持者如同濒危的佛罗里达海牛一样稀少。大多数共和党人支持"小政府"供给学派。这些人从何而来？在富兰克林·罗斯福到吉米·卡特执政这一漫长的进步时期，保守的供给学派默默地低下了头。然而仍有一小部分顽固分子不能忍受这些渐进式改革的广泛普及，将罗斯福的新政、杜鲁门的公平政治、肯尼迪的新边疆政策以及约翰逊的大社会福利计划看作是反美主义及对自由的威胁。这些保守派分子继续受供给经济学说的影响，对这一从威廉·麦金莱到赫伯特·胡佛时期的共和党的经济政策表示支持，认为降低有钱人的税率、存款税率以及资税率，能够促进就业，刺激投资，带动增长。

然而，在20世纪30年代，新政出现后，新的战后管理经济体制和大政府的政策成为共识，并被大多数主流的共和党派所接受。他们放弃了战前的供给经济学，遵循保守的凯恩斯主义。因此，在第二次世界大战战后很长一段时间内，剩下的保守供给学派分子也成为极少数。这些保守供给学派的人也会偶尔冒出来，比如共和党参议员巴里·戈德华特（Barry Goldwater），他在1964年的总统大选中以较大劣势败给了林登·约翰逊。他希望恢复新政前的政策，关于这一点，我们从他的宣言中可以看出："请记住，一个大到能为你提供一切的政府，也可以随时拿走你的一切。"但在大多数情况下，保守主义供给学派则不动声色，而是在作品中得到精神的寄托，诸如威廉·巴克利（William Buckley）的《国家评论》、安·兰德（Ayn Rand）的自由主义圣经《阿特拉斯耸耸肩》（Atlas Shrugged），以及弗雷德里克·哈耶克（Frederick Hayek）的《通往奴役之路》（The Road to Serfdom）。

到20世纪70年代，战后的新经济疲软无力，令民主党无计可施。凯恩斯主义下不该发生的现象出现了：经济增长滞后，通货膨胀和失业率却骤升。经济衰退为新的政治和学术思想开辟了道路，使新政前的供给学派人士重新现身，他们唱起了重振供给经济学的赞歌，认为它能解决所有的经济问题。

虽然供给经济学在20世纪繁荣的60年代遭到普遍否定（包括多数共和党人），在70年代曾陷入困境，但它并非陌生之物。后来，新保守派经济学家和政治家直接成为供给侧改革的追随者。他们与凯恩斯主义正统观相较量，声称20世纪70年代的经济萧条并不像凯恩斯主义需求学派所主张的那样，是由商品和服务的需求滞后所致，而是由于劳动和资本的供给滞后导致，因此降税是促进经济的最佳途径。

不同于理查德·尼克松和杰拉尔德·福特等温和派共和党人，罗纳德·里根更接近戈德·华特和罗伯特·塔夫脱（Robert Taft）等保守派共和党人。他很认同供给学派的新理论，拒绝了保守凯恩斯学派通过提高税收来平衡预算的构想，而认为降税，尤其是针对有钱人的减税，能够刺激经济增长，提高政府收入。以里根为代表的供给学派正确地认识到，过去的经济管理体制，包括凯恩斯主义经济学、经济管制以及福利国家制度，无法应对全球性的、充满活力的新经济的挑战。里根声明："政府不是解决问题之道，政府本身就是问题。"这句话道出了包括保守派在内众多人士的心声。

然而，直到1994年，金里奇革命①发生，国会由新保守共和党派控制，供给经济学因此完全成为了共和党内的经济学说。到2000年，得到重振的供给学派占据统治地位。其结果是，小布什在当选后任命那些最忠诚的保守供给学派人士，并承诺他的经济团队将秉持这样的理念："政府应该受到限制，促进经济的方式是使人们的口袋里有更多的钱。"②如此看来，最忠诚的供给学派人士非布什本人莫属。正如《商业周刊》的政治记者瑞克·邓纳姆（Rick Dunham）所写，布什是一位"忠诚的里根共和党人，致力于革命性的改变"。③格罗弗·诺奎斯特同意这一观点，他这样写道：

> 人们很早就学习政治，并往往会坚持下去。美国第41届总统乔治·赫伯特·沃克·布什理解的共和党及其主张与里根时代之前的思想一致。他不会想到共和党会反过来抗税，然而在他成为共和党后的确发生了……第43届总统乔治·沃克·布什成年并开始关注政治时，正是里根总统在任期间，毫无疑问，他会反对枪支管制，支持减少税收和开支，并支持战略防御计划……乔治·赫伯特·沃克·布什几乎是典型的前里根时代的官员，而他的儿子则是一个不折不扣的里根共和党人。④

事实上，供给经济学真正了不起的地方在于它对于权力的统一。虽然有三种不同的、有时甚至相互冲突的经济学说⑤在争抢民主党的核心地位，但共和党派有一个共同点，即一致强调降低税率和减少政府干预是经济增长

---

① 金里奇革命，又称共和党革命，是指美国的共和党在1994年中期选举中，在纽特·金里奇领导的共和党革命下重夺国会众议院及控制权，终结民主党对国会长达40年的控制权。——译者注
② Kudlow, "W. Slams a Homer."
③ Richard Dunham, Howard Gleckman, and Lee Walczak, "Gambling on Growth," *Business Week*, 17 February 2003, www.businessweek.com/magazine/content/03_07/b3820001_mz001.htm (accessed 21 November 2005).
④ Grover Norquist, Frontline.
⑤ 旧经济的凯恩斯主义和收入再分配主义专注于通过政府政策和方案推动需求；以克林顿的财政部长罗伯特·鲁宾（Robert Rubin）命名的鲁宾经济学（Rubinomics），强调财政节制和债务偿还；美国新经济学认为经济增长主要靠创新。——译者注

的方式。这样一来，他们的立场就变得一致。老布什把供给经济学称为"巫术"的日子早已一去不复返。

如今，大多数共和党人不断鼓吹供给经济学的神话。供给侧改革的话题经常出现在保守派智库中、谈话节目里、专栏页面上以及政治运动中。共和党控制的国会联合经济委员会（Joint Economic Committee of Congress）称："采用较高的边际税率会降低人们的工作热情，减少储蓄，抑制投资，助长避税和逃税。"[1] 保守派传统基金会（Heritage Foundation）认为："低税率能降低税收楔子（也就是雇佣的非工资成本），促进就业，增加储蓄，刺激投资，增强冒险和创业精神。"[2] 前布什政府商务部部长唐·埃文斯（Don Evans）也持此观点："少征税，比如少收工资税，会创造更多的工作岗位。"[3] 布什政府经济顾问委员会（CEA）的前负责人格伦·哈伯德（Glenn Hubbard）指出："在提高全美人民生活水平方面，降低边际税率是最为有力的税收工具。"[4] 同为该委员会负责人的格里高利·曼昆（Gregory Mankiw）认同这一观点："从长期来看，低税率能够提高工作热情，增长储蓄，刺激投资，因此能积极带动经济供给方面的发展。"[5] 作为供给经济学的机关刊物，《华尔街日报》社论版称："人们手头上的钱越多，经济增长的机会也就越多。"[6] 前里根政府的预算官员拉里·库德洛承诺，"减税优惠政策将促进资本的形成，提高生产力，促进就业，带来经济增长。"[7] 这些人都自豪地高声唱着供给侧减税政策的赞歌。

---

[1] Joint Economic Committee, "The Reagan Tax Cuts: Lessons for Tax Reform"(Washington, DC: U.S. Congress, April 1986), www.house.gov/jec/fiscal/tx-grwth/reagtxct/reagtxct.htm (accessed 21 November 2005).

[2] Daniel Mitchell, "Reducing Tax Rates across the Board: A Cornerstone of ProGrowthTax Relief" (Washington, DC: Heritage Foundation, 2001).

[3] Lyric Wallwork Winik, "Intelligence Report," Parade, 4 January 2004, 7.

[4] R. Glenn Hubbard, "The Tax-Cut Debate," Wall Street Journal, 28 July 1999,www0.gsb.columbia.edu/faculty/ghubbard/Articles%20for%20Web%20Site/Wall%20Street%20Journal/07.28.99%20The%20Tax-Cut%20Debate.pdf (accessed 21 November 2005).

[5] Greg Mankiw, "Ask the White House," 8 October 2004, www.whitehouse.gov/ask/20041008.html (accessed 21 November 2005).

[6] Wall Street Journal, 2002.

[7] Kudlow, "W. Slams a Homer."

承诺很美好，现实很残酷

供给学派描绘的蓝图很美，不过布什政府的供给侧改革到底成果如何呢？一言以蔽之，前途渺茫。事实上，正如在本书第二部分将要谈论的那样，供给经济学不仅毫无成效，在实现其促进增长的既定目标上甚至适得其反，引发了不利的社会和财政现象。首先，布什政府的减税措施为美国的有钱人带来了大规模的税收优惠。大多数家庭的确获得了税收减免，然而收入超过 200 000 美元的家庭享受到了绝大部分的税收减免，这样的家庭仅占 1%。[1] 2004 年，收入为 500 000 美元的夫妇将享受 17 486 美元的税收优惠，而一个收入为 50 000 美元的家庭只能得到 744 美元的减免。这些不只是自由主义学者的政谈。哈伯德离职后不久，就在美国国会前发言表示："在 2001 年至 2004 年，通过削减个人所得税最高税率，逐步取消遗产税，削减企业所得税，扩大机会实行免税储蓄，产生的税收优惠使税制不进反退。通过对收入比例的测算，收入位列前 0.1% 的纳税人所享受的税收优惠，是收入位列后 5% 的纳税人的 18 倍。"[2]

除此之外，供给侧改革的减税政策给财政预算捅了一个大篓子。在布什总统上台时，财政盈余为 2 360 亿美元，到 2004 年，联邦政府收入为 4 120 亿美元，低于支出额 6 740 亿美元，收支情况远远差于布什政府的第一年预期（盈余额 2 620 亿美元）（见图 1—1）。布鲁金斯研究所（Brookings Institution）的经济学家威廉·盖尔（William Gale）和彼得·奥斯泽格（Peter Orszag）曾预计 2001 年到 2011 年，布什的减税政策使联邦财政收入至少损失了 1.9 万亿美元，一旦按照布什呼吁的那样，将减税政策永久化，损失将升至 3.3 万亿美元。考虑到高国债会提高利息，

---

[1] William Gale and Peter Orszag, "Bush Administration Tax Policy: Summary and Outlook," Tax Notes, 29 November 2004, 1281.

[2] R. Glenn Hubbard, "Tax Code Revision," testimony to Committee on House Ways and Means Committee, 8 June 2005, http://www0.gsb.columbia.edu/faculty/ghubbard/speeches/6.8.05.pdf (accessed 21 November 2005).

那么未来 10 年国家的净亏损预算将达 4.5 万亿美元。① 平摊到每个美国工人身上就是 3 万美元，即使在华盛顿，这也是一笔巨额债款。

面对上述并不振奋人心的结果，供给学派可能会争辩说，为了实现经济增长，这些只是小代价。不幸的是，经济增长情况令人堪忧。从短期来看，由于减税政策的主要对象是有钱人（相比之下，低收入者会把更多的税收减免用于消费）和储蓄税，消费水平与经济发展并没有得到多大提高。因此，就业情况一直毫无起色，劳动力人口比例低于 20 世纪 90 年代的水平（见图 1—2）。经济政策研究所的李·帕赖斯（Lee Price）将当时的经济恢复情况与 1948 年上一个经济周期的同一阶段相比较，发现几乎按照每个指标来看，当前的经济复苏情况都略逊一筹。②

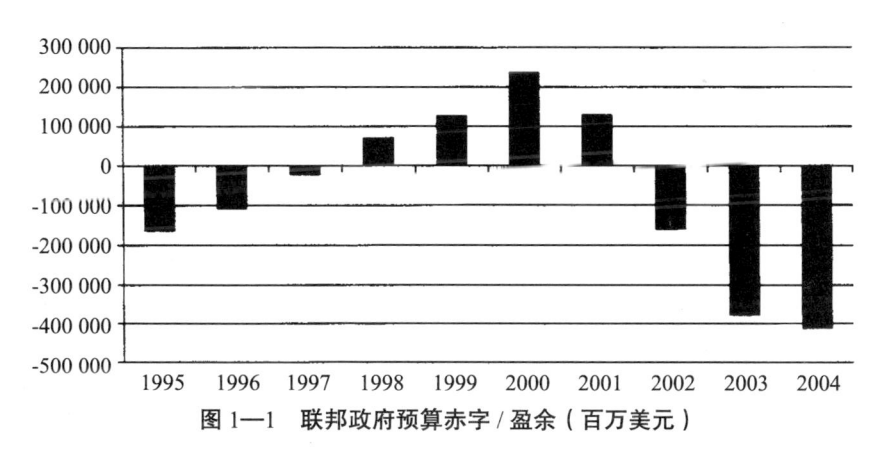

图 1—1　联邦政府预算赤字/盈余（百万美元）

来源：美国预算管理办公室，2007 财年。

拿个人收入来说，其增长率仅为过去恢复期的 1/2 左右（见图 1—3）。只有在住房方面的投资高于过去衰退时期的平均水平。长期看来，我们会在第二部分继续讨论，供给侧的减税政策并不会提高就业率，使人们多储蓄或

---

① Gale and Orszag, "Bush Administration Tax Policy: Summary and Outlook."
② Lee Price, "The Boom That Wasn't" (Washington, DC: Economic Policy Institute, December 2005), www.epi.org/briefingpapers/168/bp 168.pdf (accessed 3 February 2006).

是多投资。委婉地讲,"供给经济学的政策能够长期推动经济增长"这一说法站不住脚。实际上,它与最严谨的经济学说相矛盾。[1] 总之,供给经济学不仅有失公平,对财政不负责任,也没能带动经济增长。

图 1—2 美国劳动力适龄人口比例

来源:劳动局统计。

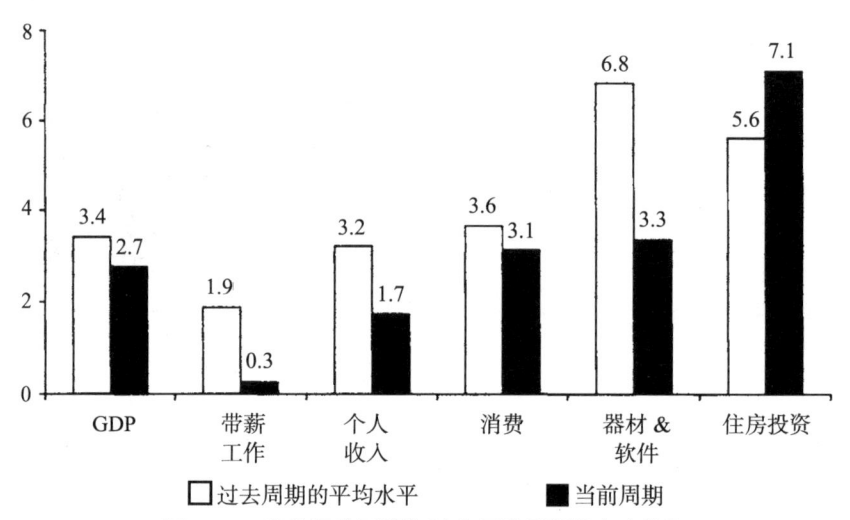

图 1—3 当前经济周期与过去经济周期的各个指标

来源:李·帕赖斯,经济政策局(由经济分析局和劳动局数据统计)。

---

[1] For a good summary of the economic literature on tax cuts and growth, see PeterR. Orszag, "Marginal Tax Rate Reductions and the Economy: What Would Be the LongTermEffects of the Bush Tax Cut?" (Washington, DC: Center on Budget and Policy Priorities,16 March 2001), www.cbpp.org/3-15-0ltax.htm (accessed 21 November 2005).

供给经济学承诺背后的真相

既然减税能够加剧收入的不平等，扩大财政赤字，对经济影响甚微，长期来看，还有可能产生不利影响，为什么布什在任职期间要进行减税？他减税的动机如同当年攻打伊拉克一样，复杂并难以揣测。

或许小布什的部分动机是怕走父亲的老路，他的父亲老布什因经济萎靡在1992年的总统大选中落败，失去连任机会。小布什可能觉得，减税能够重振经济，那么他将很容易在2004年的大选中成功连任。但是，如果真是这样，他为什么要逐步推进税收减免，而且将其减税的重点对象放在美国有钱人身上呢？按理说，中等收入家庭的消费更多。此外，布什在1999年经济刚起步时开始主张减税政策，既然经济已经重新起步，他为什么还主张加大减税力度？

或许他从父亲身上学到的另一个教训是，老布什当年对财政负责，他增加税收，限制支出，使财政赤字可控，这一行为招致了政治分子的愤恨，他们称老布什没有履行自己的承诺："听我说，不会再有更多的税了。"也许布什只是单纯地想偿还他那些有钱的竞选捐助者，特别是共同赞助了至少100 000美元的富人"流浪者"（Rangers）。正如《税务笔记》（Tax Notes）的作者马丁·苏利文（Martin Sullivan）所指出的："保守党钟爱供给经济学，因为他们可以通过该政策少对富人和企业征税。"[1] 讨好政治支持者及那些有影响力的捐赠者固然重要，不过如果仅仅将减税解释为了迎合这些人似乎太过于简单。否则，为什么布什在第二任期内的减税热情依旧未减？如果减税只是为了赢得再选和保守派人士的青睐，那么他在第二次当选后就可以停止这一政策，甚至第一次当选后就可以停下来了。

也许布什是想"使野兽们挨饿"，换句话说，通过巨大的财政赤字迫使国会和公众接受政府支出大幅削减的事实。格罗弗·诺奎斯特认为，减税

---

[1] Martin A. Sullivan, "Do Economists Matter," Tax Notes, 15 January 2001, 280.

政策将迫使政府减少开支,最终使政府不断变小直到"小到能在浴缸里淹死"。许多保守派人士并不认为,累进税和资本所得税会抑制增长、有失公平;而是认为,政府支出(除了国防和执法部门的支出)不利于经济增长和个人主动性。不过,尽管布什政府可能希望通过大规模的降税政策增大预算赤字,最终"使野兽们挨饿",但政府刚开始并没有表现出任何想让"野兽"节食的迹象。事实上,布什政府在五年之内的开支超过了克林顿在任八年开支的两倍,国防支出和非国防支出都有所增加。①

小布什政府是卡尔文·柯立芝以来最重视供给侧改革、经济最保守的政府,对此还有一个显著的解释是,他们十分清楚自己的所作所为。由此看来,我们应该相信他们进行一系列税制改革的原因。小布什政府相信要减税,减税,再减税,因为这是促进经济增长的最佳方式。他们认为,高税收降低了人们工作、储蓄、投资的动机,而人们重获动机并以此推动经济增长的最佳方式就是减税,尤其是降低所得税最高税率和资产所得税。自20世纪70年代以来,在美国要想获取政治上的成功,就必须讲出动听又易懂的关于促进经济增长的故事。

供给学派就讲了这么一个简单易懂的故事,即要想促进经济增长,就得通过减税来释放工人、投资者以及企业家的热情。对于21世纪的经济,这样的理论显然有其缺陷。不过其追随者轻易地忽略了这些问题。记者西德尼·布卢门撒尔(Sidney Blumenthal)指出,供给经济学只是乌托邦式的信仰,他写道:

> 供给经济学是20世纪的奇迹学说。其中的减税政策被认为是平衡财政收支的有效工具……它还能增进共和党团结,消除对信仰的疑虑。里根政策不应被批驳,相反,赤字的出现是政策实行得不

---

① In 2000 dollars, federal spending as $1.68 trillion in 1993, $1.81 trillion in 2001,and $2.09 trillion in 2004. Source, Congressional Budget Office, "Historical Budget Data" (Washington, DC: Congressional Budget Office, 2005).

完整的征兆，是信念和转换的缺陷。供给侧改革导致的破产也被积极地看待，因为它产生了政治上的意外收益……除非他们的运动能够动摇普遍的信仰，否则里根主义会再次到来，恰好赶在千禧年。①

总之，他们是供给经济学的信奉者，相信税收减免可以带来更繁荣的经济发展，以及更小的联邦政府。

所有这些因素，包括回报政治支持者、削减开支、增长经济，都可以用来解释布什政府为何要执着坚定地进行降税。但归根结底，要理解共和党为何一致实行供给侧的经济政策，首先得了解一个更为基础的动机。现代保守主义同新政前的保守派一样，认为把税款尤其是对有钱人征收的高额税款，用来支持除国防、司法等之外的事物，无异于盗窃。当布什说"这是你们的钱"时，他并不是在夸夸其谈，他和其他大多数保守党派是真心实意的。他在 2000 年大选的演讲时也如此说道："我认为当前税收过高，这是竞选中的大事，我不会掉以轻心。我不管民意调查结果如何，人们交的税实在过多。"② 拉里·林德赛表示同意，他警告说："联邦政府收入占 GNP 的 20%，在征收所得税之前，我们做梦也想不到有这么高的比例，那时收入主要由关税和国产税带动。"③ 不过在征收所得税之前，人们做梦也想不到的事还有很多：社会保险、医疗保险、失业保险、州际高铁、更干净的环境以及更安全的工作环境，美国成为超级大国，由政府赞助的首屈一指的科研体系、政府管制下相对安全的食品和药品供应、大学招生的政府支持等。但是尽管有这么多让美国人拥护的福利，许多供给学派仍将政府看作无所谓的存在，认为政府限制了他们的自由，拿走了他们的钱。前共和党国会负责人迪克·阿米（Dick Armey）写道："政府从你身上拿走每一元钱的同时，也拿走了你更多

---

① Sidney Blumenthal, "Seeking Insolvency: The Strange Career of Supply-Side Economics," World Policy Journal, 22 June 1997.
② Kudlow, "W. Slams a Homer."
③ Lawrence B. Lindsey, The Growth Experiment: How the New Tax Policy ls Transformingthe U.S. Economy (New York: Basic Books, 1990), 153.

的权利、独立和尊严。"①

换句话说，保守主义者将社会看作一个个独立个体的集合，人们除了面对外来侵略或是国内动荡时会团结一致外，其他时候只是扮演顾客和家庭成员的角色，满足自己的需求。对于他们而言，个人自由比公共利益更重要，而自由最重要的方面是不能让政府拿走你的钱。事实上，在供给学派眼中，除了国防和司法，其他任何想要促进公共利益的行为都是违背自由的。如果这样的话，社会将不再有目标，不再追求发达的城市，不再有公共产品，剩下的只是超越道德层面的自由市场，里面的每个人都只想着保护自己的钱。要是今天的总统模仿肯尼迪的就职演说，他可能会这么讲："不要问你能为国家做些什么，问问你能为自己做些什么。"事实上，在2004年共和党大会上，小布什曾发言称："政府必须为人民服务。"在保守党看来，有限的政府，扩大的自由，即避免权利和资源分配过于集中，这二者本身就是目的，而税法应该促进这些目的的实现。

在本书中，我们得先理解供给经济学对当今共和党的影响到底有多大。它为保守派提供了珍贵的理论和学说，肯定了保守派长久以来的理想，即恢复新政前盛行的低税收和小政府政策。在里根总统上任前，保守派虽抱怨由激进政府带来的自由限制，但是他们不能解释为何低税收和小政府能够给普通人带去福利。20世纪40年代到50年代反新政的共和党、参议员罗伯特·塔夫脱就曾抱怨：

> 如今，人民的利益完全集中在经济领域和物质福利上……项目规划的衡量依据在于它们是否让人们得到了更多的钱、更多的浴盆、更多的汽车以及更少的工作时间。诚然，没有人会反对这些经济目标，但是让这些目标为满足道德高度、言行自由的需要而服务是不

---

① Richard Armey, The Flat Tax (New York: Ballantine Books, 1996).

正确的。①

如今，共和党通过调查（其中很大一部分调查由供给学派进行）证明减税不仅能够给人们带来更多自由，还有更多的共同基金、浴缸、越野车和工作机会。那真实情况和他们所说的有何出入呢？不同之处在于处处不同。减税根本不能给人们带来更多的共同基金、越野车和工作机会，因为供给侧的经济政策压根不会产生更多的工作岗位，也不能增加储蓄、促进增长。

新经济下，我们需要新的经济政策

严格意义上讲，供给经济学是失败的，因为这种学说更适应于 1906 年的经济现实，而不适合 2006 年的经济情况。正如我和很多经济史学家所主张的那样，每隔 50 年左右，美国经济就会经历一次由新的科技力量和生产方式推动的显著转型。事实的确如此，20 世纪，美国经历了 3 次科技变革浪潮，每一次都引领了显著的经济转型。每一次变革都意味着某种旧经济形式的消亡和另一种新经济形式的诞生：19 世纪 90 年代到 20 世纪 40 年代的工厂经济；20 世纪 40 年代到 90 年代的大规模生产经济；今天的知识导向型企业经济。客观地看，这一系列的经济社会转型代表了最主流的美国故事。②

作为共和党的学说，供给经济学在复苏之后并未能取得成功，理解这一问题的关键就在于经济转型（以及社会政治转型，我们在第 10 章会讨论，它也是理解民主党派提倡的自由主义需求侧经济学不再有效的关键原因）。旧经济时当道的需求学派曾贬低说，保守的供给学派只是想复兴大萧条之前他们曾当权的政府制度。在他们所谓的理想时期，富兰克林·罗斯福总统的

---

① Russell Kirk and James McClellan, The Political Principles of Robert A. Taft (NewYork: Fleet Press Corporation, 1967), 54.

② For a more detailed discussion of economic transformations, see Robert D. Atkinson,The Past and Future of America's Economy: Waves of Innovation that Power Cyclesof Growth (Northampton, MA: Edward Elgar, 2005).

"新政"还没发生，社会保险和医疗保险还未实行，联邦政府教育部、能源部和交通部还没有成立，累进所得税还未开始征收，联邦政府尚未成功解决一系列急迫的社会政治问题。

供给学派之所以没能实现经济繁荣和收支平衡，与新政前的工厂经济有着重要关系。工厂经济时期，经济增长的关键在于流动资产。处于萌芽时期的工厂经济急需大量的资产，而在各种复杂的全球化资本市场出现之前，大多数资产来源于富豪。如今，供给经济学派仍然把这些大亨的流动资产看作经济增长的关键。然而在进入全球化知识型经济的21世纪，投资资金已经饱和。现在的问题不是缺少资金，而是缺乏良好的国内投资机会。因此，供给侧强调的减税不会提高资本的供应量，即便提高了资本，它也不再是刺激增长的关键。

在21世纪的知识型经济中，促进增长最重要的方式不再是对有钱的投资者减税。在由资本密集型的工厂推动的工业型经济中，一小部分寻求利益最大化的投资者的确会推动经济增长。然而在知识型经济中，人民的创造力、灵感、知识和风险才是经济增长的动力。有创意的企业家、有技能的员工、高效的管理者以及前沿的调查员都离不开最先进的社会基础设施，它是国家财富的根本。通过减税来增加资本供给无法促进上述因素，在一定程度上还抑制了政府对知识、调查、技能和下一代基础设施的投资，从而不利于经济增长。长期来看，我们主要的经济问题不是对资本的投资过少，而是对智力的投资过少。

学术研究证明，供给经济学无效的原因是现实情况和过去经验相脱节。供给经济学派承诺，通过减轻障碍来创造更多的工作、增加储蓄以及刺激投资，经济会得到增长。但就算高于90%或者70%的边际税率真的能够抑制工作和储蓄（我们在第二部分会讨论，相关证明表明并没有这种效果），绝大部分人还是认为20世纪90年代的低税率并没有产生供给侧学派所说的效果。① 甚至供给学派自己也承认了这一点。在《增长实验》一书中，林德赛称美国对最高边际税率的大幅削减，即10年内从70%降到33%，抑制了其他方面的增长潜能。前布什议会经济顾问负责人格伦·哈伯德②认同这一观点："事实上，相关经济证据显示，劳动力和储蓄对税收并不敏感，因此由减税带来的提高并不明显。"③ 换句话说，减税非但对经济增长的效果不大，还会导致预算失衡，利率上升，减少对科研、教育和基础设施的投资，长期看来，小布什的减税政策抑制了经济增长。美国国会预算局的发现也证明了这一观点。④

所幸，新的经济策略出现了，它适应于21世纪以科技为导向、以知识为基础的全球化经济形式，这就是增长经济学。增长经济学的主旨是，只有通过工人、公司、企业家、科研机构以及政府的行动，经济的生产力和创造力才会提高。因此，在评价美国新经济的财富创造力方面，增长经济学更关心下列问题：企业家敢于冒险创新吗？工人能够掌握技能吗？公司的生产组织充分利用了这些技能吗？公司对科技创新投资了吗？政府支持技术基础（比如为研究提供经费，为科学家和工程师提供培训）吗？存在区域集群企业和支持机构来培养创新力吗？科研机构把知识传递给企业了吗？我们的贸易政策能够保证美国市场的公平竞争吗？政策制定者对反对创新型企业的公司进行限制了吗？或许最重要的是，政府政策对社会经济中无所不在的前沿信息、通信技术及数码转型进行支持了吗？总之，增长经济学意识到了在大环境下创新的重要意义。由此，

---

① Indeed, relative to other nations, tax rates during the Clinton years were relatively low. Of the twenty-nine OECD countries in 1996, the United States had the twenty-fifth lowest ratio of taxes to GDP. Japan's ratio was 0.1 percentage point of GDP lower than the U.S. ratio, and only Mexico, Turkey, and Korea had lower ratios. Cited by William Gale, "Economic Growth Through Tax Cuts," testimony before the Joint Economic Committee, 4 March 1999, www.brookings.edu/views/testimony/gale/19990304.htm (accessed 21November2005).
② Lindsey, The Growth Experiment, 235.
③ Hubbard, "Tax Code Revision," 6.
④ Congressional Budget Office, "An Analysis of the President's Budgetary Proposals for Fiscal Year 2004" (Washington, DC: Congressional Budget Office, March 2003).

经济政策的重心转变为创建一个支持科技创新、企业驱动和员工技能的环境。

概括地讲，供给经济学和增长经济学对于经济运行的构想完全不同，因此二者在促进增长的策略选择上也毫不相同：一方面，布什政府的供给侧改革将重点放在永久降低对富人征收的税款、扩大财政赤字和限制政府投资上；另一方面，增长经济学强调增加在科技研发、新型设备和技能上的公共投资（包括对企业和投资的税收鼓励政策），加大政策力度来提高数字革命的速度和广度，包括扩大宽带通信网络覆盖面，加强对医疗等重要领域的电子化转型，强化政府功能。这些措施都以财政节制为前提。当布什政府及其国会保守党派认为财富由少数富人创造，增长经济学的支持者却认为繁荣的经济由全体人民共同创造；增长经济学派努力创造公平竞争的环境，带动私人企业创新，而不是盲目保护大企业并对其不良行为视而不管；增长经济学派认为经济发展的基础是财政节制，低利率能够刺激投资；增长经济学派支持传统的方式，即通过创造更多的就业机会，让人们手中的钱能生钱，而不是把钱塞到人们的口袋里，却让下一代人背负着沉重的税务负担；增长经济学派重视知识和创新，而不是一味抑制政府开支；增长经济学希望打造一个更有力、更高效的政府，帮助所有美国人实现他们的美国梦，而不是"让政府少管闲事"。

增长经济学的理念在于，经济增长的关键要靠有智慧的公共措施、有策略的公私合营。民主党派也注意到在这种政策下，政府的行为是为了公共利益，因此成为增长经济学派的赞助人。然而，迄今为止，民主党派并没有热情地完全接纳这一经济理论，很大一部分原因在于，当经济等式严重偏向需求时，许多左派分子就会变得不知所措。尽管供给学派通过减税来促进供给的方式存在缺陷，但他们说对了一点，即强劲的经济增长依赖于供给。许多左派分子过于重视公平，而忽略了同等重要的创新、生产力和经济增长。这样看来，供给学派还说对了一点：要辩证地看待创新、生产力和增长的重要性，借用肯尼迪的话，就是"水不涨，船难高"。对于民主党派，尤其是温和的民主党派来说，谈到如何发展经济，答案往往是平衡预算。然而尽管财政节制有些作用，但一味地平衡预算无法促进经济发展，尤其是在面临着来自国外的激烈竞争时。

总而言之，长期的国家福利和繁荣需要以增长经济学的新式经济政策为依托。不过，在实行增长经济学政策之前，我们必须得先了解供给经济学及其起源，这是我们当前的任务。

SUPPLY-SIDE
FOLLIES
第 2 章
供给经济学的十大核心特征

不管在何种情况下，以何借口，无论理由是否靠谱，我都是减税的坚定支持者。

米尔顿·弗里德曼（Milton Friedman）

在许多人眼中，供给经济学就是通过减税带动财政收入，然而它至少还有 10 条明显不同的核心特征（见表 2—1）。第一，相对于管理增长趋势固定的经济周期，供给学派对促进经济的长期增长更感兴趣，部分原因在于他们也无法确定经济周期能否被管理。

第二，对于很多供给学派而言，衡量经济福利的标准是财富，而不是收入。正如供给学派的拉里·库德洛所言："在 2000 年，财富比收入重要得多。"[1] 当被问起就业增长不足的问题时，前布什政府劳工部部长赵小兰（Elaine Chao）称"股市才是最终的仲裁者"。[2]

---

[1] Larry Kudlow, "Bush's Disappointment," National Review Online, I December 1999, www.nationalreview.com/kudlow/kudlow 120199 .html (accessed 21 November 2005).

[2] Tom Raum, "Bush Economic Team under Fire over Jobs," Associated Press, 20 February 2004.

表 2—1	供给经济学的 10 个核心特征

1. 核心是经济增长，而不是管理经济周期
2. 增加财富比促进就业更重要
3. 重视经济的供给侧是促进增长的最佳方式
4. 政策应倾向于对个人的微观激励，这比强调整体经济要素的政策重要
5. 降低所得税最高边际税率对个人改变行为的激励作用最强
6. 金融资产（储蓄）的供给是促进增长最重要的因素
7. 税收政策应该强调增加储蓄，措施为降低最高所得税率、存款税率和投资税率
8. 税收政策不应鼓励特殊行为，简单的税制好于带有抵扣和减免的复杂税制
9. 政府支出会扭曲经济，因此支出越低越好
10. 一些减税政策，尤其是针对储蓄和投资的最高税率，可能会增加政府收入

第三，供给经济学强调促进生产力水平，而不是消费需求。要实现经济增长，就要鼓励工人多工作，企业家去冒险创业，现有公司多进行投资。

第四，不同于重视总消费等宏观因素的凯恩斯主义经济学，供给经济学更重视个人和企业面对的微观激励因素。经济学家阿瑟·拉弗（Arthur Laffer）把供给经济学比作"边际激励因素变动时人们改变行为的意识"。供给学派称，税收是最重要的激励因素之一。由此，林德赛认为，简单来看，供给经济学就是"重视税收作用"。

第五，在所有形式的税收中，最高边际税率最为重要。在累进税制下，边际税率指的是收入增量中的税额所占的比率，对于大多数纳税人来说，这一比率高于基本收入中税额的比率。例如，个人收入不超过 7 300 美元的部分按 10% 的税率交税，而个人收入超过 326 450 美元的部分按 35% 的税率交税。因此，供给学派认为降低最低税率能够鼓励部分人多工作、多储蓄，但是对高收入者不起作用，因为超出固定收入的部分还得按原来的高税率交税。这样一来，供给学派认为降低最高税率带来的激励作用更大。一位供给学派专家这样解释道：

同样是33%的降税率，当最低税率由15%降为10%时，每100美元收入中实际到手的钱会由85美元升为90美元，仅增加了5.9%（而对于减少最高税率来说，该比率是100%）。这是因为从15%降到10%时，只起到很少的激励作用，对课税基础影响很小。[1]

第六，金融资本对经济增长的促进作用最强。林德赛称："要发展经济，提高生活水平，关键是对新科技、新设备和新方式进行投资。然而除非从国外借钱，否则社会的投资水平不可能超过储蓄水平。在工业化国家中，美国的储蓄率最低，尽管税制自20世纪70年代末以来有很大的提高，与储蓄率相比仍有较大差距。在税收收入损失不大的情况下，可以通过税制改革来增加储蓄，以此支撑投资，提高生产力。"[2] 供给学派是"唯资本论者"，他们认为经济繁荣的核心问题是资本的供给，而不是资本的需求。

第七，既然储蓄能够带动对增长起关键作用的资本投资，供给学派认为政府应该增加储蓄，而最佳方式就是促进个人的储蓄动机。更重要的是，他们更重视促进储蓄的供给而不是需求（比如，建立激励机制促进企业投资），因为他们相信投资由储蓄的供给带动。因此，布什政府的税收优惠绝大部分针对个人而非企业。正如前里根政府官员保罗·克雷格·罗伯茨（Paul Craig Roberts）所说："我认为，对于供给侧改革而言，降低个人所得税率比降低企业税率带来的驱动力更强。"[3] 但是个人的税收减免不该"一刀切"，降低储蓄税更为重要。正因如此，布什政府降低了资本收益和股息税税率，以此扩大免税储蓄账户和投资账户。由于对储蓄的重视，政府努力降低最高边际税率，包括迪克·阿米和史蒂夫·福布斯（Steve Forbes）在内的众多供给学派

---

[1] James D. Gwartney, "Supply-Side Economics," in The Concise Encyclopedia of Economics, www.econlib.org/library/Enc/SupplySideEconomics.html (accessed 21 November 2005).
[2] Lawrence Lindsey, "A Tax Code for the Future: The Growth Experiment Revisited" (New York: Manhattan Institute, January 1995), www.manhattan-institute.org/html/research_memorandum_3.htm (accessed 21 November 2005).
[3] Paul Craig Roberts, The Supply-Side Revolution: An Insider's Account of Policymaking in Washington (Cambridge, MA: Harvard University Press, 1984), 33.

人士提倡单一税率。一般而言，有钱人的储蓄更多，因此供给学派认为降低所得税最高税率会使更多高收入人群受益，从而增加国家私人储蓄。

第八，供给学派追求经济决策中的"税收最小化"，因为在他们眼里，任何税收，尤其是只对某些特定活动的税收优惠，都会导致代价惨重的经济扭曲，并产生新古典主义经济学中的最大恶果——资源分配不公。一位保守主义学者认为："税制扭曲了经济决策，有损市场行为，带来了经济学家口中的'无谓损失'（deadweight loss）。"[1]此外，他们认为政府支出同税收一样，为市场带来了扭曲的经济决策。

由于经济的决策者是市场而非政府，因此除了利用税制增加财政收入外，很多供给学派人士反对利用税制达到其他目的，包括：抑制经济下行；调整分配收入；提高人们对公共利益的保护意识，诸如减少能源消耗、多接受教育、领养小孩、购买节能汽车等有益于社会的产品。除此之外，供给学派担心税收优惠会成为利益集团自私的政治压力下的产物，认为政府还是离有针对性的税收政策越远越好。林德赛抱怨称，数十年来，税制"很大程度上用来实现了其他目的——收入的重新分配、宏观经济的管理以及社会建设"。[2]迪克·阿米提倡单一税率，他承诺说："一些官员通过税制来绘制建设社会的蓝图，使私人行为得到奖励或处罚，他们将乖乖地坐回桌子前。美国的经济决策由我们工人、财富创造者来制定。情况向来如此。"[3]对于供给学派而言，税收政策不该被用作建设社会的工具，人民才是社会的建设者。正因为供给学派反感使用激励措施使人们的行为符合公共利益，小布什说："我们不相信代表美国人民做决定的规划者和决策者。"[4]通过征税拿走人们的财产已经够糟了，更糟糕的是，通过使用税收激励措施来实现政府的公共利

---

[1] Lawrence A. Hunter and Stephen J. Entin, "A Framework for Tax Reform" (Dallas: Institute for Policy Innovation, 14 January 2005).
[2] Lawrence B. Lindsey, The Growth Experiment: How the New Tax Policy Is Transforming the U.S. Economy (New York: Basic Books, 1990), 10.
[3] Richard Armey, The Flat Tax (New York: Ballantine Books, 1996), 4.
[4] George W. Bush, speech in Scranton, PA, 6 September 2000.

益，以此控制人们的行为，限制人们的自由。最糟糕的是，政府成了某些特殊利益集团的俘虏，这些集团为了一己之利而扭曲经济决策。因此，供给学派的理想情况是实行尽可能低的单一税率，同时还得使税收收入满足政府资金的基本需要。

第九，供给学派认为低税收是经济增长的关键，同时，他们相信在税率不变的情况下，减少消费也能刺激经济增长。在他们眼里，很大一部分政府开支，包括直接支出和税务支出（对特定活动的定向税务减免，如在家里安装太阳能板），都会产生不利影响。传统基金会的经济学家丹·米歇尔（Dan Mitchell）曾问道："把财政收入用于政府消费阻碍了经济发展吗？如果政府能够有什么魔法无偿获得收入的话，这种经济损失会减少吗？"[1] 他的结论是，即使政府项目能够不计成本地执行，政府开支仍然不利于经济增长。他列举了一系列由政府带来的危害，包括：政府对某些活动的支持，导致了生产力更高的私人经济活动的错置；赞助了不利于经济的部门机构（比如环保部门和证券交易委员会等管理机构）；能够产生不利影响（比如失业险加剧了失业）；减少了个人储蓄（社会支持降低了人们的存钱意愿）；造成了经济停滞（人们不再竞争，而是依靠政府福利）；低效的政府规划降低了经济效率；最后，可能也是最重要的一点，由于政府的选择代替了竞争市场中的个人选择，市场经济遭受了扭曲。米歇尔不是唯一持此观点的人。在白宫举行的对保守派经济学家米尔顿·弗里德曼（Milton Freidman）的表彰会上，总统布什曾赞扬道：

> 米尔顿·弗里德曼告诉我们，当政府尝试替人们做决策时，结果往往是不幸的。与自由市场上提高了人们生活质量的"看不见的手"相比，政府"无形的脚"会践踏人们的希望，毁灭人们的梦想……他从来没有承认自由市场是完美无瑕的，但是他论证了即使

---

[1] Daniel J. Mitchell, supplement to "The Impact of Government Spending on Economic Growth" (Washington, DC: Heritage Foundation, 15 March 2005).

是有瑕疵的市场，也比盲目自大的专家和贪婪的官员更有效率。①

在供给学派看来，政府的再分配对个人危害巨大。政府的规划虽能保护个人免受风险，实际上却降低了人们努力工作的意愿和创业的信心。格伦·哈伯德曾对克林顿政府的政策表示反对："新的正统学说围绕着经济保障旋转。健康政策的目标是，不管人们贫穷与否，有无需要，不论价格高低，所有人都能享受健康保险和医疗保障。另外，每个工人都该被赋予个人权力和好工作——包括政府确定的工资和福利待遇。"②为美国人提供这些支持保障有什么不对吗？哈伯德称："代价高昂的福利保障和沉重的税收负担这个传统的政策组合，能够维持人们的生活，却加剧了阶级敌视的心理，这种心理低估了市场活力，限制了带动增长的积极政策的执行。"③小布什政府正是因为担心降低风险会削弱动力，取消了对下岗工人的赞助计划，反对短时间内对那些用光福利的工人增加失业保险，降低工人对联邦政府失业险信托基金的税收。也正因如此，对于那些在印度等海外国家失业的服务业工人，布什政府拒绝提供贸易调整补偿。④

更宽泛地讲，正是因为供给学派认为市场知道一切，所以他们很不情愿利用政府行为协助解决一系列迫切的问题，尽管政府能实现普遍的健康保险，解决全球变暖问题，利用国内能源策略减少对国外石油的依赖，提高宽带技术的利用，应对威胁美国竞争力的挑战，或是积极应对国家所面对的一系列挑战中的其他问题，他们对此并不在意。综上所述，供给学派的问题在

---

① George W. Bush, "President Honors Milton Friedman for Lifetime Achievements," remarks by the president in tribute to Milton Friedman, Eisenhower Executive Office Building, May 2002.
② R. Glenn Hubbard, "A Framework for Economic Policy," Ronald Reagan Presidential Library, 15 February 2002, http://www0.gsb.columbia.edu/faculty/ghubbard/ speeches/2.15.02.pdf (accessed 21November2005).
③ Hubbard, "A Framework for Economic Policy," 13.
④ Laid-off programmers filed a class-action suit against the Department of Labor claiming that the agency has illegally denied 10,000 of them benefits under the Trade Adjustment Assistance Act. During the Bush administration, the Department of Labor has ruled that many software workers are ineligible because software and IT services do not qualify as products or "articles" under TAA guidelines. Only workers who made more tangible products, such as clothing and furniture, can get TAA benefits, the department has ruled. In contrast, the Clinton administration usually ruled in favor of such workers.

于巨大的"政治失败"的风险，以及害怕政府可能被利己的"寻租者"（通过控制经济环境而不是提高生产力来获利的个人或企业）牵着鼻子走。

第十，一些供给学派赞同拉弗曲线，认为降低税率反而能够增加财政收入。即使对这些忠诚的"拉弗主义者"不屑的供给学派也认为降低税率不会带来实际损失。格里高利·曼昆就是一个例子，他在其所著的《经济学原理》(*Principles of Economics*) 第3版中指出：

> 比如出现在1980年的新潮经济学，一部分经济学家建议当时的总统候选人里根通过大规模减税增加收入。他们认为当人们到手的收入较高时，会努力工作挣更多钱。他们称，尽管税率降低，但人们的收入也更高，最终财政收入会增加。不过，大多数经济学家，包括那些支持里根总统减税的人，最终发现他们的假设过于乐观。低税率可能会促进人们的工作热情，由此带来的收入增加在一定程度上会抵消减税带来的税收损失，但是没有直接证据证明人们的收入足够高到能增加税收收入。[1]

关键词是"足够"。就连曼昆这样的怀疑论者都相信减税不会带来实际损失，尤其当减税对象放在有钱人身上时。其结果是，很多供给学派人士声称降低最高边际税率、房产税率和资本收益率产生的收益比损失多，只有当减税人群是工薪阶层和中等收入家庭时，政府的收入才会损失。

当然不是所有的供给学派人士都支持上述10条观点，但是他们中的大多数人相信大部分说法。然而有两点是供给学派坚信不疑的：低税率总是比高税率好，尤其是存款税、投资税和对有钱人征税的税率；政府的作用应该最小化。

要成为供给学派，你不一定要是个持证的保守主义经济学家。就像旧经

---

[1] Greg Mankiw, Principles of Macroeconomics, 3rd ed. (Mason, OH: Thompson, 2004).

济时期大多数民主党派的政治家没有读过凯恩斯一样，大多数华盛顿的共和党官员也没有读过裘德·万尼斯基（Jude Wanniski）和拉里·林德赛的作品，但他们吸取了其中的世界观和要义，毕竟这符合他们的政治需要和政治取向。

SUPPLY-SIDE
FOLLIES
第 3 章
供给经济学简史

征税超出绝对需要相当于合法性抢劫。

美国第 30 任总统卡尔文·柯立芝

自由派经济学家保罗·克鲁格曼曾经沮丧地问:"供给经济学为何能持续这么长时间?"其实答案很简单。它不是由一群心灰意冷的经济学家创立的不知所云的学科理论,而是当今共和党的核心经济学说。此外,与其追随者所言不同的是,供给经济学理论并不是在 20 世纪 70 年代纽约餐馆里的晚宴上提出来的。事实上,早在凯恩斯主义以及 20 世纪 30 年代新政兴起之前,供给经济学就已经在近 50 年的时间里指导了大部分经济学家和共和党人,只不过在今天重新开始复兴。今天的保守主义经济学派认为,美国在近 50 年的时间里所实行的小政府、持续走低的税率才是正确之道,之后却与其渐行渐远。卡尔文·柯立芝在本章开篇中的意思是,政府的规划其实是在搞生意。我们也将会进一步讨论,供给经济学在共和党时期曾一度起到主导作用,当今的供给学派又重复使用了这一学说(除了对财政节制的态度不同外)。在 2000 年的总统大选中,布什的高级顾问卡尔·罗夫(Karl Rove)将布什的竞选与当年的共和党主席威廉·麦金莱相提并论,保守党评论员詹姆斯·格拉斯曼（James Glassman）表示认同："美国人的价值观和思想正在向共和党派靠拢，这种思想曾主导了19世纪80年代到20世纪30年代的政治生活。"①

供给经济学与其"同伴"——保守主义政治学一样，是以往的"政府怎样影响经济"理论的复兴。这个曾主导了19世纪80年代到20世纪30年代政策的实践理论，深深植根于古典经济学中（有一点区别，古典主义者反对关税，而共和党强烈支持关税）。该理论的基础是税收和政府开支能够扭曲市场经济的自然运作。供给学派的经济学家马丁·费尔德斯坦（Martin Feldstein）称："很大程度上，我们的供给侧经济学是通过促进生产能力、移除政府障碍来提高个人主动性，该思想是亚当·斯密的《国富论》以及19世纪很多经典经济学理论的核心观点。"②供给学派先驱、里根政府的官员诺尔曼·图尔（Norman Ture）认为，供给经济学是"早于凯恩斯主义一个半世纪的基本观念"。③几乎供给学派的所有思想都与新政前盛行的经济学说一致，甚至包括减税能够促进收入。那古典主义经济学的观点是什么样的呢？经济学家阿尔弗雷德·马歇尔（Alfred Marshall）的著作《经济学原理》（*Principles of Economics*）于1890年首次出版，该书为我们阐述了古典主义经济学的主张。马歇尔认为，古典主义经济学基于以下四个重要原理。

第一，经济自由是关键。他认为个人享有自由决策的权利，不为政府以及税收所扭曲。政府要求甚至诱导人们做符合公共利益的事情，是对个人权利的侵犯，扭曲了市场的自由运行，属于最差的社会管理。

第二，个人应该追求利益最大化，对于个人利益的追求将会促进公共利益的实现。亚当·斯密的《国富论》被誉为"保守主义者的圣经"，在该书中，作者提出"看不见的手在引导人们去追求自己的利益，从而能够在个人

---

① James K. Glassman, "Secular Politics," Washington Post, 22 August 1995, A18.
② Martin Feldstein, "Supply Side Economics: Old Truths and New Claims" (working paper 1792, Cambridge, MA, National Bureau of Economic Research, January 1986).
③ David Roboy, "Norman B. Ture on Supply-Side Economics," *Enterprise,* June 1980, 18.

效应最大化的过程中促进公共利益"。① 其结果是，供给学派坚定地主张私营部门是有效率的，能够促进经济增长；而政府是低效的，会阻碍经济增长。

第三，竞争市场迫使企业不断创新，提高效率。只要市场是竞争的，就不会有垄断厂商获取经济利益。由于在接近完全竞争的市场里，个人可以自由追求利益最大化，因此经济福利将得到最大化。换句话说，治理原则应为自由放任，政府应该实现功能最小化，其职能应限制在国防、执法及提供那些市场没有的产品和服务范围内。

第四，古典经济学认为经济周期具有自我调节性。萨伊法则（Say's Law）是以法国古典主义经济学家让·巴蒂斯特·萨伊（Jean Baptiste Say）的名字命名的，它主张生产决定需求。例如，对于卖不出去的库存，价格会持续走低直到产品全部卖出。由此，古典主义经济学认为经济的正常趋势就是充分就业。如果失业情况严重，市场就会降低劳动力价格，直到买方（也就是企业）全部购入，最终失业人口不再存在。因此，古典经济学家一直怀疑最低工资标准、社会保障税和个人所得税等举措，因为它们扭曲了劳动力市场的自然运作。萨伊法则揭示了政府没有必要介入经济周期的管理，因为经济周期的本质在于其短暂性。尽管古典经济学简洁易懂，却好像并不符合现实情况：美国经济从1853年至1953年这一百年间，约有40%的时间处于萧条期。古典经济学认为储蓄发挥着重要作用，这正是今天的供给经济学重视储蓄的原因。亚当·斯密在1776年出版的《国富论》中正确地批判了当时流行的重商主义观念，即一个国家的财富由其所拥有的金银决定。相反，他认为一个国家的财富由生产性资产来决定，包括土地、劳动力以及最为重要的资本。由此，亚当·斯密强调高储蓄率的重要性，因为它能促进生产性资产。事实上，正如萨伊法则主张产品供给决定需求，其推论主张资本的供给决定需求。换句话说，古典经济学家不仅认为储蓄等同于投资，同时也相信高储蓄可以带来高投资。如果储蓄过度，利率下降，最后所有的储蓄

---

① Adam Smith, *The Wealth of Nations* (New York: Penguin Classics, 2000), 32.

都会用于投资。现代供给学派如此重视促进储蓄的原因，很大程度上是基于这一理论。

最后，由于对经济自由和储蓄的重视，古典经济学对税收持恐惧态度，对于超出了履行政府必要职责的税收尤其如此。古典主义者认为，税收是从消费者和生产者中攫取的金钱，用来进行生产效率低下的政府活动。这听起来与供给学派的观点一致。萨伊称："税收是将个人手中的财产用作公共目的。"他还声称，由于税收从未真正用到社会公民当中，也不是社会再生产的方式，征税实际上是毫无用处的盗窃。因此，萨伊认为：

> 不可否认，最佳税收，或者说弊端最少的税收具有以下特征：1.那些最适度的……；2.不公平现象最少的，即不会打扰了纳税人后又没带来丝毫的公共利益；3.对各阶级一视同仁；4.对再生产的危害最小。[1]

换句话说，税收是偷盗行为，为社会提供的福利很少，为纳税人创造的福利更少。因此，最佳税制的特点是：低税率；易于由政府实施；人人平等；只对工资收入而不对资本收入征收。显而易见，供给学说的准则早在19世纪就已经被法国的经济学家提倡过了。

古典主义者认为税收过度会扭曲经济，降低增速，当税率过高时，财政收入也会降低。这样的观点与19世纪经济学家阿瑟·拉弗的观点十分相似。萨伊还称："税收的悲剧是夺走了个人财富的同时，国家也没有富裕起来，该影响把税收推向极端。"[2] 同样，亚当·斯密也警告说："与适度的税收相比，高税收会降低征税商品的销量，有时还会引起走私，长此以往，会导致财政收入下降。"[3] 斯密说唯一的解决方式就是降税，"如果财政收入的下降

---

[1] Jean-Baptiste Say, *Treatises of Political Economy*, bk. 3, ch. 8, par. 11, www.econlib.org/library/Say/sayT41.html (accessed 21 November 2005).

[2] Say, *Treatises of Political Economy*, bk. 3, ch. 8, par. 15.

[3] Smith, *The Wealth of Nations*, bk. 5, ch. 2, v. 2.178.

由消费下降引起,那么降税是唯一的解决方式"。①

在美国,古典主义经济学的鼎盛时期从19世纪80年代一直延续到20世纪20年代以工厂为基础的工业经济时期。随着新经济的出现,政治领导人们开始寻求新的管理方法。其实他们大可不必如此,因为古典主义经济学已经为他们提供了新的方法。20世纪70年代,受到大多数经济学家和政府官员拥护的供给经济学诞生,而实际上它与古典主义经济学如出一辙。美国第25任总统威廉·麦金莱在1897的就职演说中总结了时代的基调:"在任何时期,任何政府都需要节省经济开支,当下经济萧条、人民困窘,我们更应注意节省。各项政府活动需严格控制开支,任何浪费的现象都应立即停止,任何奢侈的苗头也应马上被掐灭。"② 第27任总统威廉·塔夫脱也有相同的观点,称"政府无法创造好时代,无法带来雨水和阳光让谷物更好生长"。③ 卡尔文·柯立芝表示认同:"不能因为存在攻击和侵犯,就要求政府进行自身改革。"④ 赫伯特·胡佛认为:"政府不能也不应独自行使政治权力。进步需全体社会成员共同努力,而不是在政府的约束下实现。"⑤

毫不奇怪,现在的保守主义对那段黄金时代的小政府抱有好感。那时没有国家所得税,政府也不需要承担越来越重要的责任,比如管制州际间贸易,保护食品和药物供应,执行反垄断法律,因此政府职能要少得多。大多数保守主义者以及为其经济政策提供理论支持的古典经济学反对政府干预,包括设定最低工资标准、失业保险、政府资助的养老金等。

---

① Smith, *The Wealth of Nations*, bk. 5, ch. 2, v. 2.178.
② William McKinley, "First Inaugural Address," 4 March 1897. LO. William Howard Taft, "The Anti-Trust Law," Beverly, MA,
③ Ctober 1912,Authentic History Center, www.authentichistory.com/audio/l 900s/1912100 1_ William_ H_Taft-The_Anti-Trust_Law.html (accessed 27 November 2005).
④ Fred Seigel (undated) sums up the conservative worldview: "The GOP, a largely Protestant party, looked upon itself as the manifestation of the divine creed of Americanism revealed through the Constitution. To be a conservative, then, was to share in a religiously ordained vision of a largely stateless society of self-regulating individuals." Houghton Mifflin, "The Reader's Companion to American History, Conservatism" (Boston, MA: Houghton Mifflin), http://college.hmco.com/history/readerscomp/rcah/html/ah_019700_conservatism.htm (accessed 28 November 2005).
⑤ Herbert Hoover, "Inaugural Address," 4 March 1929.

SUPPLY-SIDE FOLLIES 美国供给侧模式启示录

尽管大多数民选官员认为政府功能应该受到限制，然而到了 20 世纪初，新兴的工业化国家越来越需要政府在某些方面扩大职能，包括员工的安全和收入、产品监管、垄断控制、银行业监管和货币供应量。为了给政府扩大了的职责提供资金支持，国会和总统托马斯·威尔逊于 1913 年实行了所得税。最初，所得税的利率很低。然而，随着美国加入第一次世界大战，国会将最高税率提高到了 73%，旨在让美国的有钱人为国防支出分忧。共和党沃伦·哈丁于 1920 年当选美国总统，于 1923 年去世，之后副总统卡尔文·柯立芝接任总统。再加上当时国会控制在共和党手里，降低最高所得税的压力山大。卡尔文政府的财政部长、白手起家成为超级大亨的安德鲁·梅隆（Andrew Mellon）强烈反对高税率，成为减税主力。后来，最高边际税率经历了 3 次大幅削减，从 1921 年的 73% 降到 1926 年的 25%，回到战前水平。

共和党人推动对富人减税的主张与今天的供给学派相同。柯立芝宣布："我确信，如果税率下调，国家的收入会大幅提高，即政府的财政收入会增加，"[1] 他接着指出："如果税率过高，纳税人可以通过很多手段来偷税漏税，那么政府的实际税收收入会比低税率时少。"与当今《华尔街日报》的社论口气一致，《纽约时报》支持梅隆的减税政策，称减税能够促进"更多的资金投入到企业和行业，而不是免税的证券中"。[2] 减税的动机不只是促进工作和投资动机等供给侧方面，还有推动建立更小的政府。1924 年，卡尔文·柯立芝抨击"大政府"，称联邦政府税收占国民生产总值的 5.3% 这一数字"高得惊人"（今天这一比例在 17% 左右），并因此呼吁政府应"努力不懈地减少开支"。[3]

安德鲁·梅隆甚至写了一本书，书名为《税收：人民的工作就是使降税成为现实》(Taxation: The People's Business)。他的观点与当今的供给学派

---

[1] Calvin Coolidge, "State of the Union Message," 3 December 1924.
[2] Quoted in Paul Craig Roberts, *The Supply-Side Revolution: An Insider's Account of Policymaking in Washington* (Cambridge, MA: Harvard University Press, 1984), 16.
[3] Calvin Coolidge, "Address before the National Republican Club at the WaldorfAstoria," New York, 12 February 1924.

惊人地一致，他写道：

> 征税历史表明，税收本质上具有过渡性，它无法带来收益。高税率不可避免地使纳税人承受巨大压力，从而不得不从生产性的企业撤回资本，投资到免税的证券市场，或通过其他合法方式避免应交所得税。其结果是，税收的来源正在枯竭；有钱人未能履行交税的责任；资本的转移方式既没有增加财政收入，也没有使人民受益。[1]

虽然梅隆成功地降低了税率，税率肯定还不够低，因为梅隆后来由于逃税受到指控。虽然最终被判无罪，他还是支付了40万美元的罚款，为有利于自己的"错误行为"买单。

今天，供给学派的主张像是出自"咆哮的20年代"（Roaring Twenties）的经济学家，不仅针对税收问题，大多数经济问题也是如此，因为总体上看，他们唱的是同一首赞美诗。例如，卡尔文·柯立芝声称"在当今共和党的领导下，工业经济应奖励那些挣钱的人们"，小布什也说过"这是人民的钱"；又或者，像卡尔文·柯立芝说的"增加财政收入的方式不应阻碍交易活动，而应该起到鼓励作用"，小布什说过"当我们把人民的钱还给他们时，经济会发展得最好"，他还说过"复杂的税法对小企业来说是巨大的负担"。一直以来，他们都认为减税会造成严重的收入损失。柯立芝"反对过高的税率，因为它很少甚至不会带来收入增长"，而林德赛认为，"因为有钱人在高税收下会改变自身行为，因此高利率并不一定会带来显著的税收收入"。同样，一直以来，他们都认为累进税损害了经济增长。柯立芝曾宣布，"通过这种不公平的税制，我们无法促进经济发展，不能改善社会条件，即使我们的初衷是让有钱人拿出一部分钱，但最终深受伤害的却是穷苦大众。"小布

---

[1] Andrew Mellon, *Taxation: The People's Business* (New York: Macmillan, 1924), 13.

什也深有此感，称："通过把最高税率从39.6%降到33%，我们认清了这样一个事实，政府的作用不是创造财富，而是创造一个能够使企业家或小企业蓬勃发展的环境。"因此，解决方式就是小政府。沃伦·哈丁说："我支持精简高效的政府，较低的税率，良好的商业行为，充分的信贷，对各类农业问题的关切，减少政府对企业不必要的干预。"布什表示同意并指出："推进社会进一步繁荣的计划是：减少管制，减少诉讼，减少税收……如果美国奉行小政府，低税率，自由公平的贸易和自由市场，我们的国家将会一片繁荣。"显然，布什的演讲撰稿人不可能挨个梳理20世纪初总统的讲话来挖掘内容。这些陈述之所以惊人地相似，是因为共和党人对经济的观点和政府的作用持有一贯相似的看法。而新政以前，共和党人不叫供给学派，不过他们与当今的共和党一样，都是古典主义经济学的拥护者。

大萧条和凯恩斯共识的兴起

1929年以前，古典经济学盛行。然而，就像20世纪70年代中期，企业化规模经济的衰竭暴露了凯恩斯主义经济学的局限，20世纪30年代，旧工厂经济的衰竭引发了大萧条，暴露出了古典经济学的基本缺陷。

大萧条刚开始时，赫伯特·胡佛和大多数民选官员以为这次经济衰退会和以往一样持续时间短暂，并能进行自我调整。随着经济的持续下滑，胡佛的财政部长安德鲁·梅隆只能乱吼："清算劳工，清算股票，清算农民，清算房地产……这样才能清除经济体制的腐朽……人们才会更加努力地工作，过有道德的生活。只有这样，价值才能得到调整，进取的人才能清理好懒人手里的残局。"[1] 然而随着危机加剧，很多人才意识到事情的严重性。不过古典经济学的理论是，如果政府不挡道，经济在长期内能够恢复正常，正如凯恩斯的玩笑话"时间再长些，我们就已经不在人世了。"

---

[1] Ron Chernow, *The House of Morgan* (New York: Simon & Schuster, 1990), 322.

然而，随着以旧工厂为基础的经济完全衰退，转型为规模生产化的管理型企业经济，社会急需一种完全不同的国家经济政策。尽管新古典主义的经济学家十分肯定"市场什么都知道"，他们也无法轻易地想出新方法。随着大萧条的进一步恶化，绝望的经济学家们仍束手无策。

因此，要制定符合新形势的新经济政策，我们需要一个反对古典学说的人，这个人就是英国人约翰·梅纳德·凯恩斯。凯恩斯1936年的巨著《就业，利息和货币通论》(The General Theory of Employment, Interest, and Money)挑战了盛行一时的古典经济学典范，彻底改变了经济学和经济政策。该书拉开了著名的凯恩斯革命的帷幕，改变了经济学家及政府官员对经济的看法，尤其是政府在管理经济周期中的作用。

凯恩斯的主要贡献是说明经济发生了根本改变，经典模型已经不合时宜。比如，经济学家称，随着工会的兴起，工资具有黏性，不再像古典经济学预测的那样，随着失业率上升而下降。随着能够掌控市场的大公司的崛起，价格在经济放缓时期也不一定下降。事实上，这些新的企业巨头更青睐减少生产而不是打价格战。

古典经济学家的问题是，当产品、劳动力和资金的价格（如利率）下降到足够低时，投资会增加吗？凯恩斯的问题与之不同："存在充足的盈利机会来进行投资吗？"凯恩斯认为，谨慎的消费者和投资者即使在低利率时也不会消费或借贷。他说："为了打破这种僵局，政府必须得采取措施，理想的措施是暂时增加联邦支出。"的确，凯恩斯主义的本质是，国民收入和就业由总需求水平（由消费者、投资者和政府决定）确定，在经济放缓期间，刺激政府支出或临时减税可能会促进需求，尤其对于那些把税收优惠用于消费的人群。总之，古典经济学家重视供给，而凯恩斯主义学派重视需求。

此外，古典主义者重视微观经济学，研究的因素包括企业的盈利能力、投资回报以及个人和企业在工作、储蓄和投资上的边际决策；而凯恩斯主义经济学家重视宏观经济学，其研究的是整个经济、产品和服务的总量、总收入和生产资源下的就业水平等问题。

正如供给经济学为复兴的共和党右派提供了一个合理的经济理论，以满足其减税和小政府的理念，凯恩斯主义也为复兴的民主党左派提供了合理的经济理论来增大政府的规模和范围，并能在大萧条结束后提高税收。由此，凯恩斯主义的影响不仅在于帮忙结束了大萧条，还使政府成为经济社会的重心。工人的工资和政府支出也首次成为经济政策的核心。借用经济学家塞莫尔·哈里斯（Seymour Harris）的话来说，凯恩斯主义已经成为"新经济学"。1946年，他试图在书中阻止凯恩斯主义趋势的蔓延，却又不情愿地承认道："当今世界，政府支出是最持久和最具影响力的信仰。无论何地，政府支出都是解决经济问题的灵丹妙药。"[1]

凯恩斯主义是美国经济和社会转型的一个方面。更广泛地说，到了20世纪30年代，兴起于20世纪初的工厂经济陷入疲惫，对小政府和对私人经济活动的依赖不再成为引领社会发展的指南针。为了应对疲惫，胡佛试图拯救自我控制的经济体制。但他失败了，选民转向了富兰克·罗斯福，他在多次实验后，从根本上将政府与社会以及与经济的关系重新进行了排序。

意识到对新政府管理体制的需要，振兴的民主党派很快把新的宏观经济学当作其指导力量。富兰克林·罗斯福只见过凯恩斯一次，肯定没能完全理解凯恩斯主义经济学，不过他能够肯定的是，旧秩序正在让位于新秩序，而新秩序需要联邦政府发挥更为积极的作用。正如罗斯福在第二次就职演说中陈述的那样："我们本能地认识到了更深层次的需要，即通过政府找到合适的工具来实现我们的共同目的，解决复杂社会下日益增多的个人问题。我们曾反复尝试离开政府的帮助去解决这些问题，结果却陷入困惑和迷惘中。"[2] 在一次对共和党奉行的古典经济学说的攻击中，他又说："我们拒绝让共同的社会福利问题变得像天气般飘忽不定。我们一直都知道，什么也不在乎的

---

[1] Henry Hazlitt, Economics in One Lesson (1946; repr., New York: Arlington House Publishers, 1979).
[2] Franklin Delano Roosevelt, "Second Inaugural Address," 1937.

利己主义是坏道德;现在我们还意识到,它还是坏的经济学。"

事实上,整个经济和社会正在经历转型。因此,尽管1929年的经济看起来像是1909年的经济(虽然市场更大,并出现了新的产品和创新手段),却与1949年的经济有着显著区别。20世纪四五十年代,企业化规模经济是一个转折点,代替了老旧的小企业以及20世纪上半叶的区域化制造业经济。的确,"混合经济"与早先的"新经济"不一样,1955年10月发行的《财富》杂志还曾为"新经济"做过特别报道。①

20世纪50年代初,一个由企业重组推动的新型经济已经出现。大公司成为一种生活方式,美国人也渐渐习惯了它们。职业经理人开始管理公司,以至于人们把那段时期称为管理型资本主义时代。基于机电、化工科技和规模生产技术的新型技术体系制造出的消费品令人眼花缭乱,包括汽车、烤面包机和电视等应有尽有。运输和通信的网络将从前分离的地区联系在一起,共同组成了统一的国家经济。最后,生产经济的主要服务对象发生转移,从为劳苦工人阶级提供生活必需品变成为日益增多的中产阶级提供满足其欲望的各类消费品。

同样,政治也发生了转变。小型企业及其附属组织仍然在坚守古典主义经济学阵营,并继续支持保守的共和党人。到了20世纪40年代,大公司逐渐接受凯恩斯主义、大政府、工会组织和民主党。大企业开始相信政府的作用很重要,它不仅仅能缓和资本主义的过度行为,也能使整个经济体系更加稳定。经济发展委员会(CED)是由领先的美国公司组成的新组织,它公开宣称支持政府"干预"措施,这对大公司态度的转变起到了特别重要的作用。1958年,关于经济政策方面著名的《洛克菲勒·佩伦报告》(*Rockefeller Palen Report*)也支持新秩序,称"公共支出是美国经济的重要组成部分,它不仅没有阻碍进步,还为经济发展提供了良好的环境"。人们越来越注意

---

① Robert D. Atkinson, The Past and Future of America's Economy: Long Waves of Innovation that Power Cycles of Growth (Northampton, MA: Edward Elgar, 2005).

到政府在促进总需求上的强劲作用，开始谈论政府和市场同样重要的"混合经济"。

与此同时，共和党在20世纪40年代也已经转变态度，接受现实，就连大老党（GOP，共和党的别称）都开始支持增加社会保障和劳工保障，如劳资谈判权。事实上，正如一位现代保守派抱怨的，"共和党主要以诸如托马斯·杜威（Thomas Dewey）和温德尔·威尔基（Wendell Willkie）等罗斯福的崇拜者为主……两个党派基本上接受了新政的理论，现代社会……太复杂了，无法按照自身原则发展。"① 1953年，艾森豪威尔政府和一个新的共和党控制的国会上台，共和党强硬派都希望恢复罗斯福之前盛行的保守主义。令他们失望的是，艾森豪威尔支持加大社会保障、失业保险、跨国主义和自由贸易。正如前《洛杉矶时报》华盛顿分社社长威廉·多诺万（William Donovan）所说："许多共和党人曾真诚地认为，1952年共和党的回归将使柯立芝、胡佛甚至麦金立当政时的日子重现，不过艾森豪威尔似乎是个典型的民主党总统。"②（有趣的是，许多自由的民主党人希望，克林顿上任后，将重现总统肯尼迪和约翰逊时期的辉煌岁月，但最终和上面的共和党的遭遇一样，他们称克林顿是个典型的共和党总统。）

然而，尽管多数共和党人接受了新的现实，意识到要恢复新政前的经济不仅不可能，而且还对政治不利，但仍然有少数保守派不愿意适应新秩序。事实上，他们同样不甘愿接受"大社会"的新现实，包括大政府、大工会、大公司以及与之同时产生的新政机构。这种情况就像当今许多自由主义者很难接受新的全球经济一样。因此，保守的共和党长时间处于沮丧中，无法理解世界变化得如此彻底，他们的执政理念已经过时。或许，最集中地反映了对立态度的人是参议员罗伯特·塔夫脱，他是参议院共和党领导人、前总统威廉·霍华德·塔夫脱的儿子。保守派作家拉塞尔·柯克（Russell Kirk）

---

① Glenn Garvin, "He Was Right: Looking Back at the Goldwater Moment," *Reason Online*, October 2002, www.reason.com/0203/cr.gg.he.shtml (accessed 29 November 2005).
② William Donovan, *The Future of the Republican Party* (New York: New American Library, 1964), 32.

指出："1939年参议员罗伯特·塔夫脱打算重建衰弱的共和党,以此抵抗新政。"① 塔夫脱认为:

> 新政旨在对支持美国繁荣了150年的商界和宪法体制进行全面的改革,其重要的措施背后有一个基本理念。共和党人必须全心全意,严加反对,以抵制这些理念和措施。采取的政策就是计划经济。②

多诺万在一次声明中的发言可能适用于今天的自由派民主党人:

> 任何想要理解共和党困境的人必须先承认,共和党并没有跟上国家和世界各地的变革。20世纪20年代后期,当旧秩序垮台时,他们毫无准备。当新秩序开始萌芽时,他们仍然守旧。过去的25年发生了如此巨大的革命性变化,没有跟上变化的人会步履维艰甚至跌倒在地。共和党被错误地打上了反对新潮流和新思想的标签,他们必须为此抗争。③

或许除了塔夫脱之外,最守旧的共和党领导人是共和党参议员、1964年的总统候选人贝利·高华德(Barry Goldwater)。回顾20世纪初的工厂经济时代,高华德宣称:"我对如何精简政府或提高行政效率不感兴趣,我更在乎缩小政府规模。"其在1960年出版的《保守派的良知》(*Conscience of a Conservative*)一书中明确表示,他的目的是恢复旧经济秩序,具体措施包括缩减联邦政府规模,反对工会,废除福利政策,取消累进所得税。

然而,尽管有一些落后的保守派抨击这些变化,随着规模化企业经济从

---

① Russell Kirk and James McClellan, *The Political Principles of Robert A. Taft* (New York: Fleet Press Corporation, 1967), 129.
② Kirk and McClellan, *The Political Principles of Robert A. Taft*, 129.
③ Donovan, *The Future of the Republican Party*.

大萧条的残局中涌现出来，两个党派中的多数民选官员一致认为，市场的自主力量和个人决策已经无法管理复杂的企业经济。哈佛大学社会学家丹尼尔·贝尔（Daniel Bell）认为："在20世纪下半叶中，最重要的政治事实是政府指导的社会。它出现的原因在于大规模的社会需求（医疗、教育、福利和社会服务）的增加，它们已成为人民的需求。"① 为了解决第二次世界大战后新的企业经济问题，出现了新的执政理念，政治不再由战前放任自由的观念决定，而成为新型福利国家。直到20世纪70年代，这样的观点才受到真正的挑战。

然而，尽管包括很多共和党在内的政府官员意识到了新的经济需要新的政府制度，凯恩斯主义并没有立即得到重用。事实上，正如小布什上台以后，供给学派才真正形成了统一力量那样，约翰·肯尼迪上台后，凯恩斯主义才成为政治手段。小布什身边围绕着忠实的"第二代"供给学派，肯尼迪的周围都是忠诚的凯恩斯主义的门徒，包括约翰·肯尼思·加尔布雷思（John Kenneth Galbraith）、沃尔特·海勒（Walter Heller）、沃尔特·罗斯托（Walt Rostow）、罗伯特·索洛（Robert Solow）和杰姆斯·托宾（James Tobin）。凯恩斯的弟子们在20世纪40年代就开始学习，他们花了很长时间才得到重用并取代了古典主义者。现在，人们把肯尼迪当政时期的经济称为"新经济"，以彰显其大胆的凯恩斯主义。

肯尼迪政府的标志性经济政策之一是推行减税。肯尼迪1961年上任以后，经济尚未从衰退期恢复过来。肯尼迪的政策建议者属于传统的凯恩斯主义学派，他建议增加消费，减少税收。结果，肯尼迪进行了一系列减税改革，包括降低所得税，为企业投资提供税收激励。今天，关于这些税收减免的动机争论不休，凯恩斯主义和供给学派都宣称是肯尼迪的主意。由于肯尼迪是民主党派，却进行了包括降低所得税最高税率的减税政策，供给学派急迫地把肯尼迪归于其门派。他们说，看吧，就连民主党都支持供给经济学。

---

① Daniel Bell, *The Cultural Contradictions of Capitalism* (New York: Basic Books, 1976), 24.

供给学派的领袖人物裘德·万尼斯基认为："事实上，里根革命并不是起源于里根时代，也不是坎普时期，在1962年，肯尼迪通过将所得税最高税率从91%降到65%时就已经开始了。"①

该解释的唯一问题就是过于一厢情愿。拉里·林德赛承认："肯尼迪政府的经济咨询委员会主席、减税的策划者沃尔特·海勒在很大程度上是需求学派。"②海勒在谈到降税后的经济增长时明确说道："事实很清楚，从1964年到1965年，正是通过释放了100多亿的消费购买力和20亿的企业资金，需求得以促进，一定程度上弥补了过去的财政损失。"③肯尼迪的经济顾问阿瑟·奥肯（Arthur Okun）说："1964年的税收法案针对的是经济的需求侧，而不是供给侧。"④史学家大卫·格林伯格（David Greenberg）曾说供给学派以肯尼迪对企业领导人的演讲内容为由，声称肯尼迪的降税政策受到供给学派的影响。正如他们所说："供给学派从肯尼迪1962年12月的演讲中找到了说辞。他们忽略了充分的文献证据，证明在经济俱乐部的那次演讲中，关于重商主义的说辞很大程度上是出于战略性考虑。"⑤

20世纪七八十年代凯恩斯主义的衰败

正如尼克松总统的声明"我现在是一个凯恩斯主义者"，到了20世纪70年代初期，大多数保守派和自由派对待第二次世界大战后经济政策的看法一致。在战后经济的鼎盛时期，共和党人没有从根本上挑战需求侧这一共识。总统艾森豪威尔、尼克松和福特都相信可以通过政府开支来管理经济；他们只是觉得政府支出的应该比民主党少些。供给学派人士拉里·库德洛在1986

---

① Jude Wanniski, "SSU Spring Lesson #7: The Kennedy Tax Cut," www.wanniski.com/showarticle.asp?articleid=4213 (accessed 22 November 2005).
② Lindsey, *The Growth Experiment*, 3.
③ Walter Heller, "The Kemp-Roth-Laffer Free Lunch," *Wall Street Journal*, 12 July 1978, 20.
④ David Greenberg, "Tax Cuts in Camelot?" *Slate*, 16 January 2004, www.slate.comlid/2093947/ (accessed 22 November 2005).
⑤ Greenberg, "Tax Cuts in Camelot?"

SUPPLY-SIDE FOLLIES 美国供给侧模式启示录

年一次共和党活动中讲过一个故事：

> 我当时正在整理我的文件，觉得有些无聊，这时候切尼过来和我聊天。那时他是众议院的共和党议员，他说他真的很喜欢我的讲话，也认同里根减税很成功。我们两个单独站在一起喝咖啡时，福特总统走了过来。切尼告诉福特："你知道的，总统先生，让库德洛来这里真是一件正确的事。"福特看着我的眼睛说："库德洛，你是我最喜欢的供给派学者，但我不相信你说的每一个字。"[①]

然而，就在几乎所有人都拥护需求侧时，大企业与规模生产的经济衰竭打破了前几年还无懈可击的凯恩斯共识。到了 20 世纪 70 年代中期，凯恩斯主义的"微调"手段似乎不再起作用。高失业率、高通胀，加上生产率增长大幅放缓，让人们很快质疑当时流行的经济理论。旧经济的衰竭及由此产生的经济滞胀使政界广泛又深刻地批判需求学说。后来的供给经济学填补了经济理论的空缺。

这中间到底发生了什么？简而言之，滞胀。在凯恩斯主义经济学中，失业率和通货膨胀之间存在一个相互关系。著名的菲利普斯曲线（Phillips curve）描述了这个概念，失业率下降时，价格面临压力，因此通货膨胀上涨，反之亦然。因此，如果通货膨胀率过高，政策制定者会实行紧缩的财政和货币政策，通过减缓经济和增加失业率，抑制通货膨胀。如果失业率过高，决策者实行宽松的货币政策，进行减税或增加开支。四十年来，自由派支持更低的失业率，并愿意容忍适度的通胀，而保守主义者支持较低的通胀率，并愿意忍受更高的失业率。所以，最佳的经济政策制定者能够在二者之间实现微妙的平衡，即在失业率足够低的情况下，不会引起过高的通胀。但滞胀（低增长和高通胀同时存在）的加剧挑战了之前的模式，使得情况变得

[①] Larry Kudlow, "Cheney the Supply-Sider," *National Review Online*, 24 July 2000, www.nationalreview.com/kudlow/kudlow072400.html (accessed 21 November 2005).

越来越差，吉米·卡特把失业率和通货膨胀率的总和称为"悲惨指数"。除此之外，生产率增长自 1973 年开始下降，引发了工资和收入的停滞。到 20 世纪 70 年代后期，随着欧洲和日本的众多产业挑战了美国，美国的竞争优势地位被削弱。

凯恩斯主义无法应对新的挑战。如果政策制定者通过宽松的财政和货币政策来降低失业率，通货膨胀会更加严重。如果他们采取紧缩的政策以控制通货膨胀，失业率会变得更高。凯恩斯主义经济学的问题不止于此。深入了解大萧条，就会明白其核心问题在于凯恩斯主义不是一个增长理论，它的目的是管理经济周期。正如全球领先的凯恩斯主义经济学家詹姆斯·托宾所描述的那样："经济活动的高年增长率，和经济周期上升时期的实际国内生产总值，反映了劳动力和企业生产力的资源闲置。这种额外的产量增长是经济繁荣的本质。"[①] 换句话说，凯恩斯主义学派的观点是，可预期的最佳政策是将经济萧条最小化，但这并不能为促进经济长期增长作出多大贡献。

许多学院派经济学家继续从凯恩斯主义的角度提供政策建议，却没有想出新的方法来解决滞胀问题。哈佛大学的经济学家约翰·肯尼思·加尔布雷思建议增加消费来降低失业率，通过增加工资和价格管制来限制通货膨胀。但是，正如 20 世纪 30 年代时，降低工资和价格的解决方案行不通，增加消费、工资和价格管制也没有成为 70 年代的可行方案。虽然在 70 年代中期，一些凯恩斯主义学派意识到供给学派的重要性，不过意识不强，而且为时已晚。

正如 20 世纪 30 年代旧工厂经济的衰败使古典经济学不再流行，70 年代老企业、规模生产经济的崩溃也使得凯恩斯主义被人抛在脑后。保守主义经济学家亨利·黑兹利特（Henry Hazlitt）在 1979 年说过："凯恩斯主义和新政者正在缓慢退出历史舞台，保守党、自由主义者和其他企业的支持者越来

---

① James Tobin, "Fiscal Policy: Its Macroeconomics in Perspective" (discussion paper 1301, Yale University, Cowles Foundation for Research in Economics, New Haven, CT, May 2001).

越理直气壮，变得无所顾忌，这类人正在明显增加。"① 由于强调需求侧的凯恩斯主义没能促进生产，古典经济学披着供给经济的外衣卷土重来，它主张小政府、低税收和较高的私人储蓄。既然凯恩斯主义没有交上满意的答卷，白宫已经准备好了不同的方法。

结果是，从20世纪中叶到70年代末，其他形式的古典经济学开始复兴，包括理性预期、公共选择经济学、货币主义，当然还有供给经济学。它们都有一个共通之处：不相信政府，支持市场的力量，认为管理经济的说法自相矛盾。其中，供给经济学的拥护者很快就要登台了。

---

① Hazlitt, *Economics in One Lesson*.

SUPPLY-SIDE
FOLLIES
第 4 章
从罗纳德·里根到乔治·布什

> 我的计划减少了国债,并且速度快得惊人,以至于经济学家担心还不到退休我们就会把债务全用完了。
>
> 总统乔治·沃克·布什 广播讲话 2004 年 2 月 24 日

1980 年,罗纳德·里根当选美国总统,复兴的古典主义经济学自 20 世纪 20 年代以来首次在白宫找到拥护者,不过这一次,它的名字变成了供给经济学。里根总统不必重新去发现这个长期被遗忘的学说,供给学派的倡导者在过去十年间发展并打磨了供给经济学说的理论,可供里根总统参考。供给主义经济学的复兴从何而来?每次"革命"都有其起源神话。对于供给经济学,有几个所谓的起源。

一个说法是起源于 20 世纪 70 年代中期,在纽约的多次晚餐谈话中产生。餐宴的三位常客是裘德·万尼斯基(Jude Wanniski)、罗伯特·蒙代尔(Robert Mundell)和阿瑟·拉弗。万尼斯基是《华尔街日报》社论的资深编辑。蒙代尔是哥伦比亚大学经济学家,在国际经济学理论中颇有建树,并因此获得了 2001 年的诺贝尔奖。拉弗是南加州大学经济学家,在尼克松任职期间，曾在行政管理和预算局（OMB）工作。

另一个说法是起源于在 1974 年早期的华盛顿。在华盛顿大酒店顶层的双大陆厅（Two Continents Lounge），拉弗在和杰拉尔德·福特的幕僚长唐纳德·拉姆斯菲尔德（Donald Rumsfeld）以及迪克·切尼等人一起共进晚餐。由于经济陷入衰退，福特政府一直在寻找新的思路。据说，拉弗当时在一张餐巾纸上画了两条相互垂直的直线和一条弧线，以此说明政府可以在减税的情况下增加财政收入。于是，供给学派的标志——著名的拉弗曲线就此诞生。

据称，"供给侧"这一术语是 1976 年赫伯特·斯坦恩（Herbert Stein）在其论文中提出来的。[①] 斯坦恩是尼克松政府的前经济顾问，他当时使用的术语是"供给侧财政主义者"，这也反映出该学说集中在供给侧的财政方面，特别是税收方面。同一年，裘德·万尼斯基将该术语简化为"供给经济学"。20 世纪 70 年代中期，万尼斯基发现，供给运动在国会萌芽，并迅速成为了拥护者。直到里根当选总统，供给经济学才真正登堂入室，并在 70 年代得到了迅速发展。事实上，在 20 世纪 70 年代中期，《华尔街日报》大力推广该理论，极大地促进了这一非正统的新理论为政治领导人所采用。

万尼斯基非常赞赏古典经济学的复兴，以至于在 1978 年为此写了《世界的运作方式》（The Way the Worlcl Works）一书，该书后来成为供给运动的《圣经》。保守派传统基金会的刊物《政策评论》（Policy Review）曾刊登过一篇文章，其中列出了 20 世纪最重要的 20 本保守主义文献，乔治·纳什（George Nash）将《世界的运作方式》一书列入"过去 20 年来推进保守主义思想最重要及最具影响力的书"。[②] 纳什称，该书的影响力如此之大，以至于在出版后的 20 年中，"减税一直是保守共和主义的核心"。

[①] Cited in Kent Hughes, *Building the Next American Century: The Past and Future of Economic Competitiveness* (Washington, DC: Woodrow Wilson Press, 2005), 56.

[②] George T. Nash, "Modem Tomes," *Policy Review* 84, no. 6 (July-August 1997), www.policyreview.org/jul97/thnash.html (accessed 22 November 2005).

第 4 章 从罗纳德·里根到乔治·布什

此外，还有其他思想家推动了供给运动萌芽期的发展。其中之一是保守作家乔治·吉尔德（George Gilder）。正如纳什指出的："如果裘德·万尼斯基是最热心的供给经济学宣传家，那么乔治·吉尔德可以被看作神学家。"在吉尔德1981年所著的畅销书《财富与贫穷》（Wealth and Povarty）中，他写道："要想经济成功，有钱人越多越好。"[1] 此外，他还对过去盛行的福利国家观念进行了直接抨击，认为成功的企业家是"经济生活中的英雄""累退税帮助了穷人"，因为"穷人需要更多来自贫困的鞭策"。此外，"为了帮助穷人和中产阶级，必须削减富人的税收"。现在，政府不是财富增长的动力，有钱人才是。

由于保守思想的蓬勃兴起，一些民选官员和任命官员开始开诚不公地提倡这一新的经济社会学说。其中就有福特总统的财政部长威廉·西蒙（William Simon）。西蒙是一个彻底的供给派学者，只是未道明罢了。他支持不显眼的小政府并认为："自由竞争市场是提高产量的最有效方式。"[2] 正如保罗·麦卡沃伊（Paul MacAvoy）指出的，西蒙认为"必须增加储蓄，限制个人收入和企业收入，因此要降低个人所得税，实行股息双重征税。"西蒙还认为，应取消资本利得税，降低储蓄税。西蒙与今天的供给学派之间唯一的主要区别是西蒙重视财政节制。在讨论福特总统的经济计划时，他在参议院前作证称："你会记得福特总统在10月6日所说的话，他认为若没有相应的支出控制，减税就行不通。"[3]

不景气的经济与激励的政策提案使供给经济学有力地挑战了凯恩斯主义经济学。正如林德赛所指出的："自从20世纪30年代古典经济学被推翻以

---

[1] George Gilder, *Wealth and Poverty* (New York: Bantam Books, 1981), 188.
[2] Paul MacAvoy, "Treasury Secretary W. E. Simon and Congress on the Business Cycle," *in A Tribute to William E. Simon* (Rochester, NY: William E. Simon Graduate School of Business Administration, 2001), 13.
[3] Susan L. Averett, Edward N. Gamber, and Shelia Handy, "William E. Simon's Contribution to Tax Policy," *Atlantic Economic Journal* 31, no. 3 (September 2003):233-42.

来，1981年供给经济学的挑战是对统治经济学说最大的挑战。"[1]理解供给经济学的关键是它代表了古典经济学的复兴，或者更确切地说，是古典经济学的重现。

虽然思想运动此起彼伏，真正让供给古典主义复兴的是，它在共和党官员的"叛乱团体"中找到了热心观众。正统凯恩斯主义在20世纪70年代受到了挑战，然而执政的共和党正统观念同样如此。自新政以来，共和党多年来在众议院和参议院都是少数派。提到财政政策，他们自称是财政节制的拥护者，并认为应限制民主党的过度支出。这样一来，他们就无法提倡大力减税，因为这会提高赤字。事实上，他们经常支持增加税收来避免巨额财政赤字。但是由于控制了国会的民主党不打算削减开支，共和党除了窝火儿以外什么都做不了。然而，到了20世纪70年代末，一些人突然意识到，是时候停止生气和担心赤字的问题了，或者就像某些人所言，是时候停止做福利国家的"收入征收机"了。

此外，20世纪70年代经济的缓慢增长为共和党提供了机会，他们可以有效地对民主党在经济上的不善管理进行指控。但是想要利用民主党的错误漏洞，他们需要新的经济策略，因此供给经济学应运而生。70年代中期，在坐了40年的冷板凳后，一小部分保守主义者开始声称，如果民主党要推动消费，增加开支，那么是时候轮到共和党降低税收了。[2]其结果是，共和党不再采取失败的维持收支平衡的策略，而是大力推动减税政策。这次反叛运动的领导人之一是杰克·坎普（Jack Kemp），他是前美国国家美式橄榄球联盟的四分卫，后来在纽约的布法罗成为共和党议员。在70年代中期，坎普就致力于劝说共和党人"别再供奉平衡预算的神坛"。由于通货膨胀率和失业率很高，这些叛乱分子想要通过扩大经济生产能力来解决这些问题。

---

[1] Lawrence B. Lindsey, *The Growth Experiment: How the New Tax Policy Is Transforming the U.S. Economy* (New York: Basic Books, 1990), 5.

[2] This ignores the fact that even with the Democrats in charge, deficits as a share of GDP were relatively small.

坎普着手制定法规，全面降低个人所得税，减幅高达30%。据称，该想法来自保罗·克雷格·罗伯茨，然后才是坎普手下的经济学家以及早期的供给学派。参议员威廉·罗斯（William Roth）着手引进相应法案。然而，坎普和罗斯很快就陷入僵局，因为该提议不仅遭到大多数民主党人的反对，手握权力的共和党人也予以反对。共和党人更关心财政节制，认为画在餐巾纸上的未经检验的经济理论，以及在《华尔街日报》宣传的观点毫无用处。事实上，他们最大的对手之一是俄克拉何马州参议员亨利·贝尔曼（Henry Bellman）——预算委员会中共和党的上层人物，他赞成削减赤字而不是减税。终于，一位总统上台后，拒绝了保守凯恩斯主义，支持供给经济学，使坎普和罗斯的提议成为现实。

里根革命

1981年1月20日，罗纳德·里根当选第40任美国总统。他是自卡尔文·柯立芝之后首位反对联邦政府的总统。在人选中，里根战胜吉米·卡特，昂首阔步地进入白宫。里根的胜利部分归功于卡特灾难性的外交政策，但是最终让选民们冒着风险为这位新派共和党人士投票的原因是，大范围的经济低迷一直困扰着国家。里根赢了，因为这个国家的政治正在发生变化。在20世纪70年代，到处都能听到对税收和政府的不满之声。由于高通胀率使得中产阶级家庭背负的高所得税负担加重，抗税运动在70年代中后期开始获得政治支持。此外，各地的抗税运动也起到了推动作用，比如1978年加州的13号提案（Proposition 13）。由于收入停滞不前，抗税运动获得了支持。如果人们无法通过提高工资来提高生活标准，至少政府能够通过减税增加他们的税后收入。更广泛地说，旧的新政联盟（经济利益与再分配一致的选民）开始发生变化。当年支持新政的蓝领选民，他们的孩子已经加入中产阶层，甚至是上层中产阶级。最后，面临全球竞争的大公司开始放弃凯恩斯主义，认为共和党提出的反税收和反管制的议程更有吸引力。

事实上，第二次世界大战结束后发展起来的福利国家以及大官僚治理模式一度成为了普遍信仰，而今却遭到许多美国人的质疑。到了20世纪70年代，人们认为许多公共问题过于复杂，政府解决这些问题的能力有限。毫不奇怪，就像在20世纪30年代时，小政府的政治共识随着工厂经济的衰竭而被打破，此时旧经济下的大政府共识开始动摇。到了70年代初，政府在很多问题的处理上明显是失败的，比如犯罪、贫困、污染、交通。低迷的经济已经破坏了政府的计划和管理形象，打破了政府可以通过顶级专家来解决各类问题的观念。虽然政府能够解决像把人类送上月球这类"无趣"的问题，却未能解决一些"邪恶"的问题，比如重振萎靡的市区、减少犯罪、促进经济增长。

因此，社会上开始怨声载道："如果我们能把人类送上月球，那我们当然能够使城市恢复正常发展。"然而随着旧经济的土崩瓦解，到了70年代，这样的改革派希望也破灭了。这是因为重新兴起的保守共和党消极地否定了政府的职能，倾向于让市场和民主社会解决各类问题。很多人认为政府管得太多，野心太大，必须加以控制。事实上，公众对政府能够有效、正确处理事务的信心大降，从1964年的76%降为1994年的21%。[1] 由于经济增长缓慢所引起的预算缩减，加大了小政府的趋势。因此，当时社会的口号变成了"撤销管制，权力下放，财政紧缩以及私营化"。

由于这种意识的蔓延，自由派和保守派开始在政治上展开斗争。自由派希望继续保留新政、伟大社会的共识以及相关的统治部门，而保守派试图摧毁治理机构，认为它与其背后的经济结构一样，已经走到尽头。20世纪60年代正是旧经济的鼎盛时期，大政府是主导范式，因此戈德华特的保守观点，包括限制联邦政府和州权以及敌视联盟，很难在当时站稳脚跟。直到旧经济衰败，官僚模式出现缺陷，小政府的市场模式才得到最权威的理论家的

---

[1] Marc Hetherington, *Why Trust Matters: Declining Political Trust and the Demise of American Liberalism* (Princeton, NJ: Princeton University Press, 2004).

认可。

共和党人在罗纳德·里根的带领下，明晰地对旧经济下的治理体制和政治进行了有力批判。许多人之所以支持里根和后来的小布什及其小政府的观念，并不只是因为他们否定政府，而是因为他们本能地感觉到，大官僚政府的时代已经过去了。

事实上，里根政府的工作重点就是对坎普和罗斯的支持。他一上台就提出了25%的全面降税，以及按通货膨胀指数调整税率。不同于过去经济萧条时期的减税政策，里根及其团队的理论基础不是凯恩斯主义的学说，即减税能够在短期促进消费，提高就业率。相反，他们运用供给学说，里根曾讲道："对于那些呼吁更多政府规划、更多管制甚至更多税收的人，我们想说，对一个国家及其民众而言，经济成功的衡量标准不是泥砖、砂浆，也不是资产负债表和各种补贴。要想实现经济腾飞，最重要的是，人们得提高开拓创新、锐意进取的精神。那就是说，不能增加而应减少管制，不能提高而应降低税率。"① 不像凯恩斯主义对上一代人强调政府在促进经济增长上的作用，里根的观点是"通过减少联邦政府繁琐复杂的职能，美国人民可以激发出更多的活力和实力"。②

尽管里根总统采用了供给学说，但主流的经济学家却不愿跟随。20世纪80年代早期，在美国经济协会的18 000名会员中，只有12个人自称供给学派。事实上，反对改革的保守当权派只把供给经济学看作一个小插曲。林德赛认为，供给学说是"正在衰落的正统经济学和边缘经济学说相互挑战时出现的摩擦"。③

那么，为什么里根总统认可这种在当时可谓特立独行的思想呢？主要原

---

① Cited in Robert T. Gray, "President Reagan's Call for Continuing the Free-Enterprise Revolution," *Nation's Business* 76, no. 7 (July 1988): 63.
② Ronald Reagan, "White House Report on the Program for Economic Recovery," 18 February 1981, www.reagan.utexas.edu/archives/speeches/1981/2188lc.htm (accessed 22 November 2005).
③ Lawrence Lindsey, *The Growth Experiment*, 5.

因是供给经济学在本质上是古典经济学的复兴，是共和党在新政之前就奉行的政策学说。里根与艾森豪威尔、洛克菲勒、尼克松和福特这类凯恩斯派共和党不同，他的主张与塔夫脱、戈德华特、麦金莱、哈定和柯立芝一致。供给经济学提供的计划与里根的理念相符，那就是小政府、低税收以及累退税。正如里根的经济顾问委员会的成员威廉·尼斯坎南（William Niskanen）指出的："曾经一度被视为右翼极端分子的思想现在决定了总统的选择。"[1] 里根的助手埃德·米斯（Ed Meese）说："早在供给侧这一术语提出之前，里根总统已经是供给学派了。"[2]

在政府的领导下，国会通过了《经济复兴税法案》(ERTA)，将非劳动收入的最高边际税率从 70% 降为 50%，并全面降低所得税。[3] 后来，政府与国会一致通过了《1986 年税收改革法案》(Tax Reform Act of 1986)，进一步降低税收，将最高税率从 50% 降为 28%，并把 5 级税率降为 2 级，分别为 50% 和 28%。因此，各种各样的企业和个人的税收漏洞被堵住了。

或许里根经济学最具争议的方面在于减税会增加收入。里根和其团队推进减税，声称由于经济会增长，税收漏洞和管制会减少，最终财政收入会增加。然而随着 80 年代财政赤字的爆发，美国人开始怀疑他们受到了欺骗。事实上，甚至今天的保守经济学都在批评供给经济学所谓的减税会增加收入这一观点。因此，供给学派积极努力地抹杀这一说法。一些人称财政赤字不是由减税造成的，而是由低通胀率和高消费等其他因素导致的。但是，我们在第 7 章会讨论，减税的确是财政赤字的最大推手。

另一些人认为，里根政府从来没有说过减税会增加收入。然而，减税的确是在此基础上推行的。比如，在把《经济复兴税法案》强行推给给共和党

---

[1] William Niskanen, *Reaganomics: An Insider's Account of the Policies and the People* (New York: Oxford University Press, 1988), 15.

[2] Ed Meese, *With Reagan: The Inside Story* (Washington, DC: Regnery Gateway, 1992), 121.

[3] While the highest marginal tax rate in 1980 was 70 percent, it didn't kick in until $108,300, which was equivalent to $275,000 in today's dollars.

第4章 从罗纳德·里根到乔治·布什

的预算鹰派人士时①，政府承诺减税能够增加收入，或是在很大程度行弥补损失。里根总统称："我清楚，有些人很关心我们计划里的税收部分。对此，我想说说自己的看法——觉得被忽视的想法……或许最多的误解是，我们提议降低政府收入，使其低于从前水平。事实不是这样的。"②

虽然里根政府成功地制定了供给经济学议程，他们却很容易忽略这项任务的艰巨性。尽管当今共和党一致支持供给经济学说，然而这在80年代却是最不可能的事情。许多共和党人对这种奇怪的学说感到不屑。事实上，老布什曾在1980年嘲讽供给经济学，称其为"巫术经济学"。就是在里根政府中，供给学派也是少数，支持削减赤字和消灭赤字的鹰派才是主流。许多人是"洛克菲勒共和党人"，这些温和派对联邦政府没有丝毫敌意，然而总体上希望政府变小一点，变得更好管理一些。另一些人是"赤字鹰派"，他们担心（正确地）大幅降税能够导致财政赤字。例如，1982年，当时的总统经济政策咨询会会长艾伦·格林斯潘曾告诫过里根，可能有产生财政赤字的风险。同样，经济顾问委员会主席马丁·费尔德斯坦（Martin Feldstein）也曾提议减少赤字来"降低利率，加速经济恢复"。③事实上，翻翻里根政府供给派学者的过去，会发现他们一直处于沮丧失落的状态，因为包括预算主管大卫·斯托克曼（David Stockman）和国会内部的行政人员都反对他们的政策。

1988年，老布什的当选显示出供给学派在党内微弱的地位。老布什在大选中，急切地向保守党证明他对里根总统的支持，他有一句著名的承诺："听我说，不会再有更多的税了。"但是老布什和他的儿子小布什不同，他不是供给学派的思想家，而是来自康涅狄格州的老牌共和党实干家。后来，由于财政赤字的不断增长，1990年，老布什及其民主党控制的国会签署了《预

---

① 鹰派是一个广泛用于政治上的名词，用以形容主张采取强势外交手段或积极军事扩张的人士、团体或势力。——译者注
② Ronald Reagan, "Economic Recovery Program" (speech delivered 28 April 1981), www.townhall.com/documents/recovery.html (accessed 22 November 2005).
③ In the last five years, Greenspan appeared to see his role as giving his blessing to continuous tax cuts, while Feldstein has joined the supply-side choir.

算综合调整法》(The Omnibus Budget and Reconciliation Act)。该法案将最高所得税率提高到31%，提高了纳税人缴纳医疗税的收入标准，降低了个人免征额的收入标准。保守主义者对里根经济政策的背叛表示强烈不满，因此在1992年老布什的竞选连任中没有给予帮助。所以，尽管该法案使得财政基础更加牢固，却使布什的选举运势如踩着流沙般一落千丈。

克林顿经济学插曲

1993年，比尔·克林顿上任时，他所面对的烂摊子比当年布什政府表现出来的更加糟糕。他的内阁由预算鹰派和凯恩斯主义学派两派组成。克林顿与当时的国家经济委员会主任鲍勃·鲁宾（Bob Rubin）以及预算鹰派立场一致，致力于抑制消费增长，同时提高税收。《1993年预算综合调整法》(The Omnibus Budget and Reconciliation Act of 1993)在参议院以1票的优势予以通过，该法案在36%和39.6%的税率之外又增加了一个等级，并取消了缴纳医疗税的收入限制。政府打算利用这些税收收入来偿付国债，声称"这些计划要想实现最佳的长期预算结果，只能通过稳健的政策来实现，即选择继续减少国债，而不是代价昂贵的减税或增加开支"。[1] 到了1998年，这些措施终于取得回报，联邦政府实现了财政盈余，2000年，盈余额增加到2 360亿。当然，盈余的出现归功于克林顿政府和共和党控制的国会实行的预算协议，他们充分落实了严格的预算标准，控制了政府开支。

然而，税收增加与不断壮大的供给侧改革背道而驰。供给派学者确定，这样下去，早晚有天塌下来的那天。《福布斯》杂志警告说可能会有市场崩溃。参议员菲尔·格雷厄姆（Phil Graham）也曾警告说，增加税收可能会引起自大萧条以来最严重的经济萧条。众议院共和党领袖纽特·金里奇威胁说："我认为增税会导致明年的经济衰退，这是民主党的衰退，每个民主党

---

[1] U.S. Office of Management and Budget, *FY 2002 Economic Outlook, Highlights from FY 94 to FY 2001, FY 2002 Baseline Projections* (Washington, DC: Office of Management and Budget, 16 January 2001), 27.

人都负有责任。"

然而，事实却是经济继续腾飞，实现了美国历史上最长时间的扩张，创造了超过2 000万个就业机会，贫困率达到历史最低水平，也实现了生产力增长的复兴。虽然增税不是带动经济增长的主要原因，但也不是供给派学者指责的那样，会对增长有不利影响。然而，当经济终于在2001年放缓时，供给学派马上责咎于克林顿的增税政策。拉里·林德赛认为："如此高的个人所得税显然是阻碍经济扩张的一大因素。"[1] 著名的供给派学者布赖恩·韦斯伯里（Brian Wesbury）写道："2001年的经济衰退部分甚至完全是由税收增加引起的。随着人们收入的增加，越来越多的人要面对更高的税率。"[2] 按照该逻辑，过了整整7年之后，税收增加的恶劣影响才显现出来，而科技泡沫和"9·11"恐怖袭击对经济影响只是些无关紧要的小插曲。

虽然克林顿和他的团队不是供给学派，但他们也不是凯恩斯主义学派。事实上，克林顿的经济政策与过去六十年里民主党政府采取的经济政策有明显的区别。克林顿上任之初，就面临着经济增长放缓，他按照凯恩斯主义提出温和的经济刺激计划，但同时也提出了减少预算赤字。政府重视促进私营部门的增长，实行财政节制来降低利率，与此同时，采取新的公共投资，并将重点放在基础设施、教育、培训和研发领域，以帮助企业提高生产力和创新力。

到了1994年，在税收增加带来的部分影响下，共和党控制了国会两院。此时的共和党与12年前控制参议院的共和党相比变化很大。赤字鹰派凯恩斯主义分子不再占大多数，换成了支持小政府的供给学派。1995年，纽特·金里奇担任众议院院长，他最初实行的策略是把平衡预算放在减税之前，但很快遭到了其党派内的保守主义者的炮轰。金里奇随即与供

---

[1] Lawrence B. Lindsey, "Why We Must Keep the Tax Cut," *Washington Post*, 18 January 2002, A25.
[2] Brian S. Wesbury, "Taking the Voodoo Out of Tax Cuts," 2 June 2003, www.econ lib.org/library/Columns/y2003/Wesburytaxcuts.html (accessed 22 November 2005).

给学派站到一边并声称:"每年我都打算削减政府开支,降低税率,以此促进经济增长。"他还继续呼吁废除280个联邦政府项目,包括能源部、商务部和教育部,并大幅度降税。众议院共和党领袖迪克·阿米是一个更热心肠的供给派学者。作为曾经的经济学教授,他提出17%的单一税,这意味着政府开支的大幅削减。他觉得要是提议能通过的话,他会提出更低的利率。他在书中歌颂单一税的伟大:"迪克·阿米所在的美国,所得税不会超过10%……这个理念的模型……是圣经的什一税。我总认为,如果10%的税率对上帝来说已经足够,那么对政府来讲也完全足够。我知道,或许对你们这些经济学家来讲,这不是个令人信服的理论,但我觉得它很好。"[1]

就连鲍勃·杜尔(Bob Dole)这个曾一度是福利国家征税的预算鹰派的中坚分子,也倒向供给学派一边,把所得税降低10%作为总统竞选的核心内容,尽管最后以竞选失败告终。事实上,在1996年的竞选活动中,杜尔一路高唱着供给学派的赞歌,反复说"最高税率现在已接近40%。如此高的边际税率打击了工作热情,降低了对企业家精神的奖励,还会鼓励避税行为"。[2]《商业周刊》这样写道:"在10多年的时间里,杜尔一直在讲一个关于供给派学者挤满了公交车的笑话。好消息是,车即将驶入悬崖。坏消息是,车上有3个空座。现在,杜尔爬上了车,控制了方向盘。问题是,他的计划能够带领人们走向富强之路呢,还是驶入悬崖?"[3]

小布什政府

小布什的当选是美国政府的转折点,是共和党70年来首次控制白宫和国会两院。同样重要的是,这也是共和党70年来首次相对一致地支持同一经济

---

[1] Richard Armey, *The Flat Tax* (New York: Ballantine Books, 1996).
[2] Cited in Armey, *The Flat Tax*, 106.
[3] *Business Week*, "Dole's Gamble," 19 October 1996, www.businessweek.com/1996/34/b34891.htm (accessed 22 November 2005).

政策。保守派学者、智库和民选官员 25 年来的不懈努力终于有了回报，包括总统在内的多数共和党人，都唱起同一首古典主义下的供给经济学的赞歌。

小布什上任后，没有从广泛的经济背景中选用官员，他只任用忠诚的供给学派人士。让我们来看一下名单，卡尔·罗夫曾长时间担任小布什的政治顾问，他的经济指导原则直接来自供给经济学。在最近一次对纽约保守党的演讲中，罗夫再一次说起他的口头禅："保守派支持低税率，自由派支持高税率。我们希望减少管制，他们希望增加管制。我们赞同缩小政府规模，他们赞同增加政府规模。"①

布什经济班子中的其他人，从拉里·林德赛到现任国家经济委员会主席艾伦·哈伯德，再到经济顾问委员会主席格列·哈伯德和格里高利·曼昆，都是尽职尽责的供给学派。事实上，总统身边几乎所有的主要经济顾问都曾长时间提倡过供给经济学，很多人曾针对此观点进行过有影响力的辩论。事实上，内阁大臣也都服从供给经学，财政部长保罗·奥尼尔（Paul O'Neill）是个例外，作为保守派凯恩斯主义学者，他很快就被请出了门外。

另外，里根总统在任时，当时的副总统老布什并不完全同意供给经济学的观点。而现在，小布什的副总统迪克·切尼是个忠诚的供给学派。② 拉里·库德洛说过："迪克·切尼不仅敦促了第一次减税计划，之后又进一步推进了更广泛的减税。"③ 这在很大程度上解释了小布什为何能如此有效地推进减税日程。正如格罗弗·诺奎斯特所言："尽管里根能够快速行动，利用 1980 年到 1984 年的政治资本推行重点改革，但是当时众议院的大部分民主党派会放缓甚至停止其他议程。布什政府可以进行长达 8 年的规划，采取多

---

① Larry Kudlow, "The Supply Side of Karl Rove," *National Review Online*, 29 July 2005, www.nationalreview.com/kudlow/kudlow200507290839.asp (accessed 21 November 2005).

② Arthur Laffer, one of the original supply-side prophets from the 1970s and 1980s, vouched for Cheney's belief, stating, "Cheney can lay claim to being one of the original supply-siders, in favor of lower marginal tax rates to create work and investment incentives that spur economic growth .... Dick Cheney is unabashedly for tax cuts." In Larry Kudlow, "Cheney the Supply Sider," *National Review Online*, 24 July 2000.

③ Kudlow, "Cheney the Supply Sider."

种行动……在这么长的时间里，所得税年税率不断降低，逐渐向单一税靠拢。这还不是唯一的变化。"①

1999年，当时的州长小布什开始进行党内总统候选人的竞争。他下定决心绝不会重复父亲的错误，包括增加税收和疏远保守派，自20世纪90年代以来，保守派的势力越来越强大。事实上，在布什坎坷的大选中，尤其是对阵参议员约翰·麦凯恩时，布什下决心要得到右翼党的支持，那么减税将是关键。布什清楚，在20世纪末，供给经济学已成为共和党的金规玉律。不过，尽管布什对供给侧的拥护吸引了保守党，但不能简单把他对供给经济学的忠心看作政治策略。与其父亲不同，小布什认为，供给经济学的确是增长经济的最佳方式。

然而，布什竞选期间，美国的经济空前繁荣，他无法争论在当前的形式下，美国需要通过减税和缩小政府规模来带动经济发展。另外，政府也不愿摊牌，向民众解释他们为何要降低税收、缩小政府规模以及限制政府获取民众财富的权力。此外，因为供给侧的"品牌"在80年代末已失去吸引力，他们很难获取民众的信任。他们意识到，需要一些新瓶子来装供给侧这壶陈酒。因此，他们很少提供给侧这一术语（事实上，"供给侧"这一术语在白宫官网上只出现过三次，没有一次提及经济政策的原则）。

供给经济学的拥护者努力地斟酌言辞，他们抓住了唯一的救命稻草：预算盈余过高。布什开始竞选的时候，克林顿政府的努力取得了收获，不光是经济得到增长，近30年来首次出现了预算盈余，正好可以偿付国债。

因此，布什在政治演说中提到需要减税，"如果华盛顿的钱过多，那不是政府的钱，是人民的钱"。② 他甚至如此向人们解释盈余存在的原因："听

---

① Grover Norquist, "Step-by-Step Tax Reform," *Washington Post*, 9 June 2003, A21, www.washingtonpost.com/ac2/wp-dyn?pagename = article&contentld = A32629-2003 Jun8&notFound=true (accessed 21November2005).

② Larry Kudlow, "Bush's Walk on the Supply-Side," *National Review Online*, 21 February 2000, www.nationalreview.com/kudlow/kudlow022100.html (accessed 22 November 2005).

我说，盈余之所以会逐渐增长，是因为税收太高了，政府征收的税超过了实际需要。美国人被过度征税，我代表他们，请求政府把钱还回来。"① 在选举前的一个月，布什重复说明了其减税的渴望，称："我想把一些盈余还给你们。不过这不是重点，重点是这只是个开始。"一年后，在白宫的减税法案签署仪式上，他又重申了理由，宣布："今天，我们开始还给拉莫斯（Ramos）部分钱——不只是他们的钱，也是每个美国纳税人的钱……我们今天想要传达的信息是，这是美国人民的决定，这是美国人民的选择。我们清楚地意识到，盈余不是政府的钱，而是人民的钱，我们应该把钱交到他们手里。"②

保守派唱着同一个调子。1999 年，格列·哈伯德在《华尔街日报》的专栏上写道："克林顿总统认为共和党的税单过高是对的吗？大幅减税能够使国家的财政机构和经济扩张出现问题吗？答案是否定的。我们可以把当前减税的"成本"看作是上市公司管理中的分红"成本"，我们希望成熟的公司能够将盈余以自由现金流的形式返还给股东，纳税人有权利要求分享预算盈余。"③

问题只有一个。要是盈余是"人民的钱"，那么国债就该是"政府的债"吗？ 2001 年，布什政府签订减税法案时，政府的国债超过了 57 000 亿美元。这就好像一个赚钱养家的人，明明背负着巨额信用卡债务，却声称信用卡里的债不用还了，因为钱是自己的，债务是信用卡公司的。布什没有仅仅满足于"钱是你们的"这一种说辞，在竞选活动中又给出了一个理由，供给经济学中的减税相当于经济萧条险。1999 年，在爱奥瓦的竞选演讲中，布什争论道：

---

① Cited in Larry Kudlow, "W. Holds His Ground," *National Review Online* www.nationalreview.com/kudlow/kudlow022801.shtml (accessed 23 November 2005).
② George W. Bush, "Remarks by the President in Tax Cut Bill Signing Ceremony," 7 June 2001.
③ Glenn Hubbard, "The Tax Cut Debate," *Wall Street Journal*, 28 July 1999.

我希望继续保持增长态势，但是我无法对此给予保证。总统必须朝着最好的方面努力，但也必须做好最坏的打算。这个问题关乎重大利益。经济萧条会破坏预算平衡，会大大减少用于社会保险和医疗保险的资金。但是，如果推迟减税，到衰退出现时才开始进行，那就为时已晚，也起不到预防萧条的作用。现在把更多的财富放到赚钱者和财富创造者手里，那么一旦出现问题，经济很快就能缓过劲来。①

尽管没有凯恩斯主义经济学家会在经济繁荣时期力主减税，以确保萧条不会产生，尽管供给学说认为政府在应对经济萧条时作用不大，但布什并没有因为这些事实望而却步。他使出浑身解数来降低税收。不过，林德赛清楚地表达出他们的观点："无论经济情况如何，税收计划必须是健全的，有激励性的。"② 换句话说，无论什么情况，繁荣还是萧条，供给学派的减税政策都是一副好药。虽然在 2001 和 2002 年，重点针对美国中低收入人群的短期减税政策是一副好药，刺激了经济短期增长，但是对有钱人的长期减税却无法带来同样的效果。

虽然布什赢得了自 1960 年来民众投票率差距最小的选举，他仍然不得不努力说服国会通过减税议案，最终废除克林顿的增税政策。尽管共和党控制国会参众两院，但在参议院的优势很小。事实上，根本无法肯定布什的议案能成功通过。不只是大多数民主党人怀疑大幅度永久减税的政策，就连一些重视财政节制的共和党人，也担心国家能否负担起减税政策。

事实上，小布什当选后，随着经济放缓，预算盈余下降，使得国家更难承受税收减免。但是政府没有犹豫，决定从预算这个"柠檬"中挤出一杯

---

① George W. Bush, "Speech in Green Bay, Wisconsin," 28 September 2000.
② Lawrence Lindsey, "Remarks by Dr. Lawrence B. Lindsey at the Federal Reserve Bank of Philadelphia" (Washington, DC: White House, 19 July 2001), http://www.white house.gov/news/releases/2001/07/20010719-4.html (12 February 2006).

第4章 从罗纳德·里根到乔治·布什

果汁。现在，政府推进供给经济学主张的大幅永久降税，称需要以此刺激放缓的经济。本质上，布什政府成为披着凯恩斯主义外衣的供给学派。小布什称："如果不及时采取措施，我们不难看到前面会出现的困难。经济前景并不明朗，失业率在上升，消费者信心在下降。过度征税正在侵蚀着我们的繁荣。"[1] 几个月后，随着经济进一步恶化，总统开始为减税辩护，试图为第二年的进一步减税获得支持，他再次强调：

> 根据当前的经济形式，减税越来越成为明智之举。毕竟，新的报告显示，在过去的4个季度里，经济增长缓慢，尚未达标，缺乏动力。按理说，经济发展应该更为强劲。通过实行减税，把钱还给美国的劳动人民，我们能大大提高经济活力，促进经济增长。[2]

这些表述实在够大胆无畏。布什总统说，我们必须永久减税。事实上，临时减税也可以刺激经济，而且不会增加赤字。他也没有提到，大部分减税将使高收入者受惠，而这类人群最不可能把税收优惠的钱用于消费，以促进当前缓慢增长的经济。

就是在这种环境下，保守主义者竭尽全力促成了布什2001年的全面减税政策，这些保守派包括《华尔街日报》、共和主义智库，当然还有政府及其在国会的支持者。许多保守主义者的依据来自传统的供给学说，即对个人减税能够促进工作，刺激投资。但是还有很多支持者的理论有些偏激，他们用尽所有可能的主张去反驳这一观点，即人们在享受到减税优惠之前，必须先偿还一大部分的国债。而保守主义者的反驳理论很牵强，他们说，除非政府马上进行大幅降税，否则联邦政府将成为私营经济的主要控制者。

一旦提出这种说法，他们便会不厌其烦地进行游说。传统基金会认为，

---

[1] George W. Bush, "A Blueprint for New Beginnings: A Responsible Budget for America's Priorities," message to Congress, White House, Washington, DC, February 2001.

[2] George W. Bush, "Remarks by the President to Future Farmers of America," July 2001.

SUPPLY-SIDE
FOLLIES 美国供给侧模式启示录

如果不马上进行减税,"政治家们可能会控制美国经济的绝大部分份额"。[1]格伦·哈伯德和美国企业家研究会的经济学家凯文·哈塞特(Kevin Hasset)也不甘示弱地警告道:"如果这么继续下去的话,到2020年,美国政府可能会持有1/5的国内股票。"[2]他们还提出,政府会在国债到期之前还清债务。事实上,20世纪90年代末,政府已经停止发放长达30年历史的债券,因为他们所取得的收入已经超过了实际需要。当债券到期以后,政府就会偿还债券持有者,但是,如果政府征收的钱比到期的债务要多,会怎样呢?保守派称,那样的话,政府会把多余的钱放到别的地方,从美国的大企业购买股票,从而实现经济国有化。右翼分子开始编造故事说,等到2009年(从当时开始8年以后),联邦政府手中的钱会超过实际需要,他们会用这些钱来购买股票或债券,从而对经济市场施加政治力量。

然而这种说法并不正确。之前我们分析发现,盈余根本无法确定。此外,就算政府现在的盈余比到期的债券多,要让债券持有人在到期之前把债券卖给政府,政府必须支付一定的溢价。否则的话,人们可以将这笔钱投资到银行债务,或是不理智的指数基金,甚至是外国股票,而这些都会避免右翼分子所警告的潜在问题。如果这些杞人忧天的保守派真的担心国有化问题的话,那么他们完全可以提出,在8年以后,当盈余真的成为一个问题,再减税也不迟。当然这一切只是烟雾弹罢了,他们的目标是现在就进行减税。供给学派愿意使用任何主张来实现该目标,无论它们有多么荒谬。

当供给学派开始策划煽动来为其减税政策获取支持的时候,令他们不安的迹象出现了,看似乐观的预算预期实际并不乐观。美国国会预算办公室的报告称,实际情况并不像减税支持者说得那么美好,盈余并不能保证。渴望减税的供给学派对这个该报告进行反驳,传统基金会称:

---

[1] Peter B. Sperry, "Growing Surplus, Shrinking Debt: The Compelling Case for Tax Cuts Now" (Washington, DC: Heritage Foundation, 7 February 2001).
[2] Kevin Hassett and R. Glenn Hubbard, "Where Do We Put the Surplus?" *The Wall Street Journal,* 29 January 2001, 26.

第4章 从罗纳德·里根到乔治·布什

　　一些反对减税的政治家认为盈余预测并不乐观，所以继续反对格林斯潘主席对减税政策的支持。这些政策制定者一致宣称，当前的经济发展（它决定了课税基础和税收收入）不可持续，如果国会增加消费，将会导致未来的收益下降。然而，人口学分析和历史经验都表明，这两个主张并不合理。①

　　传统基金会还称，在克林顿政府结束时所预测的预算盈余不容置疑。真的是这样吗？

　　布什政府和保守派之所以如此全力以赴地推行减税政策，其中一个原因是大多数美国人并不想把盈余用在减税上。许多民意调查显示，美国人更愿意把预算盈余用来保证社会保险的偿付能力，就像克林顿总统说的那样，"先拯救社会保险"。因此，为了推行其减税政策，小布什总统承诺并不会严重削减预算盈余并宣称："我们会把一半的盈余用来增强社会保险和履行偿还国债的承诺，我们会在医疗教育环境和国防方面做出重要的投资，我们只会把1/4的盈余还给美国人民，"② 他继续称，"这项为了美国人民的减税计划，会为社会保险留出盈余。"然而，正如我们今天所看到的，他说的并不是实话。事实很明显，减税计划的钱霸占了用于社会保险的盈余。

　　我们并不清楚，保守主义的智库在说服国会成员、为布什的减税政策投票时，提出的论据有多重要，但如果一定要说出一个令人信服的论据，或者说一定要给出一个提出了令人信服论据的人，那么他就是美联储主席艾伦·格林斯潘。毫不夸张地说，除了小布什之外，能够在国会面前凭借只言片语就阻止减税进程的人，非艾伦·格林斯潘莫属。他有本事为举棋不定的政治家们提供反对减税的辩解。他们可以回家告诉选民："我反对减税政策，它

---

① Peter B. Sperry, "The Compelling Case for Tax Cuts Now: Growing Surplus, Shrinking Debt," *Capitalism Magazine*, 12 February 2001, www.capmag.com/article.asp ?ID= 306 (accessed 22 November 2005).
② George W. Bush, "President Discusses Economy and Tax Relief in North Carolina" (Washington, DC: White House, 5 December 2005).

是预算克星，主席的结论是，现在进行减税是极其不负责任的。"

因此，2001年1月25号，当艾伦·格林斯潘前往国会山就经济问题和减税政策陈述证词时，所有的目光都聚集在他的身上。同其他大多数供给学派人士一样，他的主张并不可靠。首先他预测说，盈余很充足，完全可以用来大幅减税。这简直一派胡言，完全是获取民心的把戏。接下来，他陈述道："如果以长期的财政稳定为衡量标准，我认为，与增加消费相比，通过减税来减少盈余缩减要好得多。"① 盈余是从什么时候开始成为一个问题的呢？难道他忘了，在盈余的背后，政府仍然欠了债券持有者5万亿美元，并要因此每年支付2 000亿美元的利息吗？难道他忘了，随着婴儿潮一代在近十年内逐渐开始退休，预算的压力会越来越大吗？②

他很担心盈余会被花光，作为一个保守的供给派学者，他认为减少税收要比促进消费好得多。其实他做了一个错误的选择。他本可以利用其相当强的影响力强烈支持偿还国债。

他的最后一个观点更加奇怪，或者说更为偏激。他对国会说，减税应该马上进行，因为偿还国债会加大货币政策的管理难度。其实还是上面的观点，只是换了个说法。这一次他声称如果联邦银行不进入市场买卖短期国库券的话，那么它管理经济的能力就会受到限制。他仍继续警告说："一些长期国库券的持有者不愿将其卖出，尤其是那些看重其零风险的人。要是劝阻这些包括外国持有者在内的人，在债券到期前自愿将其卖出，政府支出的溢价会远远超过到期前应付的债务。"③ 然而，根据小布什的经济顾问委员会发

---

① Alan Greenspan, "Testimony before Committee on the Budget, U.S. Senate," 107th Cong., 1st Sess., 25 January 2001, www.federalreserve.gov/BoardDocsffestimony/2001/ 209010125.htm (accessed 22 November 2005).
② 婴儿潮一代，在第二次世界大战之后的1946—1964年间，美国共有7 590多万婴儿出生，约占美国目前总人口的三分之一。——译者注
③ Greenspan, "Testimony."

布的消息，占国债 2/3 的债券在 5 年内到期，38% 的债券在一年内就到期。[①]

就算这真是个大问题，那么为什么不等到 2009 年问题真正显现的时候，再停止偿还债务呢？经济学家约瑟夫·斯蒂格利茨（Joseph Stiglitz）给出的理由是："格林斯潘说的这场大灾难，其实未必会发生，他认为减税应该远远早于这场灾难，而不是等到危险变得急迫的时候，才进行减税。至于原因，他认为不宜进行解释，而且还说得很有道理，事实上，根本就没有什么原因。"[②] 如果格林斯潘真的关注这个问题，而不是简单地把它当作减税政策的烟雾弹，那么他本可以主张，在 5 年之内进行减税，或者说如果预算盈余没有实现的话，减税政策会自动废除。但是他并没有这么做。

格林斯潘的支持像是打开了防洪闸门。国会两党中犹豫不决的成员们失去了最后的依靠。对于年收入超过 20 万美元的人群，国会将其最高税率从 39.6% 降到 35%，对其他的纳税人也进行了相应的减税。同时，国会对于增加个人退休账户的款项也提高了限制，并减少了房产税。这些条例在很大程度上使高收入人群受益。最后他还规定，在接下来的 3 年里，公司在新投资项目上可以享受加速折旧优惠。

为什么格林斯潘会给出如此不明智的建议？或许他只是犯了一个错误——一个价值 5 万亿美元的错误。但是作为当今最厉害的经济学家之一，按理说他不可能会犯这么重大的错误。另一个比较偏激的观点是，他想在下一任期连任美联储主席，他很清楚，如果不变成减税政策的忠诚拥护者，小布什很可能会把他打发回家。这个原因是有可能的，但是格林斯潘曾经以对抗总统的观点而为人熟知，他为什么变得如此快呢？

关于格林斯潘对减税政策这一预算克星表示十分支持最合理的解释就

---

① Council of Economic Advisers, *2005 Economic Report of the President* (Washington, DC: Government Printing Office, 2005), Table B-88.
② Joseph Stiglitz, *The Roaring Nineties: A New History of the World's Most Prosperous Decade* (New York: W.W. Norton & Company, 2003).

是，他同小布什一样，是一个货真价实的供给学派。这并不是说他们认为减税能够增加税收收入，而是说他们相信，低税收能够极大地促进就业，增加储蓄，刺激经济增长。事实上，格林斯潘年轻的时候曾是自由主义学者安·兰德的关门弟子。兰德认为，自由资本主义是社会和政治的指导哲学。1964年他出版了自己的新书《资本主义：未知的理想》(Capitalism: The Unknown Ideal)。在该书的很多章节中，他清楚地表明自己不相信政府能够发挥任何重要作用。他反对反垄断政策，称："在美国，垄断法的内在意图和实际执行会受到有生产力和高效率的社会成员的谴责。"[1] 在捍卫金本位时，他说："赤字开支就是一场密谋，悄无声息地没收了财富。金本位阻止了这个邪恶的过程，是财产权的保护者。"[2] 他对于监管问题的著作也同样体现着自由意志，他认为"监管就是打着诚信幌子的财富侵占"。[3] 事实上，监管唯一的作用就是，以保护消费者的名义，把武力和威胁换成激励措施。监管的本质就是武力。其实，数不清的监管文件下面都藏着枪。除此之外，社会不需要商业监管，"集体主义者不愿意承认，对于每一个企业家来说，诚信交易和提供有质量的产品也是为了他们自己的利益。"（出自安然CEO肯·雷）。格林斯潘也反驳说："所有的税收都是经济的拖累，只不过是程度的问题而已。"[4] 因此，如果你认为所有的税收都是对经济的拖累，小布什又想减税，那么你当然得跟着减税。

最终，小布什及其保守派支持者用尽了所有可能的主张来实行大规模供给侧减税计划。这一摧毁预算的计划写在《2001年经济增长和减税协调法案》(Economic Growth and Tax Relief Reconciliation Act of 2001) 中。经济繁

---

[1] Alan Greenspan, "Antitrust," in Capitalism: The Unknown Ideal, ed. Ayn Rand (New York: Signet, 1964), 171.
[2] Alan Greenspan, "Gold and Economic Freedom," in Capitalism: The Unknown Ideal, ed. Ayn Rand (New York: Signet, 1964), 101.
[3] Alan Greenspan, "The Assault on Integrity," in Capitalism: The Unknown Ideal, ed. Ayn Rand (New York: Signet, 1964), 118.
[4] Quoted in R. Glenn Hubbard, "A Framework for Economic Policy," Remarks at the Ronald Reagan Presidential Library, 15 February 2002, http://wwwO.gsb.columbia.ed u/faculty/ghubbard/speeches/2.15.02.pdf (accessed 22 November 2005).

荣时我们需要减税，经济萧条时我们仍需要减税；预算盈余时，我们需要减税，预算赤字时，我们仍需减税。

但是政府并未罢休，更多的减税政策在酝酿之中。这一次，他们想出了新的理由来说服美国人民，以便进行更多的减税。由于政府的财政赤字越来越严重，他们就无法继续争辩称，减税能够预防盈余带来的消极问题。这一次，他们以"9·11"恐怖袭击为由，总统声称："我们应该降低个人税率，以此减缓恐怖分子导致的恐慌。"[1] 小布什还说"这是你们的钱"以及"我们需要修正税法，使它变得更加简单易懂"。[2]

随着共和党逐渐控制国会两院，政府成功地进行了更多的供给侧改革。《2002年就业和员工援助法案》(The Job Creation and Worker Assistance Act of 2002)减轻了新企业的投资税。《2003年就业和增长减税条件法案》(The Jobs and Growth Tax Relief Reconciliation Act of 2003)进一步深化了2001年的法案，同时将股息税减到5%或15%（此前股息税同普通所得一样，实行固定税率。）资本收益税根据资产持有期的不同，分别由10%和20%涨到5%和15%。声名狼藉的《2004年美国就业机会创造法案》(American Jobs Creation Act of 2004)取消了直接出口补贴，乱七八糟地加入了昂贵且不合理的商业减税政策。这些减税政策受供给学说启发，却以凯恩斯主义学派名义，称其能够促进放缓的经济的增长。总之，布什的减税规模高达1万亿美元，超过了里根总统1981年的减税规模，居美国历史之首。[3]

政府之所以能取得如此令人瞩目的成功，是因为他们不同于1994年之后的国会共和党人，这些人当年急切地想一步登上供给学派的天堂，一次性

---

[1] George W. Bush, "Remarks by the President to the Employees of the Department of Labor," Washington, DC, 4 October 2001, www.yale.edu/lawweb/avalon/sept_11/president_052.htm (accessed 21 November 2005).

[2] George W. Bush "President Bush Closes the White House Economic Conference," 16 December 2004, www.whitehouse.gov/news/releases/2004/12/20041216-8.html (accessed 21 November 2005).

[3] This is the cost of the tax cuts from fiscal years 2001 to 2006. Joel Friedman and Aviva Aron-Dine, "Extending Expiring Tax Cuts and AMT Relief Would Cost $3.3 Trillion through 2016" (Washington, DC: Center on Budget and Policy Priorities, 2006).

彻底降低税率。小布什的团队意识到，议程必须逐步进行。正如共和党政治的关键人物，以及美国税制改革组（美国激进税制改革组更合适）的负责人格列夫写的那样：

> 布什政府很明智，并没有在一个法案中推行根本的税制改革。他缓慢而慎重地进行改革，并且每次都会减税。他走了五步来进行单一税率改革，从而一次性征收所得税。他废除了死亡税、资本利税，扩大了个人退休账户来免除所有储蓄税，实行企业投资全部费用化，取消了冗长的折旧明细表，废除了替代性最低税。在新的税基上添加单一税率，那么人们就像斯蒂芬·福布斯和迪克·阿尔米一样享受单一税率。小布什每一次减税政策的通过和实施，都是我们朝着更深入的税制改革推进。这种按部就班的税收减免避免了当时比尔和希拉里克林顿政府出现的问题。他们当时用劲过猛，以至于不能一次性实现卫生保健国有化。毕竟，阻止大规模的改革会更加容易。①

前里根政府官员、供给运动著名人物布鲁斯表示赞同，提到"五支歌"② 的供给减税策略，他说：

> 我们现在可以看到布什的策略完全符合"五支歌"。在布什的第二个任期中，我们很可能会看到针对平价消费税税率的巨大进步，我们最终还可能会看到税制改革全面制定成法律。如果真是这样，它就证明了这是一个有策略有智慧的政策。然而，即使对于像我这类以研究经济学为生的人来说，一开始都对其不以为意。我实

---

① Grover Norquist, "Step-by-Step Tax Reform," *Washington Post*, 9 June 2003, A21, www.washingtonpost.com/ac2/wp-dyn?pagename = article&contentid = A32629-2003Jun8&notFound =true (accessed 21November2005).

② 五支歌是1956年伊文思应"世界民主妇联"之请，拍摄分别表现巴西、中国、法国、意大利、苏联妇女生活的纪录片，在此比喻小布什5次减税政策。——译者注

在佩服。①

在布什的第二个任期里，更多的减税和改革被推上议程。更重要的是，政府继续推进减税永久化。但是政府希望走得更远。总统将提议使部分社会保险私有化，即个人缴纳更少的保险税，将钱存入到退休账户中。政府推广这项提议的部分原因是基于对偿债能力的考虑，② 然而他们真正的动机是双重的：一方面，正如林德赛在1990年的书中写的那样，他们相信，该政策会促进个人储蓄；另一方面他们也认为，应该是个人而非国家对自己的退休资产负责。在推进个人账户改革的过程中，政府还大言不惭地声称，我们需要个人账户，不然的话，社会保险盈余就会被花光，而这恰恰是政府所做的。③ 然而，公众的普遍反对使这项提议被扼杀在萌芽中，不过政府并没有就此放弃。在逐步推进免除税收利息和资本所得的过程中，他们提出要对诸如个人退休账户（IRAs）和401（K）等退休储蓄账户进行全面修正。政府的提案会废除现有的IRAs，换之以退休储蓄账户（RSAs），该账户与当今的罗斯个人退休账户（Roth IRAs）相似，对于存款没有前期扣税，储蓄可以免税增长。同时，提案还废除了罗斯个人储蓄账户的收入资格上限，将每对夫妇的年供款限制放宽到15 000美元（对于那些有办法钻空子的纳税人，这一限制放宽到45 000美元）。最后，政府致力于永久废除遗产税，并继续努力使减税永久化。

---

① Bruce Bartlett, "Bush Is Laying the Foundation for Fundamental Tax Reform," Dallas, National Center for Policy Analysis, 2003, www.ncpa.org/edo/bb/2003/bb020503.html (accessed 21 November 2005).

② Social Security privatization would have no effect on solvency. It is true that if payroll taxes were invested in the market stock, equity prices would rise in the short run as the demand for stocks increases. However, as soon as baby boomers begin to retire and start selling their stocks to pay their mortgages, medical bills, and other expenses, stock prices would fall as the number of sellers exceeds buyers. As this happens, the real return to the stocks will fall, and the supposed miracle will have evaporated. Moreover, net savings would remain unchanged since money that was going to the Social Security trust fund would now be going to equity markets.

③ See Chuck Blahous, "Ask the White House," 8 June 2005, www.whitehouse.gov/ask/20050608.html (accessed 24 January 2006).

谁是最终赢家

布什及其支持者许下各种各样的承诺,来保证供给学派下的减税政策会产生有益的效果,其中最基本的是,要通过减税来快速结束经济放缓的形式。曼昆认为,通过近期的减税政策,从短期来看,经济发展要比没有减税时好得多。曼昆说:"如果不进行税制改革,让它停留在总统上任时的情况,那么失业人数会远远超出现在的水平。我的分析来源于标准经济学教材。"[1] 曼昆通过凯恩斯主义经济学来证明供给学派下的减税政策,他说:"我们可以从古典凯恩斯主义学的角度,来分析减税的短期效果。减税让人们持有的劳动收入更多,这会增加消费,维持产品和服务的总需求。"[2]

他的分析在理论上是正确的,但却极具讽刺意味,因为供给学派一直争辩短期的刺激并没有作用。他的书中还有一个问题,即布什的减税政策只是无所事事。减税当然是为了帮助恢复经济,而真正的问题是,什么才是最佳的减税政策。事实上,另外的刺激政策才更加合适,包括短期暂时的减税政策,以及减税的重点对象放在会利用税收减免的资金进行消费或投资的人群。的确,作为短期刺激措施,布什的减税政策相当无效。首先,他的减税分阶段进行,而大部分减税政策实行时,经济已经恢复。此外,减税的重点在有钱人身上,他们最不可能把这部分钱用于产品和服务的消费。

事实上,在所有可实行的减税政策中,布什的减税政策取得的积极作用最差。美国国会预算办公室估计了每投入 1 美元所带来的增长,发现在经济增长税收优惠法案中的减税政策,以及资本利益税的减免带来的收益很小,临时刺激投资的收益一般,在减税政策中,收益最大的是针对于中低收入家

---

[1] Cited in William G. Gale and Peter R. Orszag, "Bush Administration Tax Policy: Short-Term Stimulus," *Tax Notes,* 1 November 2004.
[2] Gregory Mankiw, "Remarks at the Annual Meeting of the National Association of Business Economists," Atlanta, GA, 15 September 2003, http://post.economics.harvard.edu/faculty/mankiw/columns/nabe.pdf (accessed 22 November 2005).

庭的减税。① 经济网旗下的经济预测公司的负责人也得出了相似的结果，他估计到 2003 年止，平均每 1 美元的减税，带来了 70 美分的经济增长，对于股利税而言，每 1 美元的减税只能带来 9 美分的收益。② 收益最多的项目是针对中低收入家庭的减税，包括儿童退税减免（1.04），加快 10% 的税率等级（1.34），为国家和地方政府提供援助（1.24），扩大失业保险（1.73）。③ 然而林德赛对此并不认同，称"失业补助并不会促进经济发展"。④ 或许，正因如此，政府反对扩大失业险以及向州政府提供援助。

减税政策不仅没有促进经济发展，而且还引爆了赤字危机。尽管布什承诺，其减税政策不会改变用于社会保险的盈余，事实却并非如此。他上任时，联邦预算盈余为 2 360 亿美元，布什却称盈余太大（10 年来都是 56 000 亿美元），在进行大幅减税之后，他仍然能保证社会保险和医疗，增加处方药福利，扩大军队，偿还国债。

实际上，2006 财年财政赤字超过了 4 200 亿美元，预计在 2004 年到 2013 年财政赤字将超过 3.1 万亿美元。由此，国债预估将由 2003 年的 3.9 万亿美元，增加到 2013 年的 7.1 万亿美元。⑤ 更糟糕的是，在国家债务严重上升之后，随着婴儿潮一代纷纷退休，估计在 2017 年，社会保险信托基金也会开始产生赤字。考虑到美国人民还有大约 4 万亿美元的外债，赤字还会再翻一番。这样一来，我们会留给下一代人巨额债务负担。到 2014 年，现在上 5 年级的孩子已经 21 岁。他们的毕业礼物不会是储蓄债券或汽车首付，

---

① The CBO reports similar rankings of the president's and other policies. Congressional Budget Office, "Economic Stimulus: Evaluating Proposed Changes in Tax Policy" (Washington, DC: Congressional Budget Office, January 2002).
② Mark Zandi, "The Economic Impact of the Bush and Congressional Democratic Economic Stimulus Plans," Economy.com, February 2003.
③ Mark Zandi, "Testimony before the Subcommittee on Economic Policy, Senate Banking, Housing and Urban Affairs Committee," 22 May 2003.
④ Lawrence B. Lindsey, "Why We Must Keep the Tax Cut," *Washington Post*, 18 January 2002, A25.
⑤ In fact, under reasonable political assumptions, the national debt, which hit a nearterm low of 33 percent of GDP in 2001, is projected to grow from 38 percent of GDP in 2004 to 46 percent in 2013, and then to skyrocket to economically untenable levels (approaching 100 percent of GDP) as the baby boom generation continues to flow out of the workforce into retirement.

而是一张 82 000 美元的账单，以此为我们这一代人的过激行为和财政不负责买单。婴儿潮一代退休后，账单会变得更为沉重。

布鲁金斯学会（Brookings Institution）的经济学家彼得·奥斯泽格和威廉·盖尔曾估计，从 2001 年到 2011 年，布什的减税政策将使收入损失 1.9 万亿美元。要是像布什呼吁的那样，实行减税永久化，那么代价将增加到 3.3 万亿美元。若将增加的利息支付（由高国债引起）考虑在内，净预算亏损将达 4.5 万亿美元。[1] 此外，由于减税在之后的几年将逐步实施，到 2014 年，年预算费用将达 5 831 亿美元。皮特他们还指出，如果减税永久化，在未来的 75 年里，由减税带来的收入损失将和社保缺口以及医疗保险 A 部分（医院保险）信托基金的缺口一样大。换句话说，如果没有布什的减税政策，社会保险就不会存在缺口，医保的缺口也会小得多。

既然预算赤字卷土重来，供给学派会改变心意重新考虑吗？答案是否定的。在 2000 年大选之前，他们的观点更加灵活，声称如果预算继续走低，那么他们可能或者至少说是应该重新考虑减税。格利高里·曼昆这样写道：

> 如果你改变一些假设条件，再考虑预算可能发生的变化。在乐观的情况下，国会没有超过支出上限，经济持续增长，那么在 10 年内，预算盈余会超过 5 万亿美元。在悲观的情况下，国会支出过度，经济恢复缓慢增长，盈余逐渐减少，在 10 年内产生 3 万亿美元的预算赤字。很容易想象一个更加悲观的情况，不管你信不信，美国经济实际上又一次陷入萧条，并像之前一样给预算带来不良影响。[2]

---

[1] William Gale and Peter Orszag, "Bush Administration Tax Policy: Summary and Outlook," *Tax Notes*, 29 November 2004, 1280.

[2] N. Gregory Mankiw, "Candidates Need Clues, Not Tax Plans," *Fortune*, 20 March 2000, http://post.economics.harvard.edu/faculty/mankiw/columns/marOO.html (accessed 22 November 2005).

第 4 章　从罗纳德·里根到乔治·布什

他继续问道:"下一任总统应该制定减税政策吗?如果应该的话,该是怎样的规模呢?这个问题会主导总统竞选。但实际上,这并不是一个相关的问题。选择制定正确税收政策的总统固然重要,但更为重要的是,我们选择的总统要有足够的政治勇气,在需要的情况下,改变社会进程。如果说我们从过去 10 年的财政史中学到些什么的话,那就是我们不应该太苛求政策制定者预测预算的能力,"①他最后说,"无论下一任总统将会采取什么样的税收政策,几年之后他都不得不进行反思。"②

当赤字爆发时,布什总统拿出足够的政治勇气去改变这一进程了吗?并没有。他只是不厌其烦地进行更多的减税。曼昆在加入政府之后曾呼吁过改变政策吗?并没有。实际上,2004 年,当预算赤字估计达 4 750 亿美元时,他在《华盛顿邮报》的专栏中呼吁更多地减税,声称:"*许多税收政策问题亟需被解决,包括已经颁布的减税政策问题,以及越来越多的人受制于可替代性最低税。此外,我们需要完善税法,总统的预算需要这样的行动,包括他对于简化和增大对储蓄账户税收优惠的提案。*"③

尽管他们对于供给学派减税的过度信任,可能影响到他们客观看待赤字问题的能力,但是事实不仅如此。很多供给学派之所以不担心减税会加剧预算赤字,是因为他们相信,或者至少他们公开宣称,减税会增加税收收入。拉弗主义重新回归,更准确地讲,它从未离开。在布什第一次进行减税时,格雷特等人争辩称,他们可以以此解决掉盈余这个棘手的问题。然而他们又继续说道:"如果供给学说是正确的,那么由小布什推进的边际税率减免最终会增加税收收入和盈余,这样我们会再一次面临该买什么的尴尬局面。"④

---

① Mankiw, "Candidates Need Clues, Not Tax Plans."
② N. Gregory Mankiw, "Bush Is a Leader the Economy Can Trust," *Fortune,* 13 November 2000, http://post.economics.harvard.edu/faculty/mankiw/columns/novOO.html (accessed 22 November 2005).
③ N. Gregory Mankiw, "Deficits and Economic Priorities," *Washington Post,* 16 July 2003, http://post.economics.harvard.edu/faculty/mankiw/columns/washpost.pdf (accessed 22 November 2005).
④ Kevin A. Hassett and R. Glenn Hubbard, "Where Do We Put the Surplus?" *Wall Street Journal,* 29 January 2001.

换句话说，减税会带来更多的税，增加令政府头疼的盈余。那他们为什么不提高税率呢？根据他们的逻辑，这是唯一一个减少收入的办法吗？

最后，经济的整体表现充其量也只能是中规中矩。的确，在布什政府时期，生产率增长一直居高不下，但这很大程度上得益于 20 世纪 90 年代贯穿经济的信息技术革命在持续传播。然而就业增长十分萎靡不振，小布什在 2003 年进行减税政策的 15 个月之内，就业增长创下了过去 50 年来经济恢复期的历史最低水平。① 小布什上任时，有 1.116 亿私营岗位。后来，私营工作岗位减少了 3 700 万个，直到 2005 年 5 月，才终于又恢复到 2001 年的水平。2005 年底，美国的劳动适龄人口比例低于 2000 年底的水平。最后，收入增长表现更差，如今，根据通货膨胀调整后的平均收入低于布什总统刚上任时的水平。政府试图从这些经济柠檬中挤出一杯果汁，宣称"布什总统在任期间，政府使人均税后实际收入提升了 7 个百分点——真正改变了美国家庭的生活"。② 他并没有提到自 2000 年以来，税前平均收入一直在下降，税后收入提升的唯一原因就是布什的过度减税。就好像一个家庭从房屋净值贷款中拿出钱来增加"收入"，然后声称他们的收入增长了 7% 一样。

里根曾如此打趣地评价民主党派的经济主张："经济开始增长时，征税吧；持续增长时，监管吧；停止增长时，资助吧。"如今，共和党的经济主张也可以总结如下："减税吧，不管赤字多么严重；消除管制，不管滥用多么恶劣；削减非国防经费，不管我们伟大的国家有多么需要它。"③ 不幸的是，正如我们在下一部分会讨论的那样，在 21 世纪的知识型经济中，供给学派的议程并不是推动经济增长的有效策略。

---

① Gene Sperling, "Bush's Job Record Belies Much-Touted Recovery," *Bloomberg News*, 13 August 2004.
② White House, "President Bush's Agenda for Job Creation and Economic Opportunity," 6 January 2006, www.whitehouse.gov/infocus/economy (accessed 24 January 2006).
③ Ronald Reagan, "Great Quotes from President Reagan," The Reagan Information Page, www.presidentreagan.info/speeches/quotes.cfm (accessed 22 November 2005).

第二部分

供给侧理论的成效

SUPPLY-SIDE FOLLIES

供给学派及其保守派的支持者认同供给经济学，因为他们认为这是促进经济的最佳方式。他们告诉我们，供给学中的减税政策能够促进工作，增加储蓄，刺激投资，还会增加税收（或者至少不会导致税收一个个减少），在几乎不会加剧收入不平等的情况下，快速拉动经济增长。这些理论都是真的吗？如果真是这样，那么在什么情况下发生呢？如果供给学说的计划不会提供更多的工作岗位，增加储蓄，带动增长的话，那么获取这些福利的最佳方式是什么呢？

不幸的是，无论根据实际情况还是科学调查，供给学说的理论说的好听些是"过分夸大"，而且在大多数情况下，根本行不通。因此，供给经济学不仅是在财政上不负责，在经济上不公平，对于促进经济增长来说也毫无作用。为了弄清原因，让我们首先来理清逻辑，看看现实经验和学术证据如何检验这一学说最基本的理论——减税能够促进就业。

SUPPLY-SIDE FOLLIES

SUPPLY-SIDE FOLLIES
第 5 章
减税能够促进就业吗

> 每天早上起床后,我都会翻翻《福布斯》杂志的美国富人排行榜,如果上面没有我的名字,我就赶紧去上班。
>
> 美国幽默大师罗伯特·奥本(Robert Orben)

20 世纪 70 年代末,随着失业率的不断上升,供给政策的主要口号变成了低税率能够促进就业。供给学派称高税率降低了人们的工作热情,因为超出限度后,每多工作一个小时,纳税人就要按照最高边际税率缴税。美国前总统里根曾提起过他做演员时的经历,当最高边际税率超过 90% 的时候,在一年中他一旦赚足了钱,就不会再接拍电影,否则大多数的额外收入都会上交国家。里根说过:

> 我在华纳公司做得最成功时,税率等级是 94%,也就是说,在我工作一段时间之后,只能从我所挣的每一美元中获得 6 美分,剩下的都上交政府。个人退休储蓄账户挖走了我大多数的收入,后来我就问自己,接下来继续工作还值得吗?如果我决定少拍电影的话,那么工作室里其他人的工作也会减少,而他们的税率等级比较

低。那么最终的影响是，工作岗位将减少。①

林德赛总结了里根总统的经历，他说："高税率使休闲更加吸引人，低税率则不会。"② 这其实是老生常谈，新政前的供给学派曾广泛使用过这个主张。安德鲁·梅隆曾说过，当政府从人们的收入中拿走的钱多到不可思议时，人们的工作热情就会大大减少，最终变得懒惰懈怠。③

SUPPLY-SIDE FOLLIES
为什么减税不能促进就业

1. 减税可以增加人们的税后收入，因此会使人们减少工作。
2. 大多数人，尤其是全职工作者，几乎无法选择工作时长。
3. 自20世纪80年代，最高边际税率一直相对较低。
4. 许多纳税人并没有注意到其缴纳的边际税率大小。
5. 许多按最高边际税率缴税的富有纳税人，工作动力并不来自税后收入的高低。

SUPPLY-SIDE FOLLIES

与所有成功的主张一样，这个理论看起来合情合理。林德赛曾经发问："难道认为税收对个人行为没有任何影响，或者其影响像经济学理论说的那样，真的合乎常情吗？"④ 乍一听，他说的确实有道理。如果我是里根，我下一步电影收入的税率高达90%，那我可能也不会拍这部电影（尽管这部电影仍然可能制作成，只不过换了一个演员）。但是另一方面，如果说我挣的钱不如里根当年挣的那么多，税率上升的情况下，我会更加努力地工作。毕竟，现在我的税后收入已经在下降，而我又需要更多的钱。

---

① Ronald Reagan, *An American Life* (New York: Simon & Schuster, 1990), 231.
② Lawrence Lindsey, *The Growth Experiment: How the New Tax Policy Is Transforming the U.S. Economy* (New York: Basic Books, 1990), 235.
③ Andrew Mellon, *Taxation: The People's Business* (New York: Macmillan, 1924).
④ Lindsey, *The Growth Experiment*, 80.

事实上，经济学家一直强调税率改变会引发两个可能的行为效应：收入效应和替代效应。里根阐述的是替代效应，即面对更高税率时，用休闲代替工作；而我选择更加努力地工作来弥补上交的高额税款，这就是收入效应。尽管经济理论无法预测哪一种效应更大，供给学派却坚称，替代效应远远大于收入效应；相反，凯恩斯主义学派认为，收入效应也很重要，这两种效应可能会相互抵消。①

在探讨经济调查之前，我们首先来看一下现实生活中大多数人的情况。的确，一部分人像里根一样，可以选择他们的工作时间。但是绝大多数人，包括大多数富人在内，无法拥有这样的选择权，他们必须每周工作40多个小时，一年工作55周。如果里根政府的减税政策使我少交税，我也不能去跟我的老板说："既然我现在交的税少了，我希望能够放弃年假，多工作周，然后给我相应的工资增长。"事实上，很少人会将他们的工作时间和税率变化联系起来。

许多诸如经理和首席执行官的高收入者，更有可能会由于低税率调整他们的工作时间。但是他们相对不太可能选择自己的工作时间，部分原因是他们大多数人每年和每周的工作时间已经很多。因此低税率不能使他们把60个小时的工作时间延长为65个小时。面对这个逻辑，一些供给学派终于承认，低税率增加的工作时间微不足道。曼昆则承认："除了年轻的工作者，其他人几乎无法选择他们的工作时长。"②林德赛表示同意，"正值壮年的劳动者，对于由税收变化而引起的工资变动毫无反应。"③但即便如此，供给学派

---

① Even supply-siders sometimes get confused and claim that tax cuts lead to less, not more, work. For example, in 1997, House Speaker Newt Gingrich argued that tax cuts would mean "less time at work and more free time, so you can be a better volunteer, a better parent, more active in your community, and more involved in charitable activities." Cited in Jack Shafer, "Two-Headed Newt," *Slate*, 25 June 1997, http://slate.msn.com/id/1000029/ (accessed 29 November 2005).

② Greg Mankiw, "Ax Taxes for Xers!" *Fortune*, 16 March 1998, www.economics.harvard.edu/faculty/mankiw/columns/mar98.html (accessed 24 January 2006).

③ Lindsey, *The Growth Experiment*, 67.

还是不厌其烦地强调:"税率能够促进就业"。①

如果税率对工薪阶层的工作时间没有影响,那它应该会对演员、医生和其他自由职业者等独立的职业人士有影响。然而,事实上,许多这类工作者考虑到社会压力、与税前收入水平挂钩的社会地位以及其他因素,在税率下降后仍然不会改变工作时间。对于很多爱与邻居攀比新型凯迪拉克和人造钻石工作台面的人来说,少工作没有什么大不了。研究发现,很多人之所以多工作,并不是由于低税率,而是因为持续增长的消费水平使他们想要更高的收入,或者是在新经济下,人们对多工作寄予了期望。②

那么对于面对最高边际税率的有钱人来说是什么情况呢?税率下降时,他们按理说会延长工作时间。事实上,许多高收入的工作者更热衷于提高其税前收入水平。原因之一是在达到一定的财富水平后,很难想象人们怎样通过消费非耐用品来获得满足感。在超过一定收入水平以后,有钱人努力工作,不再是为了增加消费,而是一些别的因素,诸如地位、权利、满足感,还有与众不同的预期。本质上,税前收入才是成功和高社会地位的决定因素。③古典主义经济学家深谙此理。亚当·斯密曾说过:"促进人们工作的不是经济方面的动力,而是能让人们活出自尊和价值的因素,比如地位、尊严、自尊心、道德感、生活质量等。"同样,约翰·穆勒(John Stuart Mill)曾经写过这样的话:"人们其实并不渴望变得富有,而是渴望比别人更富有。"离我们更近的

---

① Supply-siders could make the claim that even if workers are in particular jobs that don't give them choice in work hours, they could switch jobs to find employers that would let them work less/more in response to higher/lower tax rates. But unless workers want to switch to part-time employment or self-employment, most employers have the same work hour/wage and salary policies.

② One study of work hours in Australia found that the hypothesis that best explained the increase in work hours was the "consumerism" hypothesis that posed that workers increased work hours in order to consume more as new products and services were introduced. In this case, tax cuts would serve to limit work hour expansion since workers could consume more without working more. They also found support for the "ideal worker norm" hypothesis, which hypothesized that workers worked more because that was the new norm. Robert Drago, David Black, and Mark Wooden, "The Existence and Persistence of Long Work Hours" (Bonn, Germany: Institute for the Study of Labor, August 2005).

③ Christopher D. Carroll, "Why Do the Rich Save So Much?" In *Does Atlas Shrug?* ed. Joel B. Slemrod (Cambridge, MA: Harvard University Press, 2000), 478.

亿万富翁霍华德·亨特（Howard Hunt）曾开玩笑说："挣钱好像记分统计，最重要的是游戏本身。"① 换句话说，对资本追逐可以最好地解释，为什么有钱人赚的钱超过了其实际需要，并拥有这么多积蓄。按此分析，减税不会影响到他们工作的努力程度。

真实世界的结果

如果说，供给派所说的"减税能够促进就业"的理论背后的逻辑值得怀疑，那么现实生活对该理论提供的支持更少。历史经验表明，与低税率最不相干的因素就是工作。一个世纪前，收入排在后10%的工作者，每年工作的时间比排在前10%的工作者多600小时。② 那时，高收入者的福利之一就是可以享受到更多休闲。今天的情况恰恰相反，高收入者工作的时间更长，比低收入者每年多工作400个小时。然而高收入者的税率超过35%（在1990的时候还没有所得税）。根据供给学说的理论，他们的工作时间应该比低收入者少。或许这是由于高税率促使工作者更加努力工作，来弥补损失的收入。

与经理和职业人士不同，生产工人的工作时间随着税率的上升而增加。从1948年到2004年，税率和生产工人的工作时间有着明显的正向关系（0.9）。这与供给学派的结论相矛盾，低税率减少了人们的工作时间。供给学派可能会争论，这是因为大多数生产工人并没有面对高的边际税率，所以结论有出入。然而，较低的边际税率和工作时间也有着明显的正向关系（0.66），低税率总是和更少的工作时间相关联。

供给学派还可能会反驳，在里根总统执政期间，最高所得税从70%减到28%，人们的工作时间大大增加。由于对工作征收的税减少，低税率肯定

---

① Christopher D. Carroll, "Why Do the Rich Save So Much?" 478.
② Dora Costa, "The Wage and the Length of the Work Day: From the 1890s to 1991," *Journal of Labor Economics* 18, no. 1(January 2000): 156-81.

会激励人们更加努力工作。即使有这些影响，宏观经济学层面的变化也已淹没了它们。在里根执政的 8 年时间里，劳动力增长仅为 13%，低于前 8 年的增长水平 20%。劳动工人的年工作时长（包括加班）减少了 2.3%。劳动力中的成年男性下降了 1.2%。在里根总统执政期间，女性的工作时间的确增长了 5%，但是与之前 8 年的水平相比，增长速度放缓仅为 7%（见图 5—1）。总之，里根政府的减税政策并没有对工作产生明显的积极影响。

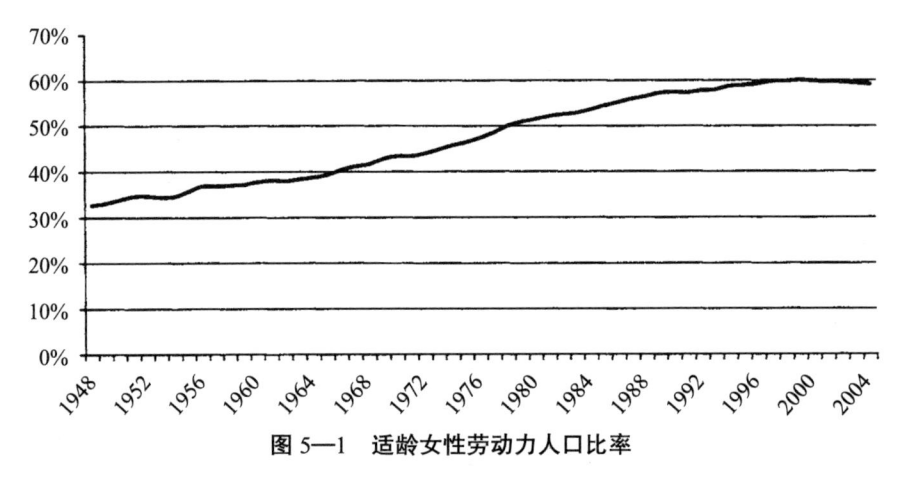

图 5—1　适龄女性劳动力人口比率

来自：美国劳动力统计局。

如果说，20 世纪 80 年代的低税率并没有促进工作，那么 1993 年，最高税率增加到 39.6% 后，人们的工作时间应该会越少。西装革履的 CEO 们会把每周工作时间缩短为 4 天，失业的人们坐在家里，不出去寻找工作。实际上，情况恰好相反，尽管克林顿总统执政期间，人口增长速度放缓，但是新增就业岗位达 2 300 万；相比之下，在里根总统执政时期，这一数字只有 1 680 万。此外，克林顿政府时期，劳动工人的平均工作时间（包括加班）上升了 1%，恢复到了 20 世纪 80 年代的水平。

与之相反，布什的减税政策带来了缓慢的就业增长。自从 2001 年第一次减税政策通过以来，就业岗位月净增量只有 5 万（截至 2005 年 10 月）。这是自第二次世界大战之后开始跟踪数据以来就业增长量的最低水平。这也是自美国政府开始记录以来,劳动力中的女性比例首次下降。

最后,降低最高税率并没有促进工作。退一步说,即使减税对工作有作用,效果也非常有限。根据美国国会预算办公室的数据,只有不到1%的纳税人面对的最高税率在33%到35%之间。① 为了说明上述论点,我们先假设减税会对就业产生5%的促进作用,这样算来,带动的经济增长只有0.04%。这并不是说抑制工作的政策不存在。福利制度在为了促进就业而进行改革之前,就会抑制就业。但是,要求修订政府规划来保障其促进就业,与声称减税能够促进更多就业是远远不同的。

总之,如果税率真的对就业起作用,回顾过去40年的就业表现,我们无法得出这样的结果。然而供给学派会合理地争辩称,税收只是就业的一个可变因素,要正确地评估税率变化的影响,我们需要在控制其他可变因素的条件下,进行更为认真的研究。但是我们接下来也会看到,这些研究未能为供给理论提供有力的支持。

税收和工作的经济学研究

理论经济学就税收变化对工作的影响进行了无数次研究。研究一致发现,对男性和单身女性而言,税率对工作的影响微乎其微。对于已婚妇女,早前的研究发现税率对工作的影响很小,但是最新的研究发现,对于已婚妇女,尤其是出生于1950年之后的妇女,高税率会带来更少的工作。该研究结果记录于新税收反馈(NTR)文献中,假设收入能够衡量工作,通过税收收益来探求税收和收入的关系。

有一些研究的确表明,减税能够促进工作。不过,其中的大多数是由供给学派研究进行的,他们的出发点就是为了得到这一结果。然而,尽管带着

---

① Congressional Budget Office, "Effective Marginal Tax Rates on Labor Income" (Washington, DC: Congressional Budget Office, November 2005), 21.

这种偏好去探求低税率对工作的积极作用，供给学派的收获并不大。林德赛声称，自1981年到1985年，里根政府的减税政策增加了2.5%的工作时间。即使是这么小的影响也可能有夸张的成分，因为林德赛简单地假设，10%的减税将会使次要赚钱者（如嫁给全职养家者的人）多工作10%。换句话说，林德赛的模型假设，里根政府的减税政策使家庭年收入在4万美元以上的已婚妇女延长工作时间，从每周40小时增加到47.2个小时。有哪个已婚妇女会真的这么做呢？

事实是，在过去30年中，女性劳动力的首次增长和税收并没有多大关系。在里根政府减税政策之前，从1948年到1980年，工作适龄女性人口占劳动力的比例增长了0.6%；而在1980年到2004年，这一增长比例只有0.3%。[1] 相比减税政策，社会因素对劳动力人口中女性比例的增加更为重要（女权运动、男性劳动力工资的下降等都增加了女性进入劳动力市场的必要性，原因还包括体力要求更低的服务岗位增多等）。就连林德赛也承认，这很大程度上由人口学趋势导致，他说："我们最近工作任务很重，主要是因为人口学的巨大变化。工作的激增来源于女性劳动人口的增加。"[2]

其他一些研究也发现，减税带来的积极作用有限。里根总统的经济顾问委员会主席马丁·费尔德斯坦发现，1986年的税制改革将最高税率从50%降到28%之后，有钱人的收入增加得最多，这与供给学派的预测一致。美联储的经济学家兰德尔·马瑞哲（Randall Mariger）发现，1986年的减税政策使1985年到1986年的劳动力供给有所增加，尽管不到1%。[3] 回顾20世纪80年代的减税政策，经济学家乔纳森·格鲁伯（Jonathan Gruber）和伊曼纽尔·赛斯（Emmanuel Saez）发现"减税对收入的作用较小"，他们还认为

---

[1] These rates are not compounded.
[2] Lindsey, *The Growth Experiment*, 180.
[3] Randall Mariger, "Labor Supply and the Tax Reform Act of 1986: Evidence from Panel Data" (Washington, DC: Board of Governors of the Federal Reserve System, June 1994).

自己的预测有些偏高。①

在上述研究中，相当一部分有着严重的缺陷。在20世纪80年代，很多已婚妇女的确是次要赚钱者，他们的工作部分取决于丈夫的收入，以及家庭边际税率，然而今天的情况不再如此。至少有两个研究发现，已婚妇女的工资弹性（她们工作时间对真正收入，包括税后收入的影响）自20世纪80年代中期开始下降，从那之后一直为负值。②换句话说，低税率会使已婚妇女减少而非增加工作，对于1950年以前出生的妇女该影响会更大。原因很清楚，当今社会越来越多的女性与男性一样，把工作当成是一项事业。正如一项研究解释的那样，"已婚妇女不再是次要赚钱者，她们依靠自己的收入生活，这说明她们是独立的主要赚钱者。因此，当这些年轻人组成女性劳动力人口的一大部分时，群体行为就会发生改变。"③换句话说，供给学派的重要理论，即减税能促进工作，尤其促进已婚妇女的工作已经不再成立。事实恰好相反，随着收入效应占主导，减税会使已婚妇女缩短工作时间。因此，布什政府减税政策之后，妇女占劳动力的比例下降并非怪事。

这些研究的第二个缺陷是，大部分没有衡量工作时间（因为很难获得数据）；相反，他们的衡量指标是应税收入，并认为它能代表工作水平。林德赛称，对纳税人行为反应的最佳衡量方式就是应税收入。④然而，应税收入并不是很好的衡量方式。因为应税收入的增加既可能来自更多工作（对供给侧的反应），也可能通过税收转移减少税收的策略，以此增加税后收入。⑤从

---

① Peter R. Orszag, "Marginal Tax Rate Reductions and the Economy: What Would Be the Long-Term Effects of the Bush Tax Cut?" (Washington, DC: Center on Budget and Policy Priorities, 16 March 2001), www.cbpp.org/3-15-0ltax.htm (accessed 21 November 2005).
② Kyoo-il Kim and Jose Carlos Rodriguez-Pueblita, "Are Married Women Secondary Workers? The Evolution of Married Women's Labor Supply in the U.S. from 1983 to 2000" (Washington, DC: Congressional Budget Office, December 2005); and B. T Heim, "The Incredible Shrinking Elasticities: Married Female Labor Supply, 1979-2003" (working paper, Duke University, 2004), cited by Kim and Rodrfguez-Pueblita.
③ Kim and Rodrfguez-Pueblita, "Are Married Women Secondary Workers?"
④ Lindsey, *The Growth Experiment*, 23.
⑤ In fact, higher marginal tax rates lead to more charitable giving. Gerald E. Auten, Charles T. Clotfelter, and Richard L. Schmalbeck, "Taxes and Philanthropy among the Wealthy," in *Does Atlas Shrug?* ed. Joel B. Slemrod (Cambridge, MA: Harvard University Press, 2000).

短期看，劳动者可以将年收入提前或延后。从长期看，工人可以增加收入的其他份额，以免税的形式或者税收延后的其他福利（如医疗福利、养老保险和公司补贴）。他们可以投资股市，把普通收入转化为资本收益（税率要比普通所得低）；他们可以改变投资组合，增加免税投资（比如市政债券）；他们可以购买高价房产，然后勾销按揭利率；他们可以增加慈善捐献，他们也这么做了。更重要的是，研究发现，这种收入形式的多样性，在最高收入人群中更加常见，也就是供给学派经常提到的对税率最敏感的人群。因此，正如美国国会预算办公室给出的结论是，"尽管大部分现实经验表明，整体的工作时间对工资利率并不敏感，因此对边际税率的变化也不敏感，然而应税收入对利率的变化非常敏感。"①古尔斯庇同意这一观点，即"高利率不一定会使人们减少工作，相反，他们会让人们转变应税收入"。②

因此，即使一些调查研究证明减税能够促进税后收入，也并不意味着减税能促进工作。比如，在《1986年税收改革法案》推出之后，芬伯格和波特巴追踪研究了最富有的0.5%的纳税人，发现他们的财富在国家收入中所占的份额有所增加，从1985年的8%上到1989年的11%。③但是，作者的结论是，他们的收入增加并不是因为工作时间增加。两次报告显示，他们把越来越多的非应税收入转移成应税收入。

用收入来衡量工作还有一个问题。美国国会预算办公室的税收政策专家撒姆马提诺和韦纳说过："反对这些研究的根本原因，是他们并没有充分控制除税率变化以外的其他因素。这些因素改变了调查时期的收入分配形态。"④最重要的因素是富人所占的收入份额越来越大。正如古尔斯庇所言，

---

① Congressional Budget Office.
② Austan Goolsbee, "Evidence on the High-Income Laffer Curve from Six Decades of Tax Reform," *Brookings Papers on Economic Activity,* Fall 1999, 2.
③ Daniel R. Feenberg and James M. Poterba, "Income Inequality and the Incomes of Very High Income Taxpayers: Evidence from Tax Returns" (working paper, National Bureau of Economic Research, Cambridge, MA, 1993).
④ Frank Sammartino and David Weiner, "Recent Evidence on Taxpayers' Response to the Rate Increases of the 1990s," *National Tax Journal* 50 (3 September 1997): 683-705.

收入不平等趋势与20世纪80年代的减税政策一样,潜在地使结果偏向高收入人群。他说,新税收反馈研究的核心是将低收入人群作为高收入人群的有效对照组,在不考虑税率变化的前提下,两个群体中的收入变化是等同的。[1]但是,"收入不平等这类非税收相关因素的增加,会使得在调查时间内,高收入人群的收入比其他群体有所增加,那么估计的结果肯定会偏大。"[2]他继续指出:

> 劳动经济学的很多文献反映,在非税收相关的原因中,收入不平等自20世纪80年代开始增加。若该趋势扩大到最高阶层收入人群中,那就意味着在新税反馈研究中,对最高收入人群的减税点潜在地导致了严重的向上偏差,因为这类人群在享受减税的同时,相对收入呈上升趋势。[3]

非税收相关的因素还包括一些发展原因,比如基于技能型的科技改变、贸易的增大、工会的衰落及"赢者通吃"的垄断市场的出现。[4]结果是,与相对富有的人群相比,最富有人群所得到的现金补贴更高,这说明减税和富人收入增长的关系不可靠。[5]

控制了上述因素后,减税不仅不会带来更多的工作,在一些情况下,可能会减少工作时间。在可能是最为全面的研究中,古尔斯庇研究了自20世纪20年代的税率变化,发现了针对供给学派假说的各种证据。柯立芝政府在20世纪20年代的减税政策提高了富人的税前收入,但幅度不大。30年代,最高税率的增长使富人的收入增长速度高于其他群体。[6]在50年代,税率的

---

[1] Austan Goolsbee, "It's Not about the Money: Why Natural Experiments Don't Work on the Rich," in *Does Atlas Shrug?* ed. Joel B. Slemrod (Cambridge, MA: Harvard University Press, 2000), 42.
[2] Goolsbee, "Evidence on the High-Income Laffer Curve," 9.
[3] Goolsbee, "Evidence on the High-Income Laffer Curve," 14.
[4] Robert H. Frank and Philip J. Cook, *The Winner-Take-All Society* (New York: Free Press, 1995).
[5] Goolsbee, "It's Not about the Money," 142.
[6] Goolsbee, "Evidence on the High-Income Laffer Curve," 28.

增加对富人的收入有轻微的消极影响（每征税一美元，会有50%的增长）。肯尼迪政府的减税政策也使富人的收入有所下降。① 企业薪酬是研究税率对富人收入影响的一个良好指标，一项研究调查了从1970年到1994年税率的变化对企业薪酬的影响。古尔斯庇从中发现，在20世纪70年代，收入最高的CEO们尽管享受着最高的税收优惠，实际增加的收入最少。② 总体来看，在20世纪，税率的变化对富人的收入没有出现一致的作用。

还有一个原因使人们怀疑税收变化影响工作这一理论。如果美国人对税率非常敏感，那么我们应该会发现，在边际税率变动大的时候，收入会集中于一个点上。换句话说，当一个人的收入足够高，要按更高的税率等级缴税时，他们很可能会减少工作量。但是赛斯没有发现类似上述收入集中点的相关证据。③

在研究税率对工作的影响时，还有一个更精确的方法，即看税率对税前收入的影响，这避免了纳税人把应税收入替换成非应税收入或反过来替换等问题。然而，当经济学家用这种方法研究时，他们发现税率对税前收入几乎没有影响。赛斯通过这种方法发现，"在1960年到2000年之间的报告中，只有收入在前1%的纳税人，对税率变化比较敏感。即使是中上层的收入人群（收入排在1%到10%），他们面对的边际税率有实质性变化，但是无论长期还是短期来看，对税率变化并不敏感。"④ 事实上，通过比较在1981年到2000年中，税率变化对收入在后99%的纳税单位的影响，赛斯发现二者呈反向关系（尽管差距在统计学上无显著性）。⑤ 换句话说，与供给学派的预测不同，低税率不会提高收入，而是与低收入相关联。

---

① Goolsbee, "Evidence on the High-Income Laffer Curve," 30.
② Goolsbee, "Evidence on the High-Income Laffer Curve," 37.
③ Emmanuel Saez, "Do Taxpayers Bunch at Kink Points?" University of California at Berkeley and National Bureau of Economic Research, 13 June 2000, http://emlab.berkeley.edu/users/saez/bunch.pdf (accessed 25 November 2005).
④ Emmanuel Saez, "Reported Incomes and Marginal Tax Rates, 1960-2000," in *Tax Policy and the Economy,* ed. James M. Poterba, 117-71 (Cambridge, MA: National Bureau of Economic Research, 2004), 120.
⑤ Saez, "Reported Incomes and Marginal Tax Rates," 139.

此外，有充分的证据表明，20世纪80年代的减税，是唯一一次对收入产生影响的减税政策。然而古比斯尔发现，"至少，这一历史时期的行为反应，并没有像近期对20世纪80年代减税政策的文献声称的那么明显。尽管该文献强调了行为反应受边际税率影响的潜在重要性，但是本文的结果发现，该结论依靠的证据来自80年代，在历史经验中不具有典型性。"[1] 赛斯也发现了相似的结论，只有在里根总统执政期间，减税对高收入者有作用，肯尼迪之前的减税都没有影响。同样，密歇根大学经济学家、里根政府经济顾问委员会税收政策研究的前高级经济师乔尔·斯莱姆罗德（Joel Slemrod）发现，在1950年到1985年之间，有钱人收入增加的很大一部分原因由非税收因素导致，不过，1986年的减税的确对美国富有人群的收入增长产生了作用。

在回应这些理论时，供给学派声称，即使大多数减税没有促进工作，至少里根政府的减税起到了作用。然而，仔细研究之后，就连这一理论也站不住脚。赛斯发现，20世纪80年代的减税政策之所以使最富有人群的收入增加，很大一部分原因在于税收转移，即从税率较高的公司转移到与个人税率一致的单位，如合伙人、税务细则S类公司和法人实体。到了80年代中期，当企业税率低于最高个人税率时，纳税人不再如此转移收入。然而到了1988年，最高个人税率降到了28%，比企业税低了6个百分点，有钱人又有动力重新分类收入，使其更多进入自己的口袋而不是流入公司。实际上，这种收入转移更易受税率变动的影响，而不是工作和储蓄行为。因此，赛斯指出，"20世纪80年代，个人收益在商业收入报告上的增长不能被看作是供给学说的成功，因为大多数个人收益的增加以企业收入减少为代价，或者通过避税等途径获得。"[2] 斯拉姆罗德证实了这一观点，发现"80年代的减税增加的商业收入是按个人税率征收"。[3] 他发现，个人税率和企业税率的税差每增

---

[1] Goolsbee, "Evidence on the High-Income Laffer Curve," 31.
[2] Saez, "Reported Incomes and Marginal Tax Rates," 160.
[3] Joel Slemrod and Jon Bakija, *Taxing Ourselves: A Citizen's Guide to the Debate over Taxes* (Cambridge, MA: MIT Press, 2004), 160.

加 1%，报告的个人劳动收入会增加 3.2%，企业收益率减少 0.147%。[1] 或许，正是由于企业和个人收入的形式转移，肯尼迪政府的减税政策没有使缴纳最高税率人群的收入增加：那时，个人税率比企业税率要高。

令人吃惊的是，林德赛发现了相似的结果。在其关于里根减税政策的书中，他研究了减税对有钱人所缴税收的影响。[2] 研究发现，对美国最富有群体减税所带来的收入增加，全部来自税收转移，林德赛称其为金钱效应。[3] 事实上，他发现低税率不能使高收入人群增加工作时间，并争论道："没有理由怀疑要素供给是税率变化影响税收收入的唯一或者主导方式。"[4] 他继续承认道："改变投资组合的行为和企业补偿的形式，可能更有决定作用。"[5] 所以，他的真正意思是，当最高税率下降时，雇主和其高收入的雇员会重新选择应税收入，减少非税收福利，以此抵消税收损失，但他们不会增加工作。

即使减税不能促进工作，人们可能会希望，减税所促进的税收转移能够提高经济效率，带动经济增长。然而让供给学派失望的是，事实并非如此。林德赛也承认与供给效应不同，金钱效应对经济规模没有明显的直接影响。[6] 同样，没有证据表明，增加的收入不平等性使经济更具生产力。自 20 世纪 70 年代，收入在前 1% 的人群的收入一直在增加，收入在后 99% 的人群的收入却几乎没有增长。

如果里根时代的减税政策能够促进就业，那么 1993 年的征税政策理应降低就业和收入，至少供给学派这么认为。马丁·费尔德斯坦是研究 1993 年税收增加影响的首批经济学家之一，他发现，与供给经济学说一致，1992

---

[1] Slemrod and Bakija, *Taxing Ourselves*, 274.
[2] Lindsey, *The Growth Experiment*.
[3] Lindsey, *The Growth Experiment*.
[4] Lindsey, *The Growth Experiment*, 86.
[5] Lindsey, *The Growth Experiment*, 7.
[6] Lindsey, *The Growth Experiment*, 61.

年到 1993 年，高收入人群的应税收入的确有所减少。保守派亲近的刊物如《华尔街日报》等以此为由，声称供给学派是正确的，里根经济学将引领我们走上绝路。但是《华尔街日报》并没有提到，后续的研究中表明，该影响是纳税人收入转移的结果，他们把 1993 年高税率的收入转移成 1992 年低税率的收入。比如，1993 年 1 月的奖金可以提前一个月以更低税率支付。反过来看，人们可以把慈善捐助从 1992 年 12 月推迟到 1993 年 1 月。事实上的确如此，纽约州的调查显示，华尔街中 2/3 的年终奖金在 1992 年 12 月份发放，而往常这一比例只有 1%。[1] 财政部的调查发现，有近约 200 亿美元的收入从 1993 年转移到 1992 年。事实上，芬伯格和费尔德斯坦声称的由于劳动力供给减少导致的收入损失，其中大部分只是转移到上一年。[2] 美国国会预算办公室的经济学家撒姆马提诺和韦纳发现，1993 年该群体的收入下降在 1995 年完全回升。此外，从 1989 年到 1995 年，最高税率从 28% 增加到 39%，收入在前 1% 人群的总应税收入有所上升。他们指出，"在 1989 年到 1995 年之间，最高收入群体的平均收入增长（8%）高于其他纳税人群（变化不大）。"[3] 在 2001 年，国家预算办公室的研究发现了相同的结果，"在过去 10 年里，面对更高税率（从 1990 年到 1993 年税收增加）的家庭，其收入增长远远快于总体收入增长水平。"[4] 实际上，从 1989 年到 1998 年，收入在前 1% 的纳税人的平均税后收入增长了 40%，平均每个纳税人的实际收入增加了 171 000 美元。[5] 总之，高收入人群对税率的反应态度与供给学派预测的恰恰相反。

赛斯也发现，尽管在 1993 年，收入在前 1% 的纳税人面对的税率从

---

[1] Peter Passel, "Do Tax Cuts Raise Revenue? The Supply Side War Continues," *New York Times,* 16 November 1995, D2.
[2] Nouriel Roubini, "Supply Side Economics: Do Tax Rate Cuts Increase Growth and Revenues and Reduce Budget Deficits? Or Is It Voodoo Economics All Over Again?" http://pages.stern.nyu.edu/-nroubini/SUPPLY.HTM (accessed 25 November 2005).
[3] Sammartino and Weiner, "Recent Evidence on Taxpayers' Response to the Rate Increases of the 1990s," 692.
[4] Congressional Budget Office, "Budget Options" (Washington, DC: CBO, February 2001), 376.
[5] Peter R. Orszag, "Marginal Tax Rate Reductions and the Economy: What Would Be the Long-Term Effects of the Bush Tax Cut?" (Washington, DC: Center on Budget and Policy Priorities, March 2001), 7.

32%增加到39.6%，其收入却猛增。他认为，这很大程度上是由于越来越多的股票期权代替了传统的工资补偿。事实上，从1970年到2000年，期权占收入的比重翻了一番多，从5.1%增长到12.6%。

最后，尽管大多数研究使用收入（税前或税后）来代表工作，也有一些研究直接衡量工作时间。布鲁斯金会的经济学家巴里·博斯沃斯（Barry Bosworth）和加里·伯特莱斯（Gary Burtless）总结道，20世纪80年代边际税率的减少使劳动力供给有少量增加。对于年龄在25岁到64岁的男性，其工作时间比按过去预测的工作时间多出5.2%，女性多出5.8%，已婚妇女多出8.8%。同时，他们告诫说，不能过于相信这一结论，因为他们的模型显示，尽管低收入男性面对的税率不变，或有所增加，但他们的劳动供给增加得最多。[1]

墨菲特和威尔海姆在衡量工作时间的研究中发现，这些数据证明了以往的研究结论，在美国，壮年男性的工作时间无弹性。[2] 换句话说，针对供给学派宣称的税收能增加工作时间，他们发现"本质上没有任何证据表明对减税有类似反应"。事实上，墨菲特和威尔海姆通过研究家庭的男主人发现，自从20世纪60年代，税率还很高的时候起，他们的年工作时间就在逐渐下降。1967年，最高所得税率为70%，专业人士和管理人士的平均工作时间是2 300个小时。但是到了1997年，最高所得税率为39.6%，其平均工作时间降为2 225个小时。此外，与供给学说预测的再一次相反，1993年税收增加以后，职业人士和从事管理岗位的工作时间有所增加。[3]

在美国，关于减税政策能促进工作这一理论，学术调查尚未取得成果。因此，供给学派把眼光放到海外，寻求对他们假说有利的证据。比如，保守

---

[1] Barry Bosworth and Gary Burtless, "Effects of Tax Reform on Labor Supply, Investment and Savings," *Journal of Economic Perspective* 6, no. I (Winter 1992): 3-25,12.
[2] Robert A. Moffitt and Mark O. Wilhelm, "Taxation and the Labor Supply Decisions of the Affluent," in *Does Atlas Shrug?* ed. Joel Slemrod (Cambridge, MA: Harvard University Press, 2000), 217.
[3] Moffitt and Wilhelm, "Taxation and the Labor Supply Decisions," 202.

派经济学家爱德华·普雷斯科特（Edward Prescott）发现了欧洲人和美国人工作时间上的差异，争辩说："现在，美国人比德国人、法国人和意大利人工作时间长50%，而在20世纪70年代早期，西欧人工作的时间要比美国人长。"[1]他声称："边际税率导致了两个地区在不同时期工作时间的优势差异，以及相对劳动供给的巨大变化。"然而，该结论有两个问题。

第一，其他一些严谨的研究者对此表示反对。三名哈佛大学经济学家发现，税率不是引起欧洲人和美国人工作时间差异的主要因素。相反，"大量有实证经验的劳动供给文献表明，税率在导致美国和欧洲人工作时间的差异上，只起到很小的作用……我们认为，在欧洲产业衰落时，由工会提出的欧洲劳动力市场条例，即'少工作，都工作'，是引起欧美两地工作时间差异的主要原因。这些政策看似不会增加就业，但却对休闲模式有着广泛的社会影响，由于社会乘数的作用，当更多的人休假时间更长时，休闲收益也在增加。"[2]

第二，供给学派声称，高税率不仅能促进工作，还会增加储蓄，提高生产力。然而，欧洲人面对的税率更高，工作时间更少，但却拥有更高的储蓄率。此外，普雷斯科特表明，在这一特定历史时期，欧洲人和日本人的生产力水平与美国相当甚至偏高。[3]供给学派无法同时解释：一方面，在美国，低税率能够促进工作，增加储蓄；而另一方面，欧洲人工作的时间更少，储蓄却更多。

总之，正如斯拉姆罗德指出："几乎所有的调查结论都是，男性的工作时间受税后工资变动的影响很小，因此受边际税率的变动影响很小。一些证据表明，是否工作的决定，多来自女性，女性对税率的变动产生的反应也较

---

[1] Edward C. Prescott, "Why Do Americans Work So Much More Than Europeans?" *Federal Reserve Bank of Minneapolis Quarterly Review* 28, no. I (July 2004): 2-13.
[2] Alberto Alesina, Edward Glaeser, and Bruce Sacerdote, "Work and Leisure in the U.S. and Europe: Why So Different?" (Cambridge: Harvard University, 2005).
[3] Edward C. Prescott, "Why Do Americans Work So Much More Than Europeans?" 3.

大，不过这对总体的劳动供给影响不大。因此，不可置疑的结论是，整体上看，劳动供给受税率影响程度不大。"①同样，在审阅完NTR文献后，古尔斯庇总结道："劳动经济学的许多相关文献表明，税率变动对大多数人的劳动供给影响不大，尤其对男性壮年工作者。"②在广泛审阅了由经济合作与发展组织（OECD）进行的新税反馈文献后，我们发现，对于做兼职工作的已婚妇女来说，低税率的确能促进工作。然而，全职职业女性的工作时间对税率变动并不敏感。对于男性和单身全职女性而言，低税率能够轻度减少工作时间。③此外，OECD发现，就美国而言，高税率总是和较多的工作时间相关联，这和供给学派预测的完全相反。④另外，最近针对已婚妇女的研究发现，在20世纪80年代，低税率可能会促使人们更多地工作，然而今天的已婚妇女同男性一样，把工作看作是自己的事业，由此低税率会导致工作时间减少。总之，十多年的严谨调查普遍显示，低税率对工作的影响，充其量是作用不大，实际可能无作用甚至是负作用。在决定是否购买双动力汽车还是引擎发动机汽车时，税率变动起着重要作用。而决定工作多长时间则是另外一回事，它与税率关系不大，尤其是20世纪90年代的税率。

将增加工作时间看作经济策略的缺陷

供给经济学的核心信条是，减税能够促使人们更多地工作，从而带动经济增长。如果供给学派想让美国人多工作，实际上有一个更直接和预算中平的方式。总统可以公布一个能够保证使经济每年增长20%的计划，"亲爱的美国人民，我们伟大的国家可以更加繁荣富强。我现在向国会提交一个法案，将每周44个小时的工作时间改为48个小时，的确，我知道这一定会使大家更辛苦，尤其是对于有家庭的工作者们来说，但要往好的方面看，你们

---

① Slemrod and Bakija, *Taxing Ourselves*, 125.
② Goolsbee, "Evidence on the High-Income Laffer Curve," I.
③ Willi Leibfritz, John Thornton, and Alexandra Bibbee, "Taxation and Economic Performance" (Paris: Organisation for Economic Co-operation and Development, 1997),40.
④ Leibfritz, Thornton, and Bibbee, "Taxation and Economic Performance," 39.

会挣到更多的钱!"

尽管一周48个小时的工作时间可能会促进经济发展,然而人们花在其他重要事情的时间就会减少,因此这不一定是一个更好的方案。供给学派却并不这么认为,他们就像老板一样,总想从工人身上压榨更多的时间。林德赛担心高税率会减少加班时间,称"在低端规模经济中,即便是中等收入的纳税人,当税率达到40%或50%时,也会发现休闲的好处"。[1] 我不想反对林德赛,但大多数美国工人,尤其是有家室的人,已经发现了休闲的价值。他们越来越努力地工作,花更多的时间在来往上班的路上,还要照顾孩子和他们的父母,参加社区和教堂活动,因此美国人的休闲时间很少,他们拥有的某样东西越少,他们就越重视它。

这也带来了新税收反馈研究的最后一个关键问题。供给学派认为,每额外工作的一个小时都能够以所赚的工资来衡量价值,但是人们获得或损失的非工作时间却没有价值。然而,尽管工人们对于非工作时间的重视程度没有工作时间高,但是这不代表他们不重视非工作时间。这就是供给学派策略关于"多工作能变得富有"的一大关键问题,美国人并不倾向于多工作,就连林德赛也不情愿地承认道:"与漫长的工作周相比,大多数人更喜欢多一些休闲时间。"[2]

此外,多工作会带来不良的社会效应,长时间的工作会引起身体状况下降、压力过度,减少了人们参加继续教育及提高技能的可能,会造成社会活动减少。正如哈佛大学的社会学家罗伯特·帕特南(Robert Putnam)所发现的,"长时间的工作降低了人们参加社会活动的机会,比如参加亲子活动、邻居组织的聚会以及有组织的宗教活动等。"[3] 富有同情心的保守主义是布什议程的基础,不过他在2000年当选之后就已经把它抛在脑后了。当时,他

---

[1] Lindsey, *The Growth Experiment*, 19.
[2] Lindsey, *The Growth Experiment*, 181.
[3] Robert D. Putnam, *Bowling Alone: The Collapse and Revival of American Community* (New York: Simon & Schuster, 2000).

鼓励美国人民多参加志愿者活动，来帮助解决急迫的社会问题。然而，如果供给学派提倡通过减税来促进工作，那么美国人民哪有时间再去参加志愿者活动呢？

或许，最重要的是，长时间的工作使维持健康的家庭关系和照顾孩子变得更加困难。多工作减少了父母和孩子的相处时间，包括帮他们做家庭作业，和他们在晚餐时聊聊天，或者只是单纯地同他们一起玩耍的时间。事实上，越来越多的调查发现，父母工作的时间太长会对孩子的幸福感产生不利影响，尤其是 0 到 3 岁的孩子。① 大多数父母还是希望能少工作，多花时间陪陪孩子。某项研究发现，72% 的父母在经济条件允许的情况下，会选择呆在家里，照顾孩子。②

因此，一个进步的增长策略，不应该再让美国人花越来越多的时间工作，而应该提高生产力，使美国的工作者在减少工作时间的情况下，实现更高的收入和产出。总之，重点应该通过提高劳动者技能，使用高科技和高效率的工具来提高劳动力的质量而非数量。生产力当然很关键，但是多工作不一定会提高生产力。事实上，还可能因为工作者劳累过度和精力下降而起到相反的作用。

因此，如果减税对工作没有影响的话，那么它会像供给学派鼓吹的那样，增加储蓄、刺激投资吗？我们在下一章会讨论。

---

① Stanley I. Greenspan, "Child Care Research: A Clinical Perspective," *Child Development* 74 (2003): 1064.
② "America's Toughest Job: A View of Contemporary Parenthood at the Beginning of the 21st Century" (survey conducted by Penn, Schoen and Berland, and the Luntz Research Companies for the I Am Your Child Foundation and *Parents* magazine, 2000).

SUPPLY-SIDE
FOLLIES
第 6 章
低税率能增加储蓄、刺激投资吗

> 每月多少存一些钱,到了年底你会吃惊地发现,总共也没多少。
>
> 美国作家厄内斯特·哈斯金斯(Ernest Haskins)

供给学派声称,减税虽不能促进就业,但至少它能增加储蓄,由此刺激投资,提高生产力。正如拉弗在表述减税和储蓄的关系时曾说过:"对某事征税,你得到的会更少;对某事少征税,你得到的会更多。"[1]曼昆同意这种说法:"当你对某项活动征税时,你从中得到的会更少。这的确是经验之谈。如果我们停止征收房产税,房地产市场就会越发吸引人,这对经济体中的每个人都有益处。"[2]但是减税真的能增加储蓄吗?我们在后面会看到,事实并非如此。

---

[1] Larry Kudlow, "Cheney the Supply Sider," *National Review Online,* 24 July 2000.
[2] N. Gregory Mankiw, "The Estate Tax Is One Death Penalty Too Many," *Forbes,* 4 September 2000, http://post.economics.harvard.edu/faculty/mankiw/columns/septOO.html (25 November 2005).

供给侧的储蓄提议

供给学派宣称，增加储蓄的最佳方式是降低个人税率，尤其是降低高收入人群的储蓄税率和投资税率。布什政府时期，几乎所有的减税提案都曾以此为由。由于有钱人的储蓄高于美国平均储蓄水平，供给学派强调降低最高边际税率，认为如果有钱人的税率更低，他们的储蓄会更多。然而，低收入人群的储蓄比较少，因此还有一个同样强有力的观点，既然有钱人的储蓄已经很多，那么刺激中低收入人群的储蓄动机（比如扩大免税账户，或者增加机会使工人登记到 401k 退休计划）更为有效。

长久以来，供给学派的最佳策略是，将边际税率逐渐减少，最终实行单一税率。共和党前众议院院长迪克·阿米，支持 20 世纪 90 年代实行的 17%的单一税率。史蒂夫·福布斯曾异想天开地参与了 1996 年共和党总统竞选活动，并将单一税率改革作为核心。在其 2005 年的《单一税革命》一书中，他又一次宣扬了单一税的伟大。[1] 他承诺说，实行单一税率，会使经济在 10 年内增加 2 万亿美元，其中很大部分得益于单一税率增加的储蓄。

SUPPLY-SIDE FOLLIES
为什么减税不能增加储蓄

1. 由于减税能够长期增加人们的税后收入，因此使人们减少储蓄。
2. 大多数人的储蓄决定对税率变化并不敏感。
3. 自 20 世纪 80 年代起，最高边际税率就已经比较低，对储蓄的负面作用很小。
4. 任何可能增加的储蓄都会由减税引起的政府收入下降（增加的国家债务）抵消。

SUPPLY-SIDE FOLLIES

---

[1] Steve Forbes, *Flat Tax Revolution: Using a Postcard to Abolish the IRS* (Washington, DC: Regnery Publishing, 2005).

第 6 章　低税率能增加储蓄、刺激投资吗

供给学派认为，我们不仅应该实行更低的单一税率，来大幅降低最高税率，而且应该取消所有的资产所得税（如从股息、利率和资本收益中获得的收入）。[1] 布什在第一任期时的政策顾问詹姆斯·平克顿（James Pinkerton）曾声称，共和党应该给予美国人"税收优惠，来创造一个免除税收资本形式的体制"。[2] 布什政府在推行减少股息税和资本收益税的政策时，使用了同样的理由。曼昆声称："有一个重要的学术文献表明，资本所得税率过高会扭曲储蓄决策，抑制经济增长。供给学派认为，如果人们只有花钱的时候才需缴税，他们就会少花钱，多储蓄，这一观点为里根总统降低股息税和资本所得税的提案提供了依据。"[3] 该主张背后的逻辑也为布什总统的另一项提案提供了支持，即将社会保险部分私有化，并扩大免税个人储蓄账户。布什总统在该理论基础上为其提案辩护："我强烈支持免税个人储蓄账户和私有化社会保险，因为它们有助于增加资本积累。"[4] 供给学派认为，实行私人社保账户后，政府不再收取社保资金并像往常那样浪费掉。相反，人们需要存钱，由此增加了私人储蓄，并进一步增加了资本投资。但是，这种理论忽略了一个事实，个人储蓄虽然增加，但是钱不再进入到社会保险信托基金中，因此公共储蓄将会下降。为了增加储蓄，供给学派还致力于废除遗产税。他们认为，如果人们可以给后代留下更多的遗产，他们就会更有动力努力工作，所以供给学派嘲讽地把遗产税比作死亡税，认为征收遗产税会减少人们的储蓄意愿。[5]

---

[1] For example, IPI argues that "All saving must receive the sort of tax treatment currently afforded pensions, various types of IRAs, 401(k), Keogh, SEP, and other savingsdeferred plans currently in the tax code." Lawrence A. Hunter and Stephen J. Entin, "A Framework for Tax Reform" (Dallas, TX: Institute for Policy Innovation, 2005), 4.

[2] James P. Pinkerton, *What Comes Next: The End of Big Government-and the New Paradigm Ahead* (New York: Hyperion, 1995), 262.

[3] N. Gregory Mankiw, "Professor Mankiw Interview Questions, The Marshall Society Interview," 2004-2005, http://post.economics.harvard.edu/faculty/mankiw/columns/marshall.pdf (23 November 2005).

[4] Cited in Daniel Altman, *Neoconomy* (New York: Public Affairs, 2004), 40.

[5] CBO estimates that just 2 percent of estates have to file the tax, and only half of those are liable for any estate taxes. Congressional Budget Office, "Effects of the Federal Estate Tax on Farms and Small Business" (Washington DC: CBO, July 2005).

SUPPLY-SIDE FOLLIES 美国供给侧模式启示录

供给学派如此虔诚地相信，减税能够增加储蓄。他们甚至建议政府举债为减税获得资金支持，裘德·万尼斯基曾说：

> 在对私人公司进行微观经济学分析时，我们能接受这种现象，股票市场通过研究资金的用途来衡量股票的发行，若市场发现该股票能够对投资产生积极的收益，其利率就会较低，公司其他的债务甚至会在二级市场被变卖。政府债券应该得到与市场债券同样的对待，尤其是为了减税进行融资。[1]

然而，举债为减税获取资金支持，则完全破坏了其增加储蓄的目的。实际上，他们如此真诚地相信减税的力量，以至于认为减税总是越多越好。

出自对促进私人储蓄的强烈渴望，供给学派反对政府开支，包括健康保险、住房补贴、失业保险、劳动力培训及社会保险等其他一些社会支持，尽管这些支持降低了美国民众面临的风险，增强了他们的安全感。供给学派认为，这些项目不仅占用了储蓄和投资的钱，也降低了美国人的储蓄动机。因此，传统基金会的丹尼尔·米切尔声称，"在为新的投资提供资本方面，储蓄的作用很关键，然而为退休、房屋和教育提供补助的政府项目抑制了储蓄动机。"[2] 林德赛也曾公开宣称："然而，一般来说，储蓄的传统动机因政府项目而减弱，这些政府项目包括照顾弱势群体，资助大学教育，保护失业人口。因此，人们减少储蓄的原因部分在于其危机感下降。"[3]

林德赛认为，在当今充满活力的全球经济中，美国民众面对更多的风险和不确定性，如果他们的工作没有安全保障，那么他们就会增加储蓄。在久盛不衰的励志电影《生活多美好》(*It's A Wonderful Life*) 中有一个场景，旧

---

[1] Jude Wanniski, "Fall 2003 SSU Lesson #5 The Laffer Curve," www.wanniski.com/PrintPage.asp?TextID = 2965 (22 November 2005).

[2] Daniel J. Mitchell, "The Impact of Government Spending on Economic Growth" (Washington, DC: The Heritage Foundation, 15 March 2005).

[3] Lindsey, *The Growth Experiment,* 196-97.

工厂时代的银行总管波特先生声称要关闭乔治·贝里（George Bailey）的房屋贷款中心，因为他为那些还没有存够买房钱的人们提供了贷款。

波特的口气听起来像是萧条时期的林德赛，他问道："这能给我们带来什么呢？是一群不满与懒惰的乌合之众，而不是勤俭努力的劳动者。难道所有这一切只是因为一群天真的梦想家想要激励人们，给他们的脑子里灌输不可能的想法吗？"在电影中，由詹姆斯·斯图尔特（Jimmy Stewart）扮演的乔治如此回答道："请记住，波特先生，你口中的这群乌合之众大多数在美国工作、生活直到离开这个世界。难道让他们在更舒适体面的房屋里度过一生，这个要求很过分吗？"建屋信贷委员会想要支持波特，贝里在他们面前发表了极具感染力的演讲："你们都是商人，难道这么做不会让人们成为更好的市民吗？不会让他们成为更好的消费者吗？"估计林德赛或者波特可能会这样回答："但是，如果你们给他们提供遮风避雨的地方，让他们的退休更有安全保障，那么他们会减少储蓄啊！"

供给侧提议中增加储蓄的逻辑

供给学派主张的背后当然有严谨的逻辑推理，但是我们仔细研究后会发现，它们根本经不起推敲。首先，就像大多数人对边际税率并不敏感一样，纳税人的储蓄决策同样如此。即使税率变化，人们仍然需要储蓄和投资。林德赛同意这一观点："所得税税基对利率的变化不像其他税种那样敏感。"[①]此外，如同减税对工作会产生收入效应，减税对储蓄也存在收入效应。税率下降后，人们难得可以获得更高的税后收入，他们可能会因此减少储蓄。

一些供给学派人士开始承认，全面降低所得税率并不会增加储蓄。不过他们仍然认为，降低储蓄税率能够起到作用。小布什总统提出的个人储蓄账户（PSAs）就基于这个观点。当人们从个人储蓄账户中取出钱时，会享受

[①] Lindsey, *The Growth Experiment*, 19.

到免税优惠，而存入钱时则不会。事实上，个人储蓄账户不会对中低收入水平的纳税人起到明显的激励作用，因为在没有享受即时税收优惠的情况下，他们无法留出足够多的储蓄。事实上，该提议可能会减少储蓄，因为政府同时还提出了废除个人退休账户（IRAs），而它能在人们存入钱时提供税收优惠。[1] 在个人退休账户中，提高税率会使人们享受到更多的税收优惠，从而可能增加储蓄。英国哥伦比亚大学的经济学家凯文·密里根（Kevin Milligan）发现，就加拿大式个人退休账户计划而言，若边际税率增加10%，人们参与到该计划的可能性就会增加8%。[2]

如果取消储蓄税不会增加储蓄，刺激投资，那么减少资本所得税、股息税和房产税，会起到作用吗？曼昆认为，任何对于资本收入的赋税增加，都会减少应税资产。[3] 他认为房产税的情况同样如此，声称："房产税降低了房地产市场的吸引力，并可能会减少遗产的规模。"[4]

但是，正如减少所得税会使人们减少工作，降低房产税也会增加继承者的税后收入，因此他们可能会提早退休或者停止工作，从而减少储蓄和工作。事实上，财政部的经济学家大卫·乔尔费安（David Joulfaian）证实了这一观点。[5] 同样，目前尚未清楚股息税是否不利于增长。如果个人必须对股息收入缴税，那么公司可能会保留收入，进行内部投资。如果政策制定者担心双倍税收（个人和企业都要缴纳股息税），他们可以减少企业的股息税，这样储蓄会被投放到更多的企业投资中，或者降低产品价格。如果股息税降低只针对个人，那么所有的储蓄都会到股东手里。

---

[1] Douglass B. Bernheim, "Taxation and Saving," in *Handbook of Public Economics* edited by A. J. Auerbach and M. Feldstein (North Holland: Elsevier Science Publishers, 2002), 46.

[2] Kevin Milligan, "Tax-Preferred Savings Accounts and Marginal Tax Rates: Evidence on RRSP Participation," University of Toronto, Department of Economics, 8 May 2001.

[3] N. Gregory Mankiw, "Remarks at the National Bureau of Economic Research Tax Policy and the Economy Meeting," Washington, DC: National Press Club, 4 November 2003, www.whitehouse.gov/cea/NPressClub20031104.html (23 November 2005).

[4] N. Gregory Mankiw, "Remarks at the National Bureau of Economic Research."

[5] U.S. Department of the Treasury, Office of Tax Analysis, "The Federal Estate and Gift Tax: Description, Profile of Taxpayers, and Economic Consequences" (Washington, DC: OTA, 1998).

第6章 低税率能增加储蓄、刺激投资吗

关于减税无法增加储蓄，还有一个重要原因。减税政策减少了政府收入，使政府出现财政赤字，由此减少国家储蓄。所以，大多数为了增加储蓄而实行的减税政策，只是简单地拆东墙（政府）补西墙（有钱人），并不会增加国家净储蓄。就连高收入家庭只会把税收减免的60%用于储蓄，中低收入家庭的比例更低。由此带来的国债抵消了增加的私人储蓄。马克·赞迪（Mark Zandi）发现，尽管降低股息税有助于减少经济扭曲，"但是它会加剧当前以及可预计未来的预算赤字，这很大程度上抵消了经济福利……事实上，由高额利率带来的经济负担，最终会超过由取消或者减少股息税带来的经济福利。"[1]

为了回应这些言论，供给学派提出了以下两个观点。

第一，他们认为，如果人们知道政府会出现预算赤字，他们会预计到未来的高税率，因此现在提高储蓄。然而，平常人可不会像经济学家想得那么长远。

第二，减税增加储蓄的唯一障碍是政府未能缩减开支。保罗·克雷格·罗伯茨声称，"传统的观念重视利率在资产成本中的关键作用，却一直遭受误解，即增加税收而提高的政府收入能够减少赤字和利率，产生预算盈余并偿还债务，由此刺激资本投资。因为税收减少了投资和经济活动，减小该'挤出效应'的唯一可行方式是缩减政府开支。"[2]这种说法的唯一问题是，尽管美国共和党承诺减税的同时缩减政府开支，但是他们完全没有这么做，反而成为一个"减税又消费"的党派。里根在与卡特辩论时，告诉选民："政府的奢侈之风和浪费之风盛行……基于这些，我们计划总体缩减政府开支。"[3]他继续承诺说，他的经济计划是增加国防开支，减少税收，在1983年

---

[1] Mark Zandi, "Statement before the Subcommittee on Economic Policy Senate Banking, Housing and Urban Affairs Committee," 22 May 2003, p. 5, http://banking.senate.gov/_files/zandi.pdf (26 November 2005).
[2] Roberts, "My Time with Supply-Side Economics."
[3] Ronald Reagan, Second Presidential Debate, 28 October 1980, www.pbs.org/newshour/debatingourdestiny/80debates/cartl.html (12 February 2006).

之前提供平衡预算。然而，有充分的证据证明，在他任职期间，消费和预算赤字都有所增大，部分原因在于共和党增加了"他们的"计划开支（国防等），民主党增加了"他们的"计划开支（教育等），两党在权益方面都增加了开支（比如社会保险）。

过去5年，在美国共和党总统和共和党控制的国会执政期间，通货膨胀调整后的联邦政府开支增加了24%，这一数字在克林顿政府执政8年期间只有10%。[①] 共和党可能努力削减了诸如住房、社会服务和劳动力培训等民主党派项目的开支，但是他们促进了"自己的"项目开支，比如国防、农业补贴、其他企业权益以及能够为他们获取更多选票的地方政府建设。然而现实是，增加国家储蓄的最佳方式是实现财政盈余，偿还巨额国债。然而保守派会据此争论道，政府会浪费增加的财政收入，因此减税是更好的政策，至少有一部分钱可以被储蓄。然后20世纪90年代末的财政赤字的例子表明，当遵守合适的、量入为出的预算规则时，政府也可以进行储蓄。

关于减税能增加储蓄、刺激投资的供给侧提议，还存在一个严重问题——减税会造成供给学派一直反对的市场扭曲。哈伯德警告说："对资本免税，高收入人群可能会寻找避税途径，使工资看起来像资本（他们已经对资产收益采取了这种方式）。个体户和小企业会想方设法合并，付给持有者低报酬，并累积巨额的免税利润。"[②] 然而事情会变得更差，哈伯德用相对专业的语言论述了取消金融资本税的好处：

> 人类资本，即人们对自己进行投资来提高技能，以此通过高报酬获得未来收益。罗斯曾告诉我们，如果对实物资本收益免征税，会实现最优化，那么对人类资产收益免税，也会产生同样的结果。事实上，按照该逻辑，工资也应该被免征税。在经济的乌托邦里，

[①] Office of Management and Budget, Budget of the United States Government: Fiscal Year 2006" (Washington, DC: OMB, 2005)

[②] R. Glenn Hubbard, "Tax Code Revision," 7.

第 6 章　低税率能增加储蓄、刺激投资吗

一切都应该免税！[①]

换句话说，供给学派长久以来想要取消资产税的梦想，实际上会破坏供给经济学的另一个核心原则——税收中性。

来自现实经验的证据

如果说降低税率能够增加储蓄这一理论背后的逻辑站不住脚，那么现实经验对该理论的支持更是少得可怜。首先，我们看一下供给理论关于高储蓄率能够促进经济增长的观点。

供给学派认为，储蓄率较高的国家，经济增长水平更高。然而对比来看，从 1996 年到 2001 年，美国家庭储蓄占 GDP 的比例在 1% 到 2% 之间，日本和德国在 10% 左右，但是他们的经济增长水平显然要低于美国。

对于减税能刺激储蓄的证据也同样不充分。20 世纪 20 年代后期，联邦税占 GDP 的比重不到 4%，储蓄率约为 15%。50 年代以后，尽管联邦税大幅提高（约占 GDP 的 19%），实际上储蓄率也有少量提高（占 GDP 的 17%）。在 1973 年到 1980 年之间，最高边际所得税率是 70%，私人储蓄（个人和企业的总和）平均约占 GDP 的 7.8%，里根政府减税以后，这一比例降到了 4.8%。减税对国家储蓄（私人储蓄和政府储蓄的总和）的影响更加不乐观。20 世纪 70 年代，国家储蓄占国民净产值的比重约为 7.7%。里根时期的预算赤字爆发以后，到了 80 年代末期，这一比重降为 2% 到 3% 左右。[②] 这并不是说最高所得税率不应该从 70% 下调，而是证明了它下降到 28% 以后，国家储蓄并没有增加。

面对上述证据，一些供给学派声称，储蓄的下降和减税没有关系，那是

[①]　R. Glenn Hubbard, "Tax Code Revision," 7.
[②]　Barry Bosworth and Gary Burtless, "Effects of Tax Reform on Labor Supply, Investment and Savings," *Journal Of Economic Perspectives* 6 no. 1 (Winter 1992): 3-25,15.

因为当时婴儿潮一代刚进入职场，他们几乎没有储蓄。因此他们预测，一旦婴儿潮一代接近退休而进入储蓄高峰期，储蓄率将会增长。事实却是，储蓄率一直持续下降。随着婴儿潮一代即将退休，他们的开销比工资更高，因此储蓄有可能进一步下降。

1992年，克林顿政府适度增加了最高边际税率，国家净储蓄率（个人、企业和政府的储蓄/借款总和）增加了87%（见图6—1）。小布什政府在实行大幅减税之后，大多数税收优惠为富人所有，国家净储蓄下降了80%，只占GDP的1.2%，创下自1948年美国商务部开始追踪数据以来的最低水平。在1981年到2002年之间，较低的最高所得税率明显与较低的国家净储蓄率正相关，这与供给学说完全相反。

图6—1 个人和国家净储蓄占GDP的比重

来源：白宫经济顾问委员会，2005年总统的经济咨文（华盛顿特区，美国政府出版局，2005）。

过去10年里，经济增长的果实大多为最高收入人群所享。在1997年到2001年之间，收入在前千分之一群体的工资和薪酬总和，与收入在后50%群体的工资和薪酬总和相当。只有最富有的10%的人群所享有的实际工资和薪酬的增长率水平，等于或高于整体经济生产力增长的平均水平。[1] 这种经济显然没有带来普遍繁荣，但是供给学派可能会预测，由于富人会将收入的大部分进行储蓄，那么它能够带来高储蓄率。事实上，有钱人不仅获得了更高的税前收入，小布什减税政策之后，他们的税后收入也高于平均水平。但是，国家储蓄仍然持续下降，个人储蓄也下滑了25%，只占GDP的1.3%，同样是自1948年以来的最低水平。事实上，2005年，私人净储蓄达740亿美元，远远低于小布什上任后首季度的1 390亿美元。此外，最新发布的数据表明，自1932年到1933年之后，2005年首次出现了负储蓄。

不仅私人储蓄有所下降，由于联邦预算赤字爆发，国家净储蓄也在下降。因此，美国从海外国家大量借钱，这会产生三个以下有害影响。[2]

第一，从外国借钱提高了美元的国际需求，使美元的价值也大大上升。由于进口产品的价格更低，出口产品的价格更高，对于美国本土公司而言，国际竞争压力会更大。美元价值更高也是很多公司把工作转移海外，以及福特和通用等公司大幅裁员，关闭工厂的部分原因，是导致美国有史以来贸易赤字的主要原因。

第二，向国外借钱会使国债继续增加，偿还债务的重担很可能落到下一代人身上。这会不可避免地导致高税率或者较低的政府开支，甚至二者同时发生。无论是哪种情况，下一代人都要"付双份"，一份是准备婴儿潮一代人的退休收入，另一份是偿还我们这一代人挥霍的国债。

第三，尽管供给学派认为赤字不会带来影响，巨额预算赤字仍使税率处于上升的压力中。事实上，现在共和党掌权，他们像喝醉的水手一样加剧了

---

[1] Ian Dew-Becker and Robert J. Gordon, "Where Did the Productivity Growth Go? Inflation Dynamics and the Distribution of Income," paper presented at the 81 st meeting of the Brookings Panel on Economic Activity, Washington, DC, 8-9 September 2005, 76.
[2] Foreign investors bought 81 percent of new treasury debt from March 2001 through September 2005. Gene Sperling and Christian Weller, "State of the Economy" (Washington, DC: Center for American Progress, 2006).

财政赤字,供给学派正全力以赴地反驳财政赤字能产生影响的观点,他们引用副总统迪克·切尼的话争论道:"里根政府已经证明了,赤字不会产生任何影响。"(可能有人劝过他们,只需咬定没有证据能说明赤字能够带来高税率)。保守派经济学家罗伯特·巴洛(Robert Barro)说:"20世纪80年代晚期,联邦的预算赤字有所增长,但是并没有证据说明他们提高了税率或者是降低了投资。"[1]白宫的预算主管米奇·丹尼尔斯(Mitch Daniels)说过:"一些人相信赤字和利率之间存在一定关系,但是我之所以称他们只是'相信',是因为他们根本一点儿都没有。我们能够发现,至少我们现在正在经历的赤字下滑,从历史角度来看相对温和,并不会带来任何影响。"[2]传统基金会的经济学家丹尼尔·米切尔也这样说:"经济学家们没有发现赤字和利率之间有密切的关系。"[3]美国经济顾问委员会(CEA)前主席曼昆称:

> 政府在良好的经济表现的核心问题上又犯迷糊了,最近一个现象就是,政府认为除了特殊时期,增加预算盈余是良好经济表现的一个关键指标。尽管本质上看,根本没有证据表明盈余和长期利率存在关系。最近的一个研究一意孤行地违背了全球资本市场不断增强的整体性,该研究的支持者认为,增加的财政盈余是经济快速增长的关键。[4]

没有证据?实际上,我们有令人信服的学术证据。正是这些证据使林德赛承认(尽管在1990年,他为小布什政府工作之前必须服从党的路线):"政府的高借款率是一个长期问题。"[5]正是这些证据为哈伯德引用,他在编写其著名的大学经济学教材(2001版)时写道:"20世纪80年代的巨额预

---

[1] Robert Barro, "Bush's Tax Cuts: Reaganomics Redux," *Business Week,* 20 January 2003.
[2] Mitch Daniels, "Press Briefing on the Budget by OMB Director Mitch Daniels," 3 February 2003, www.whitehouse.gov/omb/speeches/daniels_04budget.html (26 November 2005).
[3] Daniel J. Mitchell, "Supplement to 'The Impact of Government Spending on Economic Growth'" (Washington, DC: The Heritage Foundation, March 15, 2005).
[4] R. Glenn Hubbard, "A Framework for Economic Policy."
[5] Lindsey, *The Growth Experiment,* 11.

算赤字导致了更高的利率，抑制了经济增长，90 年代的预算盈余减少了利率，有助于促进经济增长。"① 正是这些证据使曼昆呼吁："减税所带来的扩张效应，在一定程度上由税收增加导致的预算赤字抵消，赤字能够提高利率，挤出投资。"② 也正是这些证据为布什经济顾问委员会所用，他们发现，预算赤字持续增长 1 000 亿美元（约相当于 GDP 的 1%），将会使长期利率增长 0.3%。③

2002 年，奥斯泽格和盖尔对关于研究赤字和利率关系的学术文献进行了总结，他们发现，尽管在某一特定年份的预算赤字不会产生重要影响，但是对长期预算赤字的预估会对利率产生重要影响。④ 美联储的经济学家托马斯·朗得巴斯（Thomas Laudbach）⑤ 在最近的研究中证实了这一发现。同样，在研究文献综述后，乔尔·斯莱姆罗德总结道："预算赤字占 GDP 的比重每增长 1%，实际利率将会增长 0.25%。"⑥

由于减税几乎无法增加个人储蓄，却能加剧国家债务，因此它会提高利率，相对减少投资。许多经济学研究发现，供给侧的减税对经济增长有害。美联储纽约银行的经济学家发现，20 世纪 70 年代，国家储蓄占国民生产总值的比重为 7%，80 年代政府借钱为赤字提供资金支持之后，这一比重下降到 3.5%，引起了国家投资从 7.1% 下降到 5.2%，经济的缩小量在 5.2% 到 3.5% 之间。经济学家伊萨贝尔·索希尔（Isabel Sawhill）发现，在未来 10

---

① R. Glenn Hubbard, *Money: The Financial System and the Economy* (4th ed.) (Reading, MA: Addison-Wesley, 2001), 653.
② N. Gregory Mankiw, "Remarks at the Annual Meeting of the National Association of Business Economists," Atlanta, Georgia, 15 September 2003, http://post.economics.harvard.edu/faculty/mankiw/columns/nabe.pdf (22 November 2005).
③ Slemrod and Bakija, *Taxing Ourselves*, 108.
④ William G. Gale and Peter R. Orszag, "Budget Deficits, National Saving, and Interest Rates," *Brookings Papers on Economic Activity*, Fall 2004, 101-87.
⑤ Thomas Laubach, "New Evidence on the Interest Rate Effects of Budget Deficits and the Debt," Federal Reserve Working Paper (Washington, DC: Board of Governors of the Federal Reserve System, May 2003).
⑥ Slemrod and Bakija, *Taxing Ourselves*, 107.

年，国债增加 5.3 万亿美元将会导致 2014 年的经济福利下降 1%。[1] 美国国会预算办公室总结道："2003 年布什减税引起的供给效果（与短期凯恩斯主义主张的把钱送到消费者手里相反）引起利率上升，最终导致私人储蓄在后来 5 年下降 4%。"[2] 这种分析给了供给经济学说致命一击。该分析中所利用的动态评分方法[3]，是布什政府的经济顾问迫切要求的，其中包括道格拉斯·霍尔茨-埃金（Douglas Holtz-Eakin），他曾是小布什总统经济顾问委员会的首席经济学家，主管美国国会预算办公室。

尽管如此，短期的临时性减税，尤其是降低边际税率，在经济放缓期间可能会促进增长。事实上，小布什总统在 2001 年的减税政策是正确的，不过减税应该是临时性的，而且重点不应集中在最高税率。此外，供给学派关于税收和投资的观点并非完全错误。如果减税带来的税收损失能够由削减的政府支出弥补，那么降低资本所得税（如利息、股息和资本收益等），能够对储蓄起到一定程度的积极作用。然而，经济合作与发展组织在进行了一系列调查之后总结道："总体来说，征收资本所得税会减少储蓄，但是程度不大。"比如，21 个经济合作与发展组织成员国的小组研究发现："资本所得税平均降低 40%，提高的储蓄占 GDP 的 0.5%。"[4] 这听起来像是一个大数字，但是在 2004 年，由此带来的私人储蓄的增加只有 3.3%，而且考虑到减税可能会增加国债，最后可能对国家储蓄带来负作用。

因此，增加国家储蓄的最佳政策就是偿还国债。经济合作与发展组织针对税收和增长的研究发现："由于对私人储蓄的研究存在实践上的不确定性，要提高国家储蓄，最佳方式应针对公共储蓄采取措施。"[5] 格林斯潘表示同意，

---

[1] Isabel Sawhill and Alice Rivlin, "Restoring Fiscal Sanity: How to Balance the Budget" (Washington: Brookings Institution, 2004), 9.
[2] Congressional Budget Office, "An Analysis of the President's Budgetary Proposals For Fiscal Year 2004" (Washington, DC: CBO March 2003).
[3] 动态评分法指，通过考虑政策提议对经济增长和税收收入的影响，来评估其对预算的影响。
[4] Leibfritz, Thornton, and Bibbee, "Taxation and Economic Performance," 8.
[5] Leibfritz, Thornton, and Bibbee, "Taxation and Economic Performance," 32.

第6章 低税率能增加储蓄、刺激投资吗

声称提高总储蓄的最佳方式是财政节制。就连哈伯德也认同，偿还国债在促进储蓄上更为确定。① 最近，他在国会上作证时指出：

> 与其实行激进的税制改革，促进经济增长更为确定的方式是减少赤字，这会直接增加国家储蓄（通过减少公众负储蓄）。税制改革是解决赤字问题的理想方式。就连税收中立的税制改革都会使很多美国人增加税收负担。如果税制改革的失败者们知道，他们的孩子会少交税，生活在更健康的经济环境中，他们会更愿意承受这样的负担。减少赤字的最佳方式是，关闭能够让企业和高收入人群避免公平交税的漏洞。②

尽管，哈伯德在白宫任职时并没有说出这番话，但是他一返回学术界就如此客观公正，的确值得称赞。

供给学派没有因这些发现退却，他们认为，当政府出现盈余时，任何公众储蓄的增加，都会自动地由于私有储蓄下降而被抵消。该理论被称为"李嘉图等价定理"，是由18世纪经济学家大卫·李嘉图提出，他认为公众储蓄增加，会使人们交的税更多，预估的未来税率会更低，从而私人储蓄会下降，抵消了增加的公众储蓄。最近，经济合作与发展组织对16个发达国家所进行的研究，对这一理论提供了部分支持。在1970年到2001年之间，财政增长的同时，私有储蓄从长期看下降了2/3。③ 尽管这一理论对大多数国家成立，对美国却并不成立。研究发现，在美国，从统计学意义上看，预算上的积极改变对私人储蓄没有重要影响。

尽管我们现在很清楚减税并不会增加储蓄，还可能降低国家净储蓄，不

---

① "The Economics of Savings: The Shift Away from Thrift," *The Economist,* 7 April 2005.
② R. Glenn Hubbard, "Tax Code Revision," Testimony to Committee on House Ways and Means Committee, 8 June 2005, 8.
③ "The Economics of Savings," *The Economist*.

过供给学派声称，至少在里根时期，减税促进了投资的反弹。林德赛认为："里根时期，经济繁荣的重要特点是商业投资的迅速增长。"[1]然而数据又再一次推翻了这一说法。正如图6—2所显示，在里根和老布什执政期间，私人投资占GDP的比例下降了，在克林顿政府期间回升，在之后的小布什执政期间再次下降。换句话说，增加税收时投资上升，减少税收是投资下降。过去10年发生了两次重大税收变化，许多经济学家开始怀疑，个人税率的改变到底对投资和储蓄作用如何？两个来自美联储的经济学家分析发现，里根时期的减税并没有为私人投资带来净增长。非居民的净投资占GNP的比重有所下降，从20世纪70年代的3.5%降到80年代的3%。[2]经济学家艾伦·奥尔巴赫（Alan Auerbach）总结说："1986年的减税政策对设备构造的投资规模作用不大。减税既没有带来经济增长，也没有产生更多资本。不过，90年代的增税政策却带来了投资反弹。"

图6—2　私人净投资占GDP的比重

来源：美国商务部，经济分析局。

事实上，大多数针对税收和储蓄关系的研究并无定论。经济合作与发展

---

[1] Lindsey, *The Growth Experiment*.
[2] M. A. Akhtar and Ethan S. Harris, "The Supply Side Consequences of U.S. Fiscal Policy in the 1980s" (New York: Federal Reserve Bank of New York, 1991).

组织总结道:"到今天为止,综合的证据表明,税制改革整体上对私人储蓄的作用不大。一些证据表明,由于税收收入受到损失,并因此引起公共储蓄下降,税制改革对国家储蓄可能产生消极作用。"[1]在为国家经济调查局审阅关于税收和储蓄关系的研究时,道格拉斯发现大多数研究估计储蓄对税率的弹性几乎为零。[2]换句话说,个人税率的改变无法决定储蓄率。他继续指出:"作为一个经济学家,学习哪怕最基本的实证问题的用处,是非常困难的事情,在意识到这一点并深感无奈之后,他才可以去评价关于税收和储蓄关系的冗长文献。"[3]税收政策专家乔尔·斯莱姆罗德同意:"如果实证显示,储蓄和税后收益之间存在明显的正向关系,那么我们所得税的成本,以及转换成消费税的经济福利是相当大的。然而,现在可用的证据并没有揭示出这种关系。"[4]他继续总结道:"许多研究得出的结论是储蓄对激励措施并不敏感……根据当前的证据,关于取消或降低储蓄收益税能大量增加储蓄的观点,都是值得怀疑的。"[5]

供给学派(和主流的非古典主义经济学家)如此重视储蓄,是因为他们相信储蓄可以促进投资。但是最终,他们并没有令人信服的解释来说明带动投资的真正因素。他们只是简单地假设,增加储蓄供给将会增加其需求(比如投资)。相反,凯恩斯理论认为,增加储蓄对促进投资几乎没有作用。事实上,凯恩斯主义的理论家们认为因果关系应该颠倒过来。增加的投资会带动更多收入,因此产生更多储蓄。增长经济学认为,不断提高的生产力和创新力能够带来更多储蓄,它不仅能实现盈余,而且能够带动对更多资本投资的需求。

---

[1] Leibfritz, Thornton, and Bibbee, "Taxation and Economic Performance," 111.
[2] Douglas B. Bernheim, "Taxation and Saving," in *Handbook of Public Economics* edited by A. J. Auerbach and M. Feldstein, (North Holland: Elsevier Science Publishers, 2002), 47.
[3] Douglas B. Bernheim, "Taxation and Saving."
[4] Slemrod and Bakija, *Taxing Ourselves*, 129.
[5] Slemrod and Bakija, *Taxing Ourselves*, 130.

减税和企业家才能

前面已经给出了令人信服的证据表明,减税不能增加储蓄,若将预算赤字考虑在内,还能够降低国家储蓄。供给学派并没有放弃,他们又发现了一个新理论来证明减税能够促进经济增长,即提高企业家才能。供给学派的经济学家布赖恩·韦斯伯里这样说道:

> 减税通过增加新型投资的动机而非刺激需求来起作用。在20世纪80年代早期,尽管税收大幅下降,消费者对传真机、手机、个人电脑或宽带网络连接器等产品没有兴趣。只有当一些小企业家冒着财富、时间和能力的风险,发展这些好的产品和服务后,这些产品才变得如此普遍。80年代,里根政府通过降低所得税和财产收益税,鼓励了这些企业家冒着必要的风险去发展新型科技。再解释一遍萨伊法则:供给创造需求。[1]

曼昆同意这个观点,认为:"降低个人税率帮助了独资、合伙人和税务细则 S 类等公司。对于这些纳税人而言,他们的收入流入了个人税收益中。这些措施都会减少公司的资产成本。"[2] 当小布什总统试图为其减税政策获得支持时也广泛地使用了这个观点,他声称:

> 我们正在推进议程,确保美国是企业家的天堂,是人们可以实现梦想的地方。该议程将从保持低税率、缩减政府开支开始。税收减免将使更多的钱进入到人们的口袋,这是经济增长的重要方面。然而税收减免总有到期的一天,在税收法案中,我们需要确定性。我们需要对冒险家说,在未来该税法依然有效。因此,我认为税收

---

[1] Wesbury, "Taking the Voodoo Out of Tax Cuts."
[2] N. Gregory Mankiw, "Remarks of Dr. N. Gregory Mankiw. Chairman Council of Economic Advisers at the Annual Meeting of the National Association of Business Economists."

第 6 章 低税率能增加储蓄、刺激投资吗

减免永久化非常重要。①

关于减税能激发企业家精神，并由此促进经济增长这一说法，存在很多问题。

第一，与国会两院使用的悦耳夸张的政治言辞不同，是大中型企业而非个人持有的小企业实现了令人瞩目的商业投资和研发，提供了新的产品和服务，促进了生产力增长。而个人税率不会影响到大中型企业。

第二，供给学派让我们相信，许多小企业受到个人税率减免的资助。哈伯德曾说，"在 2000 年，有 3 000 万个人收益列入小公司的收入"。② 这听起来是一笔不小的数目，直到你了解到其实任何人都可以拿点钱，将它列为清单 C（Schedule C）的公司收入③。我也可以成为其中之一，我答应出版商写这本书后会得到一笔预付款，尽管我是全职工作，这笔款项也可以算入上述统计。小布什总统也可以成为其中之一。他在一家油气公司持有部分产权。2001 年，他报告了 84 美元税收优惠的清单 C 收入。不过把我或者小布什总统称为小企业所有者，再怎么讲也有些夸张。哈伯德也同样承认："列入清单 C 的公司不能和研究固定投资决策的企业所有权混为一谈。"④ 事实上，1998 年的收益中收入超过 10 万美元的公司当中，只有 1/10 来自农场和未合并的企业。⑤

第三，如果个人税率这么重要，为什么新企业数量在克林顿政府征税后有所上升，而在小布什减税政策后有所下降呢？根据劳动调查局数据显示，1992 年约有 117 万新企业成立。1995 年，在克林顿政府征税之后，该数量上

---

① George W. Bush, President Outlines Economic Growth Agenda (White House Office of the Press Secretary, 26 October 2003).
② Hubbard, "Testimony before the Special Committee on Aging."
③ 在美国，个体户和独资企业者需要填写 Schedule C，即表格 1040 来向国税局报告盈亏情况。——译者注
④ R. Glenn Hubbard, "Commentary on Chapter 13," in *Does Atlas Shrug* edited by Joel B. Slemrod (Cambridge, MA: Harvard University Press, 2000), 457.
⑤ Martin A. Sullivan, "Do Economists Matter," *Tax Notes,* 15 January 2001, 278.

升为129万，1999年更是上升为142万，但是在2003年小布什政府减税后，该数量下降为134万。[1] 事实上，低税率和低自营率存在着明显的正相关性。就连20世纪80年代末，里根政府减税理应带动自我创业，但实际上美国的自营比例轻微下降。正相关性虽不能说明因果，但是使高税率损害企业家精神的说法更站不住脚。

第四，供给学派声称，减税能够让人们获得风险的回报，由此释放美国人民的激情。我们来看一下这一理论背后的逻辑。释放的意思是，美国人民的热情现在被束缚住了，他们只能在挣脱后，才会实现伟大的成就。那就让我们先来释放马克·安德森（Marc Andreessen）的热情吧，他设计了第一家图像网站浏览器马赛克（Mosaic），后来又创建了网景公司。如果他挣脱了束缚，他可能就不会念伊利诺伊大学电子科学系的研究生，因为政府对这所学校的支持很少，学生贷款也不多。由于政府给互联网公司的支持很多，那也就没有几家互联网公司会需要马赛克这样的应用。个人税率会很低就意味着马克会得到动力去硅谷创建网景公司吗？如果马克当时面对的最高税率是45%，而不是39.6%，那么他就不会去硅谷设计马赛克浏览器了吗？

帮助企业家和小企业的最佳方式，并不是在负债累累的同时进行减税，而是帮助他们发展企业。因此最佳方式就是保证经济增长，而降低企业税是无法实现这个目标的。

结论

小布什政府机械的增长观，即投入大量资金进行减税，期待着引起经济增长，早在1906年时可能行得通。现在的保守派，正通过那个年代来寻找灵感。之后出现了工业经济，它需要从大亨中获取积累大量财富来为大型工

---

[1] Clearly the 2001 recession did contribute to the decline in entrepreneurship. U.S.Department of Labor, Bureau of Labor Statistics, "Business Employment Dynamics."

第 6 章　低税率能增加储蓄、刺激投资吗

厂融资。如果政策制定者需要资金来为业务扩大到全国的公司或企业进行融资，他们可能需要向约翰·皮尔庞特·摩根（John Pierpont Morgan）等顶级富翁请求帮助。如果摩根的税收上升，他会投入更少的钱到强生电力公司和钢铁厂。因此，顶级税收政策专家托马斯·亚当（Thomas Adam）在1924年建议，对富人减税"是把钱还给为某些行业提供信贷供给的有钱人，他们是其正常的、自然的投资市场。"[①]

然而，这个1906年的经济政策显然跟不上现在的经济步伐。到了2006年，知识和竞争带动增长，创建投资机会；资产的成本要比其拥有者重要很多；资本市场具有广泛性和全球性。随着全球资本的流动，以及创新型融资方式的渗入，诸如买养老保险基金、共同基金和风险资本库等，美国现在已经拥有了全球最为创新和最具流动性的市场。先看一下一种可用资本的衡量方式，经济学家称其为M3（钱的最广泛定义，包括银行存款、货币市场存款账户及长期存款）。M3占GDP的比例由1960年的60%，增长为今天的81%，银行信贷由37%增加到56%，受管控的风险投资是1995年的5倍。最近，国外直接风险投资虽然由于经济放缓有所下降，但它从1995年的450亿美元变为2003年的950亿美元。威尔逊5000指数（Wilshire 5000 Index）是美国股票市场最广泛的指标，其市值占GDP的比例由1982年的35%增长到2002年3月的75%。

如今，并非有限的金融资本而是有限的人力资本抑制了经济增长。也就是说我们的资本很充足，好点子很少。拥有好的商业头脑的企业通常能够找到资本，但资本通常没有被好点子和投资的创新之处利用起来。这并不是说，税法中的企业税改革不能刺激公司投资，但是对个人减税并不是一个全面有效的经济增长方法。经济合作与发展组织在关于税收和投资的国际研究中指出，由于储蓄具有全球流动性，"税收政策作为政治的重要方面，为了

[①] Thomas S. Adams, quoted in Andrew Mellon, *Taxation: The People's Business*, 87.

提高投资，减税应直接针对投资本身，而不是针对储蓄。"[1]有效的策略不是对有钱人进行税收优惠，而是应该为企业提供激励措施，在研发、劳动力培训以及资本装备上进行投资（包括软件）。与其对富人进行减税，并寄希望于他们能够存储其中的一部分，然后将这些储蓄对美国的企业进行投资，不如实行上述措施，加之以正确的直接公共投资方式。由此一来，肯定会提高效率，降低成本，从而更有进步意义。

---

[1] Leibfritz, Thornton, and Bibbee, "Taxation and Economic Performance," 24.

SUPPLY-SIDE
FOLLIES
第 7 章
降低税率能增加税收

> 保佑年轻人吧,他们得继承国家的债务了。
>
> 美国第 31 任总统赫伯特·胡佛

在供给学派的众多主张中,或许最广为人知和富有争议的是减税提高政府收入。正如经济学家大卫·亨德森所指出的:"'供给学派'这一术语指的是一类人群,他们相信减税 x% 后,会起到促进工作、增加储蓄、刺激投资以及减少避税的作用,由此使得税收的减少量低于 x%,甚至有所增加。"[①] 在 20 世纪 70 年代末期,这个免费的减税午餐概念因阿瑟·拉弗而为人熟知,其拉弗曲线预测,税率超过一定值后,由于人们会减少工作和投资,增加税收不会产生收入。

从某种程度上讲,拉弗是正确的。如果政府对工作收入和投资收入 100% 进行征税,那么几乎就不会存在工作、投资和收入。另一方面,如果

---

① David R. Henderson, "Are We All Supply-siders Now?," *Contemporary Economic Policy* 7, no. 4 (1989): 116-28.

不征税，就没有税收。[1]但这个简单的构想并没有告诉我们什么有用的东西。我们真正需要了解的是，曲线上的哪个点会使增税导致收入下降？税率从39.6%降至35%，会增加税收还是减少税收？

SUPPLY-SIDE FOLLIES

为何减税不能增加税收

1. 既然对个人减税无法促进就业，增加储蓄，刺激投资，它就无法加快经济增长，带来更多收益。
2. 自20世纪80年代开始，最高边际税率已经偏低，并且远低于拉弗曲线上减税能增加收入的点。
3. 尽管减税能引起税收转移，减少免税活动，由此增加部分收入，但是增加的收入绝不可能弥补由减税带来的税收损失。

SUPPLY-SIDE FOLLIES

拉弗曲线无法回答这个问题，但调查清楚地显示，除非税率比过去20年的水平高得多，否则较低的税率将意外地带来较低的政府收入。正如乔尔·斯莱姆罗德指出："关于减税不会增加收入的问题，除了最忠诚的供给学派，其他人都承认了。"[2]

很多供给学派不仅承认了，而且相当一部分声称他们根本就没有说过减税会收回成本，或者称他们以前的说法是个错误。保守派经济学家史蒂芬·莫尔认为："里根总统和他的经济顾问从来都没有预测过，降低税率可能增加税收收入，他们只是简单地预测到，降低税率带来的税收损失要低于预期值。"[3]前里根政府的经济学家威廉斯·尼斯坎南也称："供给经济学从

---

[1] It's possible that some people work out of other motives than pecuniary ones, such as altruism.
[2] Joel Slemrod and Jon Bakija, *Taxing Ourselves: A Citizen's Guide to the Debate over Taxes* (Cambridge, MA: MIT Press, 2004), 151.
[3] Stephen Moore, "Think Twice about Gregory Mankiw: This Harvard Economist Does Not Belong on the Bush Economic Team," *National Review Online*, 28 February 2003, www.nationalreview.com/moore/moore022803b.asp (accessed 25 November 2005).

来没有断言，减税能够带来普遍的税收增加，政府的经济学家和里根政府的预算预期，也从来没有过这些论断。"①

许多供给学派经济学家承认，一些极端的拉弗主义分子声称减税能够收回成本。他们把这些人称作是害群之马，认为他们不利于"常规"的供给学派实行减税政策。马丁·费尔德斯坦告诉我们："供给学派的极端分子给本质上好的政策戴上了坏帽子，并造成了很多问题，不仅产生了随后的预算赤字，而且在这些赤字变得明显时，使修正政策更加困难。"②威廉斯·尼斯坎南也试图与这些烦人的拉弗主义者脱离关系，声称"供给学派预测的减税能够收回成本，从一开始就毫无道理，因为有充分的证据表明，每一美元的税减最多能够带来35%的收益。我们真的那么贪婪吗？在还未消化免费午餐的时候，就要接受一顿免费的晚餐了吗？"③布什政府不断告诉美国人，减税能够削减预算赤字，供给学派肯定认为这是正确的。小布什总统曾经常发表这样的言论："要持续削减赤字，我们必须使利率保持在低水平，"④以及"华盛顿的一贯思维是，减税有助于我们削减开支。它对财政有利，能够带动经济活力。"⑤

不仅是小布什政府声称要推行更多的减税政策，来削减预算赤字。相关记录显示，80多年来，供给学派的经济学家和保守主义的民选官员一直在唱老调子。1924年，柯立芝政府的财政部长安德鲁·梅隆在主张降低边际税率时，声称："高税率不一定增加政府收入，低税率却可以。"⑥ 60年后，

---

① William Niskanen, *Reaganomics: An Insider's Account of the Policies and the People* (New York: Oxford University Press, 1988).
② Martin Feldstein, "Supply Side Economics: Old Truths and New Claims" (working paper 1792, National Bureau of Economic Research, Cambridge, MA, January 1986), 5.
③ William A. Niskanen and Stephen Moore, "Supply Tax Cuts and the Truth about the Reagan Economic Record," Cato Policy Analysis no. 261 (Washington, DC: Cato Institute, 22 October 1996).
④ George W. Bush, "President Outlines Economic Growth Agenda," White House Office of the Press Secretary, 26 October 2005.
⑤ George W. Bush, "President Discusses Strong and Growing Economy," Chicago, 6 January 2006, www.whitehouse.gov/news/releases/2006/01/20060106-7.html (accessed 31 January 2006).
⑥ Andrew Mellon, *Taxation: The People's Business* (New York: Macmillan, 1924), 16.

里根时代的官员重复了这一主张。前里根政府的官员保罗·克雷格·罗伯茨承认："里根在竞选期间，承诺过会平衡预算，这是一个传统的共和党话题。供给学派的拉弗主义使它非常容易实现。"[1]美国国会预算办公室的预算预期正确地估计到，里根政府的减税政策会带来更严重的预算赤字，《华尔街日报》的社论对此予以否定："如果你认为任何估计能够告诉你1984年的赤字情况，你还不如躺下来休息，等到了那一年你就知道了。"[2]供给经济学的拥护者裘德·万尼斯基表示同意："里根总统的减税政策生效以及赤字膨胀使得税率降低，这种组合表明，长期的低税率将在未来几年里带动经济增长，预算赤字最终会恢复到盈余状况。"[3]

里根总统也通过拉弗曲线来推行他的减税政策。他很喜欢引用14世纪阿拉伯史学家阿宾·可哈顿（Ibn Kahldun）的话："在朝代创立之初，税收从很小的估值中会产生大量收益，但是在朝代濒临灭亡之时，税收会从巨额的估值中产生很少的收益。"[4]在推行1981年的减税政策时，他宣称：

> 我坚信，在过去几周，我所构想的经济复苏一揽子计划是我们剩下的唯一解决方式。削减政府开支，降低边际税率，放松过分管制，以及实行非通货膨胀的可预计的货币政策。在这些措施组合的保证下，我们能够解决危及未来经济的错置问题。这些政策会使我们的经济更加强劲，并实现我们的承诺，即在1984年之前实现预算平衡。[5]

---

[1] Paul Craig Roberts, *The Supply-Side Revolution: An Insider's Account of Policymaking in Washington* (Cambridge, MA: Harvard University Press, 1984), 90.

[2] Quoted in Roberts, *The Supply-Side Revolution,* 128.

[3] Jude Wanniski, "Fall 2003 SSU Lesson #5 The Laffer Curve," www.wanniski.com/PrintPage.asp?TextID = 2965 (accessed 22 November 2005).

[4] 'Abd-ar-Rahman Abu Zayd ibn Khaldun, *The Muqaddimah: An Introduction to History,* trans. Franz Rosenthal, ed. N. J. Dawood (Princeton, NJ: Princeton University Press, 1967), 23.

[5] Ronald Reagan, "Economic Recovery Program" (speech delivered 28 April 1981), www.townhall.com/documents/recovery.html (accessed 22 November 2005).

第 7 章　降低税率能增加税收

他继续声称，取消或者拖延其减税计划将会"放缓复苏进程，抑制税收收入，并且使预算赤字长期居高不下"。① 换句话说，若不进行减税，收入会减少。或许正因如此，里根总统打趣地说道："我并不担心赤字，它那么大了，能够照顾好自己。"正如《商业周刊》所评论的："里根总统和他的供给派顾问相信大幅降税能够促进经济增长，带来更高的税收收入，由此收回成本。然而事实并非如此。"② 事实上，在里根政府和小布什第一任期时，每年都是预算赤字。

供给学派关于减税能够增加主要收入的倡议过于普及，以至于供给学者曼昆抱怨说："过去，一些供给学者将他们的主张推向极端，比如减税对经济的促进作用如此强大，以至于能实现自我集资。里根执政的经验使这一理论不攻自灭。"③ 在曼昆最畅销的宏观经济学教材中，曼昆总结道："在里根执政的这几年里，人们纷纷不顾健康地节食，但是鲜有人能减肥成功。同样，政治家们依赖害群之马的政策建议，却几乎未能得到预期结果。里根当选后，国会通过了其倡导的减税政策，但是他并未增加财政收入。"④ 不过曼昆仍然没有完全反对拉弗主义，"大多数情况下，我并不相信，减税带来的收益能够大到使政府收回成本，但是它可能会在很大程度上起到抵消作用。"⑤ 这也就是说，减税并不能够为政府赚钱，但政府也不会损失太多。

---

① Roberts, *The Supply-Side Revolution,* 230.
② *Business Week,* "The Real Economic Legacy of Ronald Reagan: There's Much More to It Than Tax Cuts and Small Government," 21 June 2004, 154.
③ Gregory Mankiw, "Remarks at the Annual Meeting of the National Association of Business Economists," Atlanta, GA, 15 September 2003, http://post.economics.harvard.edu/faculty/mankiw/columns/nabe.pdf (accessed 22 November 2005).
④ Mankiw omitted these offending passages in his latest edition of *Macroeconomics* after George W. Bush was elected president. Nevertheless, unappreciative hardcore Lafferites opposed his nomination as head of the CEA. For example, Stephen Moore campaigned against Mankiw's being appointed to the CEA under Bush, stating, "This (CEA chair) is a pivotal position in the White House. It is imperative that President Bush put a strong and persuasive advocate of supply-side economic policies in this top job-someone to help sell the financial benefits of the current tax-cut plan and pursue even bolder progrowth policies down the road." Stephen Moore, "Think Twice about Gregory Mankiw: This Harvard Economist Does Not Belong on the Bush Economic Team," *National Review Online,* 28 February 2003, www.nationalreview.com/moore/moore022803b.asp (accessed 25 November 2005).
⑤ Mankiw, "Remarks at the Annual Meeting of the National Association of Business Economists."

供给学派是如何认定减税能增加收益的呢？是通过创造工作，增加储蓄，还是刺激投资呢？实际并不完全是这样。林德赛承认："关于减税能够影响税收，没有理由怀疑供给要素是其唯一或主导方式。"[1]相反，"改变投资组合行为以及工资补贴形式更能起到决定作用。"换句话说，减税不能促进就业、增加储蓄，但它可以让人们重新安排收入，以此多缴税。我们在第6章已经讨论过，低税率可以使纳税人，尤其是高收入的纳税人重新安排自己的财务。林德赛认为，正是这种税收调整，若里根政府的减税政策针对有钱人，的确能获得收益；若针对中产阶级，则会产生盈亏持平；若针对普通大众，税收则会遭受损失。[2]

稍等一下。即使减税能够鼓励部分有钱人少捐款，避免把收入转换为股票期权，少投资免税的政府债券，最后带来的影响也不会太大。事实上，这种税收转移对经济增长几乎没有作用。尽管它能够带来税收收入，不过远远无法弥补税收损失。这就好比是说，"我们减税虽然不会带来经济增长，但是至少我们每美元才损失了75美分啊！"实际结果更糟糕。如果由于纳税人并没有从税收中扣除同样的收入，减税不能带来一一对应的收入损失，它就意味着纳税人减少捐款，减少对低收入的房产投资，少买市政债券，还会减少社会需要的投资。

或许，我们可以将20世纪80年代供给学派对拉弗曲线的信念记录为"年轻的热情"，不过同年代的减税政策对预算的影响并非完全与其一致。然而，许多早就高举拉弗曲线旗帜的供给学者没有这类借口。林德赛承认一些供给学者"坚持正确的减税政策会带来收益"。[3]他本人就是其中之一，在其1990年出版的《增长试验》(*The Growth Experiment*)一书中，他的语气有时极像拉弗："因此，在个人所得税的边际税率低于1982年以前的70%时，

---

[1] Lindsey, *The Growth Experiment*, 7.
[2] Lindsey, *The Growth Experiment*, 10.
[3] Lindsey, *The Growth Experiment*, 8.

很有可能出现收入最大化。"①或许真的如供给学派所言，过高的税率的确会减少收入，至少使其不会像预期的那么高。但是该争论从来不是围绕拉弗曲线正确与否。在某种程度上，过高的税率会减少收入，但是没有证据表明低于45%的税率在此范围内。林德赛继续指出："增税会减缓经济增长，不仅体现在财政上，对全体美国人都是如此。"②也就是说，增税会减少财政收入。

1996年，由于鲍勃·杜尔声称减税能收回成本，其全面减税10%的提议得以通过。同年，一项研究发现，如果自1948年起税率就大幅削减，政府的收入会大于损失，"足够为所有拟定的项目提供资金支持，并能消除赤字"，③《福布斯》杂志对这一研究表示称赞。5年后，传统基金会认为，减税"将刺激经济增长，由此增加税收收入"。④2001年，拉里·库德洛预测，布什的减税政策会使"未来的财政盈余不降反升，从而为新的税收改革和政府精简铺路"。⑤曼昆认为，废除遗产税实际上会使收入大于损失。⑥

2001年，在分析实行17%的单一税率带来的的税收影响时，前共和党总统候选人皮特·杜邦（Pete du Pont）辩称，其结果将是"非常积极的，降低所得税会提高税收"。⑦一年后，哈伯德指出："较低的边际税率及对生产存在风险的税率能够建立长期预算资金，属于促进经济增长的税收政策。"⑧

---

① Lindsey, *The Growth Experiment*, 35.
② Lindsey, *The Growth Experiment*, 179.
③ Peter Brimelow, "It's the Taxes Stupid," *Forbes* 157, no. 3 (12 February 1996): 461.
④ Peter B. Sperry, "Growing Surplus, Shrinking Debt: The Compelling Case for Tax Cuts Now" (Washington, DC: Heritage Foundation, 7 February 2001), 6.
⑤ Larry Kudlow, "Looking Up, Down the Road," *National Review Online,* 29 May 2001, www.nationalreview.com/kudlow/kudlow052901.shtml (accessed 24 November 2005).
⑥ Gregory N. Mankiw, "Remarks at the National Bureau of Economic Research Tax Policy and the Economy Meeting" (Washington, DC: National Press Club, 4 November 2003), www.whitehouse.gov/cea/NPressClub20031104.html (accessed 23 November 2005).
⑦ Pete du Pont, "Flattery Will Get You Everywhere: On Tax Reform, Steve Forbes Has the Right Idea," *Wall Street Journal,* Wednesday, 31 August 2005, www.opinionjournal.com/columnists/pdupont/?id=110007183 (accessed 26 November 2005).
⑧ R. Glenn Hubbard, "Economic Outlook and Economic Policy" (remarks at the Macroeconomic Advisers Conference, Washington, DC, 19 September 2002, http://www O.gsb.columbia.edu/faculty/ghubbard/speeches/9.19 .02.pdf (accessed 26 November 2005).

后来，他争辩说："总统在 2003 年 1 月份提出的税收减免并没有显著恶化政府的财政状况。"① 最近，史蒂芬·莫尔（Stephen Moore）认为，2005 年税收收入的增加"令人瞠目结舌地为拉弗曲线平反"。② 实际上，这种温和的增长只是经济长期乏力后复苏的结果。不是拉弗曲线得到平反，而是供给学派依然认为，降低税率不会产生较低的税收收入。

或许正是对拉弗曲线的信念，布什政府的预算预测才会过于乐观，以至于背负骂名。正如丹尼尔·格罗斯（Daniel Gross）指出，在"2002 年 2 月，政府预计 2003 年的收入为 2.048 万亿美元……然而实际只有 1.782 万亿美元，比预期值低了 13% 左右。第二年，政府预计，2004 财年的收入将从 2003 财年的估值 1.8360 万亿增长到 1.9220 万亿美元，预计涨幅 4.6%，但实际收入只有 1.88 万亿美元，"格罗斯指出，"检测的模式？有个声音告诉我，当政府承诺用动态统计时，他们其实并不是真的这么想。"③

如果选民们知道减税会带来预算赤字是不变规律，他们可能会不太愿意支持低税率以及推行减税政策的民选官员。正是这个原因，使《华尔街日报》如此担心，它在 1981 年警告说，如果人们意识到拉弗曲线是不成立的，"我们在未来三年又会重蹈覆辙，允许通胀来增加税收收入，以此平衡预算。"④ 事实上，供给学派的担心有些道理，偿还国债会阻止进一步的减税（正如许多自由派凯恩斯主义者担心，还清债务对未来的消费增长起到抑制作用）。保守的经济学家约翰·马金（John Makin）认为，"与只是为了稳定债务与国内生产总值的比率相比，在未来十年内，简单还清国家债务的最大

---

① R. Glenn Hubbard, "Testimony before the Special Committee on Aging," United States Senate, 4 February 2003, 14, http://aging.senate.gov/public/_files/hr92gh.pdf (accessed 21 November 2005).

② Stephen Moore, "Real Tax Cuts Have Curves the Economy Booms, and Arthur Laffer Has the Last Laugh," *Wall Street Journal*, 19 June 2005, www.opinionjournal.com/extra/?id = 110006842 (accessed November 2005).

③ Daniel Gross, "Field of Dreams," *Slate*, 2 February 2004, www.slate.com/id/2094801 (accessed 25 November 2005).

④ *Wall Street Journal*, "John Maynard Domenici," 16 April 1981.

缺点在于提高税收和税率水平。"①他接着又提出一个问题,"花一万亿美元来降低税率,难道不比偿还一万亿美元的联邦债务,而使税率维持在目前水平对经济更有利吗?"他把偿还国家债务的提案称为"荒谬的想法"。

来自现实经验的证据

想要反驳拉弗曲线,只需看看前 25 年的现实经验。在里根政府的减税政策之后,财政赤字激增。后来,克林顿政府实行增税政策,两党的《1995 预算协议》通过后,财政赤字转变成财政盈余,使美国偿还了部分前几十年积累的国家债务。随后的小布什政府又实行减税政策,预算赤字卷土重来。这并不是说,克林顿政府的增税政策是预算周转的唯一原因。显然,始于 20 世纪 90 年代中期的技术导向型经济转型提供了有力的助推作用,不过税收政策也起到了正面作用。

由于 20 世纪 80 年代的预算赤字否认了拉弗主义,供给学派遭受到了无数指责,唯独其减税政策躲过一劫。让我们来看看事实。美国联邦政府为了向第二次世界大战提供资金支持,积累起巨额财政赤字,1946 年,美国的国家债务达到顶峰,占 GDP 的 118%。随着经济增长,大多数共和党和民主党政府实行财政节制,到了卡特执政的最后一年,公共债务占 GDP 的比例下降到了 26.5%。但是,里根政府的债务增加,却超过了前 39 届政府的债务总和,到了比尔·克林顿上任时,债务占 GDP 的比例增长到了 64%。②

供给学派并没有否认这些数字,但是他们声称罪魁祸首是增加的开支而非减税。林德赛声称:"里根政府的减税政策只是导致赤字加剧的微不足道

---

① John Makin, "The Mythical Benefits of Debt Reduction," Washington, DC: American Enterprise Institute, 2000, l.
② The national debt refers to the total amount of money the government owes bondholders. The budget deficit refers to the gap between government revenues and expenditures in any particular year. A deficit in one year makes the national debt larger.

的原因。① 保罗·克雷格·罗伯茨同意这一说法，认为"里根时代政府赤字之所以发生，是因为通货膨胀率远远低于预算假设，实际支出高于预测"。② 里根自己也赞同上述观点，在1982年指出："舆论想让你们相信是我们实行的所谓大幅减税和国防支出加剧了赤字……然而真相是，当前以及预计的赤字是由非国防开支的激增引起的。"③ 最近，小布什总统的预算主管米奇·丹尼尔斯试图改写20世纪80年代的预算史，以此捍卫布什的减税政策。他敦促我们：

> 最重要的是了解真正的历史。20世纪80年代的减税政策与60年代的减税政策，以及其他大多数的减税政策一样，使税收收入在未来几年大幅上升。当前的情况比20世纪80年代要复杂，不仅涉及防御系统的重建，还涉及国会希望在多方面增加的财政支出，以及只有深化减税才能使经济疲软有所提振。正是这些造成了赤字激增。因此，如果我们按照布什总统的提议，采取积极的措施来促进经济增长，财政盈余很有可能会出人意料地回归。④

让我们来看看美国管理与预算局的数字。在里根政府时期，联邦税收收入占GDP的比例下降了1.5个百分点，从20.1%下降到18.6%。而同期所得税的降幅更大（如图7—1所示）。由于收入下降，债务上升，在1981和1995之间，用于利息支出的预算占GNP的比例从2.3%上升至3.3%。此外，增加的财政支出是里根政府所希望的，并非民主党造成了无法控制的支出。在1980财年和1984财年之间，国防支出占GDP的比例从5.3%增加到6.4%，

---

① Lindsey, *The Growth Experiment,* 12.
② Paul Craig Roberts, "My Time with Supply-Side Economics," *Independent Review* 7, no. 3 (Winter 2003): 393-97, www.vdare.com/roberts/supply_side.htm (accessed 21 November 2005).
③ Roberts, *The Supply-Side Revolution,* 296.
④ Mitch Daniels, "Press Briefing on the Budget by OMB Director Mitch Daniels," 3 February 2003, www.whitehouse.gov/omb/speeches/daniels_04budget.html (accessed 26 November 2005).

非国防支出从 15.1% 下降到了 14.1%。①

图 7—1 所得税收占 GDP 的比重

来源：美国预算部门，管理和预算办公室，2007 财年。

由于减税造成的利息支出不应被低估。通过减税来"使野兽们挨饿"的一个问题是，国家债务带来的利息支出不断增加。记者迈克尔·金赛（Michael Kinsey）通过计算发现，如果 1 美元的税收减免使消费支出减少了 50 美分（最乐观地估计），由于复杂增长的利息支出，政府总支出在 20 年内才能回到初始水平，然后才开始增长。②

比尔·克林顿当选总统后，他继承了里根政府对财政不负责的特点。但是，克林顿通过提高税收，与国会的共和党合作来控制支出增长，成功减小了赤字。因此，1992 年时高达 2 900 亿美元的预算赤字，到了 2000 年变为 2 360 亿美元的盈余，而国债有所下跌（见图 7—2 和 7—3）。克林顿政府增税后，所得税占 GDP 的比例从 1993 年的 7.2% 增长到 2000 年的 10.2%。就连曼昆都相信这种常识性的方法："了解我们如何实现这般良好的局面至关重要。克林顿声称他成功减小了政府规模，出乎意料，不过这话确实有些道

---

① Martin Feldstein, "Supply Side Economics: Old Truths and New Claims" (working paper 1792, National Bureau of Economic Research, Cambridge, MA, January 1986).

② Michael Kinsey, "A Beast of an Idea: Can Big Deficits Starve the Government Down to Size? Not in This Universe," *Time,* 12 January 2004, 84.

理。联邦支出占 GDP 的百分比由 1993 年的 21.5% 下降到 1999 年的 18.7%，为 1974 年以来的最低水平。如此算来，联邦支出占 GDP 的百分比下降了 2.8%，而在长达 8 年的"里根革命"中，降幅只有 1%。也许我们已经学到了重要的一课：民主党总统与共和党控制的国会组合在一起，要比相反的组合方式在财政上更加保守。"[1]

图 7—2 联邦预算赤字占 GDP 比重

来源：管理和预算办公室。

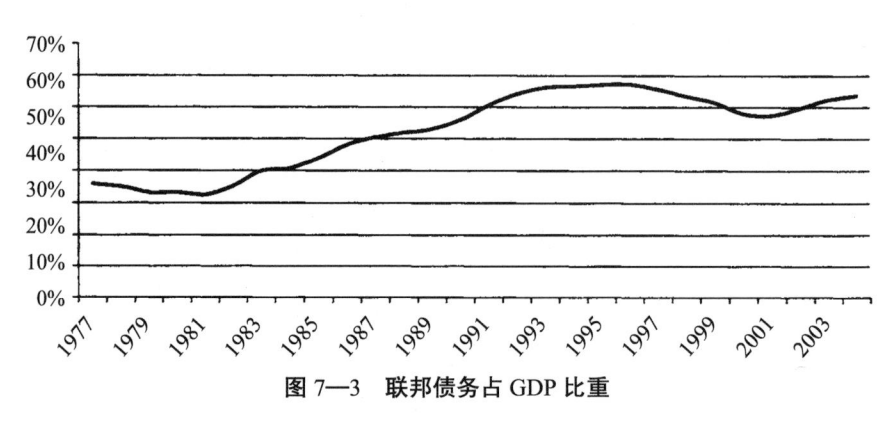

图 7—3 联邦债务占 GDP 比重

来源：管理和预算办公室。

---

[1] N. Gregory Mankiw, "Candidates Need Clues, Not Tax Plans," *Fortune,* 20 March 2000, http://post.economics.harvard.edu/faculty/mankiw/columns/marOO.html (accessed 22 November 2005).

第 7 章　降低税率能增加税收

上述的财政组合当然比目前由共和党总统和共和党国会的管理组合更加负责。虽然布什总统在 2001 年上任时，盈余高达 1 280 亿美元，然而到了 2004 年，财政收支就逆转为 4 120 亿美元的赤字。在布什的第一个任期内，共和党控制的国会将国债限额增加到令人惊异的 3 万亿美元，这比美国历史上累计债务的总量还要高 50%。在布什执政的前 5 年里，国债增加了 1.7 万亿美元。美国目前的国债总额为 7.4 万亿美元，平均分到每个美国工人身上，约为 49 600 美元，甚至超过了其平均年收入。

与里根政府当年如出一辙，布什政府将最近的债务膨胀归咎于过高的政府开支。这一次，他们说对了一部分：巨额开支与过高的税收增加造成了这次不良局面。虽然克林顿政府联邦支出占 GDP 的比例有所下降，从 1992 年 21.8% 降至 2000 年的 18.2%，但在 2005 年又增至 19.5%。自由主义里根研究所指出，布什"花起人们的钱来很大方，这些人没有站出来反对他，要么是因为他们太年轻，要么他们还没有出生"。[1] 共和党的财政鹰派人物皮特·彼得森（Pete Peterson）打趣地说道："所谓的保守派就是些像 36 任总统——不曲意逢迎的 LBJ［林登·约翰逊］。他们必须要拥有这一切——大炮、黄油和减税。"[2]。

造成赤字和国债失控的原因之一是，布什政府未能与共和党控制的国会合作，扩大预算控制。在克林顿政府时期，该措施有效地控制了开支，并限制了减税。此外，小布什总统对所有的开支法案都很中意，成为自约翰·昆西·亚当斯（John Quincy Adams）以来，第一位在整个任期内通过了所有立法的总统。里根能稍微强一些：他执政期间的联邦开支增速是第二次世界大战以来的最高水平。事实上，有证据表明，所谓的"使野兽们挨饿"计划适

---

[1] Jacob Sullum, "A Flood of Red Ink: The Fiscal Fallout from Hurricane Katrina," *Reason Online*, 23 September 2005, www.reason.com/sullum/092305.shtml (accessed 25 November 2005).

[2] Peterson finds it especially galling that Bush tax cuts amount to "a tax cut for us, but a tax increase on our children." Peter G. Peterson, *Running on Empty: How the Democratic and Republican Parties Are Bankrupting Our Future and What Americans Can Do About It* (New York: Farrar, Straus & Giroux, 2004).

得其反，低税率带来了高支出。自由主义的卡托研究所最近得出的结论是，"控对失业率的情况下，1981年至2000年的联邦开支占GDP的百分比增长了1.5个百分点，而联邦税收收入的相对水平下降了1个百分点。"[1] 如今，虽然供给学派普遍称，减税的收益并不会高于成本，大多数供给派学者认为它也不会带来一一对应的损失。如果真是如此，那么要通过减税"使野兽们挨饿"的效果，和阿特金斯饮食法差不多[2]。

即使联邦开支有所增加，它占经济的份额仍低于过去40年的平均值，这很大程度上是20世纪90年代为限制支出增长做出的努力。[3] 收入方面存在更严重的问题。2004年，联邦收入为国内生产总值的16.2%，而1962年到2001年的平均比值为18.3%。[4] 非社会保险的资金收入占GDP的比重从15.1%下跌至11.3%，创62年来新低。[5] 公民税收正义组织的负责人罗伯特·麦金太尔（Robert Mcintyre）将1943年以来的非社保收入占经济的比重进行排名：2003财年和2004财年，并列倒数第一；2002财年，倒数第三；2005财年，倒数第五。尽管不景气的经济部分造成了收入的下降，但主要原因在于布什政府的减税政策。布什刚上任时，所得税税收收入占GDP的比例为9.8%，之后大幅下滑，到2004年降至6.9%，总额从2000年的10 040亿美元降至7 650亿美元。盖尔和奥斯泽格估计，2004年的减税政策使税收收入减少了约2 860亿美元，占GDP的2.5%。[6] 即使是美国政府的内部组织管理和预算办公室，在2004年的中期会议中也承认了这一点，计算得出减税对预算恶化的影响程度达到了57%。[7]

---

[1] William A. Niskanen, '" Starving the Beast' Will Not Work," *Cato Handbook on Policy,* 6th ed. (Washington, DC: Cato Institute, 2005), 114.
[2] 阿特金斯减肥法强调少食用精制碳水化合物，但可以多吃蛋肉鱼等食物。——译者注
[3] David Kamin, Richard Kogan, and Robert Greenstein, "Deficits and the MidSession Review: The Administration's Efforts to Make Harmful Deficits Appear Benign" (Washington, DC: Center for Budget and Policy Priorities, 1 October 2004), 2.
[4] Kamin, Kogan, and Greenstein, "Deficits and the Mid-Session Review," 11.
[5] Robert S. Mcintyre, "Down Is Up (Or So Some Say)," *American Prospect,* August 2005, 9.
[6] Gale and Orszag, "Tax Policy in the Bush Administration: Revenue and Budget Effects," *Tax Notes* 105, no. 1 (2004): 105-18.
[7] Kamin, Kogan, and Greenstein, "Deficits and the Mid-Session Review," 2.

第 7 章 降低税率能增加税收

布什政府试图用三种方式为他们财政的不节制进行辩护。

第一，他们认为国债占 GDP 的比重并未达历史新高。但是，国债的峰值出现时，美国已经承诺全面参与第二次世界大战，因此国债没有一个适当的基准值。克林顿政府的情况稍好一些，年平均赤字占 GDP 的比例约为 0.25%，而布什政府时期的比例为 1.9%。

第二，他们声称计划将赤字砍半。然而，这就像是打篮球比赛时，以 30 分之差输掉比赛的球队声称下一场比赛会把差距缩小到 15 分，然后赢得胜利。此外，即使他们能实现预期目标，债务仍然会增加，因此该成绩也是令人怀疑的。更坏的是，他们根本无法将赤字减半，因为其赤字预期的假设过于乐观，比如，减税不会永久化，不会再有更多的税，以及根据通货膨胀调整后，除去国土安全的国内可支配开支将被削减，使其低于 2004 年统一开支的 12%。①

现实的预算预计情况更令人沮丧。最近，国会预算办公室在要求下进行了研究，假设在布什的减税政策通过，之前的减税实现永久化的情况下，未来的预算预期水平如何。该研究还假设了用在伊拉克的花费将大幅削减，国内机构的预算紧缩，以及实行新的社会保险账户。该研究预测，预算赤字到 2009 年会增加到 3 700 亿美元，远远高于布什当年预计的 1 620 亿美元。更糟心的是，随着婴儿潮一代步入退休，预算赤字在 2015 年将达到 5 210 亿美元。

把支出用于研发、教育和基础设施的投资是一回事，然而绝大部分支出用于支付联邦债券持有者的利息。利息支付预计在 2008 年增加至 2 540 亿美元，因此每个工作的纳税人每年要付 1 400 美元，相当于其支付的医疗保险和处方药费的总和。② 事实上，在 2001 年，国债占 GDP 的比例占 33%，为近年来最低水平，在合理的假设下，该比例预计将从 2004 年 38% 增长到

---

① Isaac Shapiro and David Kamin, "Concentrating on the Wrong Target" (Washington, DC: Center for Budget and Policy Priorities, 5 March 2003).
② Data on consumer expenditures from U.S. Bureau of Labor Statistics, www.bls.gov/cex/csxannOl.pdf.

2013年的46%，随着婴儿潮一代退休集体，飙升至难以维持的水平（接近GDP的100%）。此外，长期的情况可能更加不容乐观。

第三，他们宣称，他们正在试图削减开支，但民主党不允许。的确有许多民主党人反对限制支出，尤其是在社会险和医疗保障等所需领域。但是一些共和党人也同样如此。此外，还有很多其他方面的预算，如支持农业价格、扩大美国航空航天局、增加国防开支和医疗保险，政府已经带头支持，至少没有采取任何控制其增加的举措。

面对这种财政混乱的局面，前布什预算主管米奇·丹尼尔斯的回应是，政府财政处于"正常状态"。[1] 现实是："我得告诉14岁的儿子，他长大后要交纳更高的税或减少支出来偿还国债。到了2015年，当他22岁，刚从大学毕业，山姆大叔将送他一份惊人的大礼——82 000美元的待付票据（预计其国债份额为137亿美元）。[2] 当我们要求青年人冒着生命危险加入军队，为反恐战争担负起首要责任时，我们的所作所为却没有对下一代的财政负责。这样合适吗？

关于减税和收入的证据

如果拉弗主义者想要在学术研究中寻求安慰，他们一定会失望的。关于减税对政府收入效应的大多数研究支持普遍的观点，即减税能减少收入。剩下的一些研究由供给学派进行，他们基于错误的假设，或者只根据特殊年份的情况来反对普遍观点，以证明自己的主张。

也许与维持拉弗主义利害关系最大的经济学家是拉弗自己。他表示，20

---

[1] OMB director Mitch Daniels, quoted in Mike Allen, "A Deficit, Yes, But Few Regrets," *Washington Post,* 9 June 2003.

[2] While foreign debt is not necessarily owed by individuals, it will eventually have to be paid back by running consistent and large trade surpluses, and this will only happen when the value of the dollar declines, which in turn will act as a tax on Americans, raising the prices of goods and services they consume.

世纪 20 年代的柯立芝减税政策符合拉弗曲线，以此为自己辩护。他表示，从 1920 年至 1924 年，联邦政府的税收收入下降了 9.2%，然而降低最高税率之后，税收收入在 1924 年到 1928 年上升了 0.1%。[1] 可是，减税政策是在 1921 年实行的，当年的财政收入为 56 亿美元，之后收入开始下降，到 1925 年变为 37 亿美元。直到 1930 年，随着经济逐渐增长，收入才有所提高，升至 42 亿美元。然而，在供给学派认为不会发生的大萧条出现之后，税率削减到 25%，并在 1931 年收入下降之前一直维持在这一水平。事实上，直到 1938 年，税收收入才超过 1921 年的水平。[2]

保守派经济学家马丁·费尔德斯坦和丹尼尔·芬伯格使用了相似的方法，误导性地选择了研究年份。他们发现，1993 年的增税政策减少了高收入纳税人的所得收入，报告显示相同的增税政策预计带来的所得收入超出 1993 年实际收入的 7.8%。他们估计，要不是拉弗曲线的补偿效应，这种收入下降会导致国库收入损失大半。然而撒姆马提诺和韦纳发现，几乎所有这些税收损失都是由于 1992 年的收入转移，当研究期限延长到 1995 年，税收收入并没有减少。[3]

供给学派又拿出 1986 年出台的《税务改革法案》作为证据，声称当年的减税政策并没有引起人们预期的收入下降。然而实际上，当时的税制改革除了减税之外，还堵住了大量税收漏洞，由此增加了一定收入。正如古尔斯比所言，使用《税务改革法案》作为"自然实验"苦难重重，因为该法案"包含许多税收变化，不只是边际税率。"[4] 乔尔·斯莱姆罗德指出：

> 尽管上述研究强调了行为反应对边际税率的潜在重要性，但是

---

[1] Arthur B. Laffer, "The Laffer Curve: Past, Present, and Future," *Laffer Associates,* 6 January 2004.
[2] Thomas J. Hailstones, *A Guide to Supply Side Economics* (Reston, VA: Reston Publishing Company, 1981)
[3] Frank Sammartino and David Weiner, "Recent Evidence on Taxpayers' Response to the Rate Increases of the 1990s," *National Tax Journal* 50 (3 September 1997): 683-705.
[4] Austan Goolsbee, "Evidence on the High-Income Laffer Curve from Six Decades of Tax Reform," *Brookings Papers on Economic Activity* 1 (Fall 1999): 14.

研究结论依靠的证据来自20世纪80年代，在历史经验上不具有典型性……政府能够通过减税增加税收收入的想法很好。不幸的是，我们都能从历史数据中看出，如今降低边际税率不会起到这样的作用。至少在当前，我们还是与以往一样为减税买单。[1]

斯莱姆罗德指出，大多数研究未能证明拉弗曲线的原因是，最高边际税率低于40%，远低于拉弗曲线的峰值。由此，减税能够极大地提高抵消收入的概念不一定成立。林德赛也承认，将最高税率从33%减为19%，"与从70%减到50%，甚至从50%减到30%相比，带来的积极效应要小得多。"[2]他继续承认道："里根政府第一次减税后，新的税率在38%到50%之间，远低于收益最大化的税率。"[3]但是就连林德赛的判断也无法阻止供给学派，包括其顶头上司小布什，继续尝试推行减税政策，声称其不会带来国库损失。

新派共和党和预算赤字

尽管当今共和党学术理论与20世纪的共和党相当一致，却有一点差别很大：对财政负责的方式。共和党过去拥护财政节制，现在他们支持减税节制。

过去清廉的财政态度的典型代表是威廉·麦金莱，他曾说过："我们现在应一致减少而非增加未偿清的债务，该政策必须得以继续，并强制实施。"柯立芝政府时期的财政部长安德鲁·梅隆表示同意，声称："必须偿还公共债务，来停止从税收中拿出的巨大利息支出，"[4]现在，供给学派的共和党人不介意债务，却厌恶税收。林德赛声称，还清国家债务本身不是目的。对于供给学派而言，减税本身就是目的，即使它意味着会让下一代人背负8万亿

---

[1] Joel B. Slemrod, "The Economics of Taxing the Rich," in *Does Atlas Shrug?* ed. Joel Slemrod (Cambridge, MA: Harvard University Press, 2000), 37.
[2] Lindsey, *The Growth Experiment*, 231.
[3] Lindsey, *The Growth Experiment*, 90.
[4] Mellon, *The People's Business*, 44.

美元的国债。当经济萧条时，时而出现赤字可以理解，但今天共和党的情况不同，无论经济景气与否，他们一直使财政处于赤字状态，严重加剧了国债。一定规模的国债是可以理解的，但是当前如此大的国债规模，并且预计看涨的情况实在让人无法接受。

作为世界第一大经济体的美国，一直承诺要减税、取消累进税、无论合理与否都要限制政府职能的政治思想，应该伪装成经济政策吗？在税收政策方面（越少越好，单一税更好），今天的共和党人与"工厂时代"的共和党人无异，但在支出方面（共和党支持的项目，支出越多越好），他们好像来自"大规模企业时代"。对个人减税的政策不仅没有促进工作、增加储蓄，还严重减少了政府收入，加剧了政府债务。最重要的是，由于大多数税收优惠为富人所享，这大大加剧了不平等现象。接下来，让我们来讨论一下该问题。

SUPPLY-SIDE FOLLIES
第8章
减税会影响收入不平等吗

> 对所有国家来说，贫富不均都是最古老并且最致命的问题。
>
> 希腊哲学家普鲁塔克（Plutarch）

除了断言供给侧的减税政策不会减少税收之外，很多供给学派还声称，供给侧减税政策并不会有失公平地倾向于富人，也不会加剧收入不平等。对于这个主张，在拉里·林德赛所著《增长试验》的《富人会变得更富吗》这一章节中，他所提出的答案是"这只是事实的一部分"。[①] 在承认富人们受益的同时，他们常常会提出，中低收入阶层受益更多。林德赛认为，布什政府的减税政策提供了"中等阶级和工作阶级的家庭急需的税收减免"。[②] 在2000年的总统竞选运动中，布什提出了相同的论点，他当时指出，其大部分减税提议将会使中低收入阶层受益，后来他又称："美国的所有家庭都会从减免

[①] Lawrence Lindsey, *The Growth Experiment: How the New Tax Policy Is Transforming the U.S. Economy* (New York: Basic Books, 1990), 14.

[②] Lindsey, *The Growth Experiment,* 81.

股息税和资本收益税中获益。"① 令人惊讶的是，他之后继续对我们宣称，国会似乎只想针对特定的人群（暗示只针对富人）进行减税，然而他自己，作为一个民粹主义者，却努力确保对每一个人进行减税。他说："所以我对国会说，看，我们遇到了问题。让我们加强解决问题的战斗力，让我们对每一个人都实行减税政策。我记得，有人称只能对一部分人实行减税政策。但我们对每一个人都降低了税率，这样每一个纳税人都会得到税收减免，不会有失偏颇。"② 换句话说，如果不对那些百万富翁进行减税，那也是不公平的。

SUPPLY-SIDE FOLLIES

为什么供给侧减税政策会加剧不平等

1. 在百分比和绝对数量上，高收入者比中低收入者都会得到更多的税收减免。
2. 供给侧的减税政策重视资本收入（如利息、红利、资本收益等）的税收减免，这使得高收入者获得了更多的收入。
3. 最高收入者比 20 年前缴纳的税款多，因为他们赚到了更多的钱。但就占总税收的份额来看，最高收入者缴税的份额比 20 年前小。

SUPPLY-SIDE FOLLIES

的确，布什政府的大多数税收减免都没有落实到最富的家庭中，但这是因为最富裕家庭所占的比例很小。事实上，布什减税政策的 30% 涉及收入在前 1% 的纳税人身上，43% 涉及前 5% 的纳税人。③ 就减免的百分比而言，富人所获得的税收减免几乎是中产阶级的 4 倍。④ 在 2004 年，收入超

---

① During the third election debate, October 2000. Also George W. Bush, "President Discusses Strong and Growing Economy," Chicago, 6 January 2006, www.whitehouse.gov/news/releases/2006/01/20060106-7.html (accessed 31 January 2006).
② George W. Bush, "President Highlights Importance of Small Business in Economic Growth," 19 January 2006, www.whitehouse.gov/news/releases/2006/01/20060119-2.html (accessed 20 January 2006).
③ Tax Policy Center, www.taxpolicycenter.org.
④ According to the CBO, under the Bush tax plan, in percentage-point terms, the lowest income quintile will see a decline of 1.5 percentage points to 5.8, the next lowest a 1.4 percentage-point cut to 12.4, the next a 1.2 cut to 15.9, and the next a 1.1 cut to 20.1. The top 10 percent see a 1.8 cut to 27.9, the top 5 percent a 2.1 cut to 29, and the top 1 percent a 3.1 cut to 30.4.

过100万美元的家庭平均得到了123 592美元的所得税减免，而收入范围在中间20%的家庭平均只得到了647美元。[1] 2003年的股息税减税政策甚至更倒退，0.5%的纳税人获得了总税收优惠的40%，他们每年大约会少缴纳26 000美元的税款。[2] 如果政府真的想帮助中低收入阶层的美国人，他们为什么不减少最低税率，却降低了最高税率呢？他们声称，减少最高利率会对工作和储蓄产生最大作用，但是正如我们在第5章和第6章所看到的，事实并非如此。

这种不公平的倾斜性税收减免不仅没有促进经济的更快增长（尤其是与重点针对中低收入人群的短期减税政策相比，因为中低收入的纳税者更有可能将这些税收优惠用于消费），而且加剧了快速增长的收入不平等，给予有钱人一笔可观的政府奖金，而这些人的收入在过去25年前早已经猛增。根据美国国会预算办公室的数据，在1979到2001年间，美国最富有的1%人口的平均税后收入增加了139%，即从294 300美元增加到了703 100美元（通货膨胀调整后），处于中间收入的1/5家庭的税后收入只增加了17%，而最贫穷的1/5家庭的税后收入仅仅增加了8%。举个例子来说，电台名嘴霍华德·斯特恩（Howard Stern）签约了小天狼卫星无线电广播后，将在超过5年的时间里获得5亿美元现金的报酬。斯坦恩不仅会得到5亿美元，而且会因布什政府的减税政策而少缴纳大约2 300万美元的税额。当然，如果没有这些税收减免，他也许就不会从空中无线电广播离职后又再次复工。简而言之，布什的减税政策在加剧不平等这一方面来说无疑于火上浇油。照此下去，镀金时代的不平等将会很快回归[3]。

---

[1] Center for American Progress, "A Fair and Simple Tax System for Our Future: A Progressive Approach to Tax Reform," Washington, DC: January 2005, 5.
[2] Brian Roach, "Read My Lips: More Tax Cuts-The Distributional Impacts of Repealing Dividend Taxation" (working paper 03-01, Global Development and Environment Institute, Tufts University, February 2003).
[3] 镀金时代，形容从南北战争结束到20世纪初的美国历史，许多人在这个时期里成为巨富，过着金子般的生活，工业的成长与移民潮成为美国历史上在这个时期的特征。——译者注

供给经济学和累进税

古典经济学派以及保守派对累进税的抱怨由来已久。许多古典经济学家认为累进税与盗窃性质相同。在《国富论》中,亚当·斯密从根本上为单一税辩护:

> 每个国家的子民都应当力所能及地做出贡献来支持政府,即成比例且合法地为他们享有的国家的保护贡献收益。一个伟大国家的政府在每个人的支出方面,与许多人共同拥有一份巨额财产的管理支出相似,他们应按照财产利息的比例,来支付管理费用。[1]

125年后,保守派对伍德罗·威尔逊(Woodrow Wilson)建立国民所得税累进税制表示坚决反对。当保守派在20世纪20年代重新获得权力时,他们继续对富人们降低最高所得税率。不过,在实行新政和提升最高税率后的10年里,大多数保守派不得不屈从于累进税制。但是到了20世纪70年代,当保守派再次发现他们古典经济学的根源时,他们也发现了自己对累进税制的敌意。累进税制不仅有失公平,具有盗窃性质,而且也成为经济增长的负担。

为了使单一税令人信服,保守党展开了一系列论证。保守派学者罗伯特·诺齐克(Robert Nozick)认为,只要个人收入的方式是合理的,由此产生的收入分配就应该不可侵犯。格里高利·曼昆认为很难弄清公平的定义:"公平,并不仅仅是一个简单的概念,它在政治哲学领域与经济领域中一样难以捉摸。"[2] 其他人甚至认为当下的体系不具有进步性,并错误地声称富人利用漏洞来规避更多的税款。前任众议院共和党领袖迪克·阿米在《单一税》一书中希望我们相信,即使按照公平的定义来看,累进税率也是一场彻

---

[1] Adam Smith, *The Wealth of Nations* (New York: Penguin Classics, 2000), bk. 5, ch. 2, v. 2.25.
[2] Gregory N. Mankiw, "The Economic Agenda," International Tax Policy Forum, (Washington, DC: American Enterprise Institute, 2 December 2004), 2, http://post.economics.harvard.edu/faculty/mankiw/columns/AEispeech.pdf (accessed 22 November 2005).

头彻尾的欺诈。① 然而仅仅几页之后，阿米就抱怨富人缴纳的税款过多："即使有税收扣除、减免以及各种避税手段，美国最富有的5%的纳税人还是承担了大约20%的联邦税收收入。"

供给侧学派反对累进税的论点往往过于简单。保守派的政策创新研究所表明："对高收入按照高税率征税并不合适，不管是实行累进税率，还是对不同类型的收入进行多层次征税。"② 布什总统认为："在美国，没有人的应交税额应超过其收入的1/3，所以我们将最高利率降低到33%。"③ 这有什么不合适的？在供给学派眼中，它就是不合适。

供给侧学派反对累进税的核心是什么呢？一些人认为，它仅仅是一个意识上的诡计，以此证明奖励富人是合法的。里根政府管理预算办公室负责人大卫·斯托克曼关于里根的减税立法言论常被用作格言："坎普和罗斯在降低最高税率方面经常带有特洛伊木马性质……最初的论点是，过度的最高税率对经济有着致命的影响。为了使这个合意的想法成为一个政治问题，我们必须降低所有的税率，这成为普遍观点。"④ 斯托克曼继续承认："宣扬'滴涓理论'有些困难，所以供给侧方案是真正实行'滴涓'税收政策的唯一途径，供给侧理论就是'滴涓'理论。"⑤⑥ 保守党评论员拉里·库德洛针对布什政府减税政策发表过相同的观点："对于有钱人以及那些通过创新勤奋努力赚钱的人来说，这个世界变得安全了一些。"⑦ 这个使富人深受共鸣的理论，

---

① Richard Armey, The Flat Tax (New York: Ballantine Books, 1996), 31.
② Lawrence A. Hunter and Stephen J. Entin, "A Framework for Tax Reform" (Dallas: Institute for Policy Innovation, 14 January 2005), 4.
③ Cited in Larry Kudlow, "W. Holds His Ground," National Review Online, 28 February 2001, www.nationalreview.com/kudlow/kudlow022801.shtml (accessed 25 November 2005).
④ William Greider, "The Education of David Stockman," Atlantic Monthly, December 1981, 46-47.
⑤ Quoted in David Greider, "The Education of David Stockman," The Atlantic Monthly, December 1981, 46-47.
⑥ 涓滴理论，又称涓滴效应，指在经济发展过程中并不给予贫困阶层、弱势群体或贫困地区特别的优待，而是由优先发展起来的群体或地区通过消费、就业等方面惠及贫困阶层或地区，带劢其发展和富裕，或认为政府财政津贴可经过大企业再陆续流入小企业和消费者之手，从而更好地促进经济增长的理论。——译者注
⑦ Larry Kudlow, "Looking Up, Down the Road," National Review Online, 29 May 2001, www.nationalreview.com/kudlow/kudlow052901.shtml (accessed 24 November 2005).

对供给侧学派支持单一税起到一定作用，但是更根本的原因是供给学派相信累进税是不公平的。为了推动单一税的建议，迪克·阿米告诉我们："累进税帮我们摆脱了强盗式资本家之后，却产生了另一批新的强盗式资本家。自1916年以来，要想掠夺财富和践踏人们的权益，当选国会议员是首选。"[1]

对供给侧学派来说，公平意味着高收入人群应该与中等收入者按相同的税率纳税。然而，由于大多数的美国人认为高收入者应该比中等收入者按更高的税率纳税，供给侧学派通常不会直接表示支持单一税。但是正如《华尔街日报》编辑部最近所称，非征税的低收入是"幸运儿"，每隔一段时间，供给学派的论点就会泄露出来。人们可能为不用缴税感到幸运，但我严重怀疑他们会因为低收入而感到幸运。

最后，为了对供给侧的减税政策有失公平这一论点做出回应，一些供给侧学派将会声称如果减税对富人无益，他们不会实行该政策。然而这并非完全正确。举个例子来说，工资税目前只针对收入不超过94 200美元部分进行征收，它就可以被削减。就连所得税的削减也会比布什政府的减税政策更公平。这不仅会减少富人的纳税额，也会让穷人减少几乎相同的税额。由于只有最富有的人才会面对边际税率，上面提及的减税一定比削减最高边际税率更有进步性。当然供给侧学派会争论说，削减最高边际税率在就业和储蓄方面会产生更积极的促进作用。

收入分配趋势

当收入不平等上升到一个危险的水平时，有关税法在收入分配中所扮演角色的争论便尤为严重。为了确定收入不平等的变化，经济学家按照10%的比率比较了赚钱者的收入变化。举例来说，90∶50的比率指的是最富有的10%的美国人的平均收入与一般家庭的平均收入的比值。90∶10的比率指的

---

[1] Armey, The Flat Tax, 41.

是最富有的 10% 的美国人与最贫穷的 10% 的美国人的平均收入的比率。

使用这个方法，我们可以看到显著恶化的趋势。50∶10 的缺口在 20 世纪 70 年代后期开始增长显著，但是从 20 世纪 90 年代早期开始增速变得缓慢。相反，最富有人群和其他人群之间的缺口（90∶50 和 90∶10 的比率）仍然明显（见图 8—1）。[①] 因为在 1979 年到 1997 年间增长是缓慢的且分配不均，收入最低的 20% 的家庭的实际税后收入出现下滑，收入处于中间 1/5 的家庭的税后收入仅仅增长了 5%，而最富有的 1% 的赚钱者的税后收入暴涨超过 250%。[②]1970 年，最富有的 0.01% 的纳税人的收入是普通纳税者的收入的 50 倍，而到了 1998 年则变成了 250 倍。获得高额补偿的首席执行官们的平均补偿金从 1970 年的大约 0.55 千万美元变成了 1999 年的 4 000 万美元（根据通货膨胀调整后）。[③] 那些幸运的小精英群体——不管是首席执行官、赫伯特·斯特恩这样的演艺人员、体育人物、律师还是医生——越发能够过着"富裕而有名气的生活"。

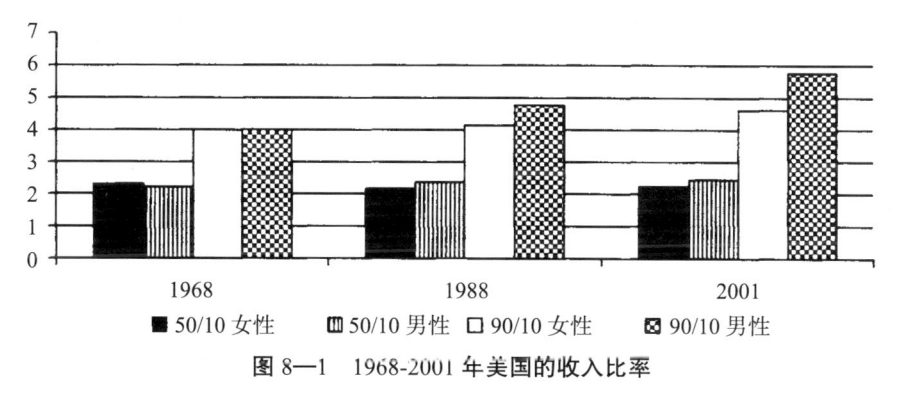

图 8—1　1968-2001 年美国的收入比率

来源：美国人口普查局，历史收入不平等标签。

[①] David H. Autor, Lawrence F. Katz, and Melissa S. Kearney, "Trends in U.S. Wage Inequality: Re-Assessing the Revisionists" (working paper 11627, National Bureau of Economic Research, Cambridge, MA, September 2000), 63.

[②] Congressional Budget Office, "Effective Tax Rates, 1979-1997" (Washington, DC: Congressional Business Office, October 2001).

[③] According to Business Week, the average CEO of a major corporation made 42 times the average hourly worker's pay in 1980, 85 times in 1990, and a staggering 531 times in 2000. www.aflcio.org/corporateamerica/paywatch/ceou/ceou_compare.cfm.

这种"赢者通吃"的现象意味着，工薪收入在前 10%、5%、1% 的纳税人，其收入份额自经济大萧条以来达到峰值。① 相反，对于至少一半的人口来说，20 年的经济增长只带来了很少的收益，部分原因在于超过 1/3 的 GDP 总收入流入到最富有的 1% 人群手中。要是最富有 5% 的人群的收入占国民收入的份额与 1978 年的一致，如今的普通工作者每年将会增加 6 100 美元的收入。

当大多数美国人为不平等现象的暴涨所困扰时，一些供给侧学派人士则不担心。对他们来说，更多的不平等更可以激发人们的进取精神，使其努力工作。传统基金会的经济学家蒂姆·凯恩（Tim Kane）坚持认为："我在这些收入数据中看到了创新型社会的景象……更低的赋税和更低的边际税率正导致更多的增长。"②

其他供给侧学者会道明本质，即使不平等加剧了，那又怎么样。布鲁斯·巴特利特（Bruce Bartlett）认为："只要人们认为有机会可以飞黄腾达，他们就不会在意那些富人到底有多富。"③ 迈克尔·考克斯（Michael Cox）和阿尔文·阿尔姆（Alvin Alm）也认为："如果我们生活在一个种姓社会，那么收入分配的年度概述就值得我们注意，严格的阶级界线决定了不同人群该得到的国民收入份额——但是我们并没有生存在一个种姓社会。"④ 他们列举了密歇根大学研究小组的数据，这些数据显示了跨越人一生的收入阶层的运动。举例来说，1975 年收入在后 20% 的人群，到了 1991 年只占 5%。所以即使不平等现象加剧，我们都会有富起来的那天。

不过，他们美好的分析存在一些问题。在上述工资随时间逐渐增高的

---

① Thomas Piketty and Emmanuel Saez, "Income Inequality in the United States, 1913-1998," Quarterly Journal of Economics 118, no. 1 (February 2003): 1-39.
② David Cay Johnston, "The Richest Are Leaving Even the Rich Far Behind," New York Times, 5 June 2005.
③ Bruce Bartlett, Reaganomics: Supply Side Economics in Action (Westport, CT: Arlington House Publishers, 1981).
④ Michael W. Cox and Richard Alm, Myths of Rich and Poor: Why We're Better Off Than We Think (New York: Basic Books, 1999), 72.

转变记录中，相当多的人是学生以及工作薪资随着年龄增长而增加的劳动者们。美国著名的西维斯（CVS）药店的 CEO 汤姆·瑞恩（Tom Ryan）可以算作其中之一，他的第一份工作是在西维斯商店做药剂师。这种转变肯定是积极的，但这并不等于许多穷苦出身的人最终都能进入高收入阶层。事实上，尽管存在一些跨越阶级的转变，但这反映不了整体情况。1975 年时收入在前五分之一的人群，到了 1991 年，其中约有 86% 的人要么留在原先的收入阶层，要么跌到了第 4 个阶层。

其他供给派学者简单否定的是，减税不会加剧收入不平等，认为既然平均家庭收入有所增加，经济表现尚可。例如，《华尔街日报》的编辑史蒂芬·莫尔和林肯·安德森（Lincoln Anderson）认为："绝大多数家庭的收入和财富增长迅速。"[1] 但是，这次收入增加很大程度上由于双职工家庭明显增加。实际工资水平远没有那么乐观。在过去的 25 年里，除了收入在前 10% 的人群，其他人的工资增长慢于实际生产力增长率。[2]

最后，供给学派试图转移关注力，声称收入不平等虽然令人不悦，却不可避免。考克斯和阿尔姆认为："美国不是一个平等社会，从建立之初就不是。"[3] 但是，我们不仅局限于两个选择：一个是完全均等分配和自由放任；一个是任何程度的分配都有效。不平等当然存在，也应该存在；高技能和辛勤工作值得高回报。真正的问题在于不平等应不应该像今天一样极端。考虑到过去 25 年美国中低收入阶层的虚拟停滞，答案显然是否定的。

---

[1] Stephen Moore and Lincoln Anderson, "Great American Dream Machine," Wall Street Journal, 21 December 2005, A18.

[2] Ian Dew-Becker and Robert J. Gordon, "Where Did the Productivity Growth Go? Inflation Dynamics and the Distribution of Income" (paper presented at the 81st meeting of the Brookings Panel on Economic Activity, Washington, DC, 8-9 September 2005), 76.

[3] Cox and Alm, Myths of Rich and Poor, 87.

供给侧的减税政策真的能使富人多交税吗

鉴于布什政府减税政策的不公平性，供给学派尽力掩盖其分配影响。曼昆认为，"评估税制负担的承担者更为困难，或者说，判断谁从减税中获益和受损十分不易。关于分配负担的大多数观点存在根本性的缺陷。"[1] 不过，观点可能存在缺陷，数据却不会。

供给学派赞许地指出，富人缴纳的个人所得税总额比 25 年前多。林德赛指出："人们经常指责里根政府的减税政策极大地偏向富人，实际上，与过去的税法相比，该减税政策从富人以及中上层阶级的纳税人中获得了更多税收收入，使中等收入纳税人的相对缴税额大幅减少。"[2] 共和党控制的国会联合经济委员会表示同意，并指出：

> 1981 年，收入在前 1% 的人群缴纳的个人所得税占总数的 17.6%；到了 1988 年，该比例已跃升至 27.5%，增加了十个百分点。收入在前 10% 的纳税人缴纳的所得税税负的比重有所增加，从 1981 年的 48% 提高到 1988 年的 57.2%。同时，收入在后 50% 的纳税人缴纳所得税的份额有所下降，从 1981 年的 7.5% 降到 1988 年的 5.7%。[3]

因此，曼昆告诉我们，布什政府的"税收政策"使得税制更具进步性。据美国国会预算办公室称，到 2004 年，收入在前 20% 的人群缴纳的所得税占所有联邦税收的 64.6%，高于减税之前的比例 64%。由于政府的减税政

---

[1] Gregory N. Mankiw, "Remarks at the Annual Meeting of the National Association of Business Economists," Atlanta, GA, 15 September 2003, http://post.economics.harvard.edu/faculty/mankiw/columns/nabe.pdf (accessed 25 November 2005).

[2] Lindsey, The Growth Experiment, 11.

[3] Joint Economic Committee, "The Reagan Tax Cuts: Lessons for Tax Reform" (Washington, DC: U.S. Congress, April 1996), www.house.gov/jec/fiscal/tx-grwth/reagtxct/reagtxct.htm (accessed 23 November 2005).

第8章 减税会影响收入不平等吗

策，收入在后 3/5 的人群缴纳的税收比例有所下降。"[1]

这些数据的确不会撒谎。但是供给学派并没有提及，高收入者之所以缴纳了更多的税，在于其收入的增长速度最高。如果不对他们进行大幅减税，其纳税额度会增多，国债会大幅降低。据美国国税局最富有人群的纳税申报单显示，调整后他们的总收入从 1990 年的 174 亿美元增加到 2000 年的 528 亿美元（以 1990 年定值美元）。事实上，其国民收入的份额翻了一番，从 0.52% 增至 1.09% 左右。国税局的经济学家称，收入在前 1% 人群国民收入份额稳步上升，从 1996 年的 9.6% 攀升至 1979 年的 16.5%。此外，对于收入在 1% 到 10% 的人群，其国家收入份额从 23.5% 增至 26%。相比之下，其他收入阶层的国民收入份额有所下降。结果是，到 1996 年，前 1% 富有人群的收入比后 50% 人群的收入总和还要多，比 1979 年高了约一半。[2] 正如我们在第 5 章所说，这并不是因为富人更加努力工作。第二次世界大战后，经济增速更快，人们共享经济繁荣时，有钱人缴纳的税要高得多。

要更为准确地测算不同收入群体的税收负担，应看其调整后的总收入和上缴税额之间的比率。如图 8—2 所示，如今，收入在前 1% 和 5% 的人群，缴纳的税收份额与其国民收入份额的比率，低于 1970 年前水平。所以，富人不仅在国民收入中拥有更大的份额，他们实际面对的税率也更低。正如派特斯卡和斯达德勒的研究发现，前 1% 富有人群的实际税率从 1979 年的 34% 下降至 1996 年的 26%，在布什政府减税后进一步下降。[3] 经济合作与发展组织的报告证实了这些趋势，指出：

> 就实际税率而言，低收入家庭（收入只有中值水平的 1/2）从 20 世纪 80 年代的减税政策中获益很少，其综合所得税的平均值

---

[1] Mankiw, "The Economic Agenda," 2.
[2] Tom Petska and Mike Studler, "Income, Taxes, and Progressivity: An Examination of Recent Trends in the Distribution of Individual Income and Taxes" (Washington, DC: Internal Revenue Service, Statistics of Income Division).
[3] Petska and Studler, "Income, Taxes, and Progressivity."

和社会保险税负比10年前要高，税收的边际值只是略低于10年前……对于中等收入家庭，社会保险税的增加很大程度上抵消了所得税的减免，平均税率比10年前略高，但是在减税幅度高达17%的税制改革之后，其边际税率大幅下降。高收入家庭获得了最多的税收减免，对于收入是中值收入两倍的家庭而言，平均税率略微下降，边际税率下降幅度达35%。①

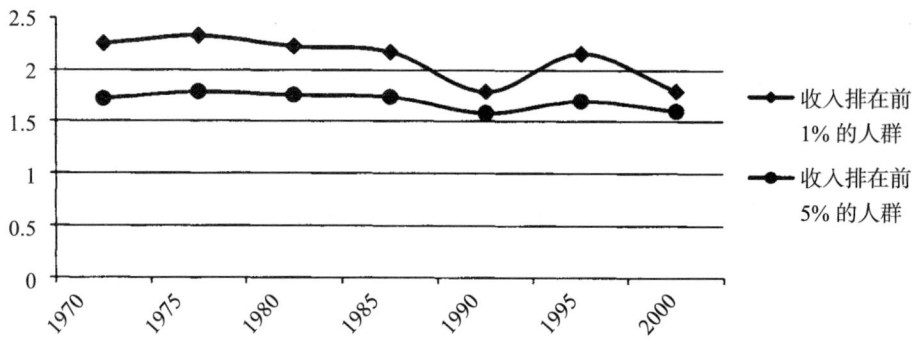

图8—2 国家所得税占国民调整总收入之比（收入在1%到5%之间的人群）

来源：总统经济顾问委员会，《税务笔记，30周年发言》，华盛顿特区：美国政府印刷局。

杜克大学经济学家柯克·怀特（Kirk White）认为，1986年的《税收改革法案》（Tax Reform Act）大幅降低了最高边际税率，这是20世纪80年代末税后收入不平等现象加剧的最主要原因。②

并不是只有自由派和中间派认为布什政府的减税政策加剧了收入不平等，一些供给学者也同样予以承认。格伦·哈伯德曾在国会证词中说："尽管如此，通过削减个人所得税最高税率，逐步取消遗产税，削减企业所得

---

① Willi Leibfritz, John Thornton, and Alexandra Bibbee, "Taxation and Economic Performance" (Paris: Organisation for Economic Co-Operation and Development, 1997), 108.
② Kirk White, "Marginal Tax Rates and the Tax Reform Act of 1986: The Long-Run Effect on U.S. Wealth Distribution" (working paper, Duke University, Department of Economics, 15 November 2001).

税，并扩大免税储蓄的机会，总体上讲，2001—2004年的减税政策使税制有所退步。按照收入的份额衡量，收入在前千分之一的富人获得的税收减免，是收入后5%人群获得减免的18倍。"① 他继续指出："供给学派认为，并非每一收入阶层的家庭都能够从减税中获益。由于这些减税政策并没有由其他方面税负的增加或者支出减少来弥补，很难说谁是真正的受益者和亏损者。不过，如果由此导致的预算赤字减少了项目的开支，而这些项目会使中低收入阶层的家庭获益，那么他们及其后代就是最大的亏损者。"②

哈伯德并没有放弃供给学说的信仰，他认为即使减税在某一年内不公平，但是随着时间的推移也会逐渐平衡。他说："对于高收入者而言，收入在前1%的富人所缴纳的个人所得税超过了1/3，他们在十多年里获得的个人收益是某一年的4倍。"③ 对收入在前4%的美国人减税，要比只针对前1%减税的效果好些，但也好不到哪里去。

供给学派的理想，即实行单一税率，会使事情更加糟糕。前财政部部长保罗·奥尼尔在其所著的书中，披露了一个不为人知的财政内部通知，称单一税具有退步性，会增加中等收入家庭的赋税。那份财政内部通知指出："单一税制很难与现行税制一样进步。即便有收入所得税存款（Earned Income Tax Credi, EITC）和个人免税额，单一税也会减少高收入人群的税负。由于资本收益主要集中在高收入家庭，减少资本收益税会使他们不同程度地受益。"④ 公平而论，并非所有的单一税制都会减免资本收益。税收专家乔尔·斯莱姆罗德表示认同：

> 征税范围原本针对拥有两个孩子，获得普通减免、股息收益和

---

① R. Glenn Hubbard, "Tax Code Revision" (testimony to the House Ways and Means Committee, 8 June 2005), http://wwwO.gsb.columbia.edu/faculty/ghubbard/speeches/6.8.05.pdf (accessed 21 November 2005).
② Hubbard, "Tax Code Revision."
③ R. Glenn Hubbard, "Measure Tax-Cut 'Fairness' over a Lifetime," Wall Street Journal, 8 January 2003.
④ Ron Suskind, "The Price of Loyalty, the Bush Files: Economy, Fundamental Tax Reform; the Bush Plan," http://thepriceofioyalty.ronsuskind.com/thebushfiles/archives/000093.html (accessed 26 November 2005).

资本收益的家庭，如果实行 7.2% 的单一税率，该范围会扩大到年收入在 135 000 美元以下的所有家庭。高于这一收入的家庭税负，会比收入在 400 000 美元的家庭减少 9 个百分点。[1]

如果减税真的能增加有钱人的税前以及税后收入，情况又会怎样？供给学派认为，这样有利于国家，因为有钱人会用他们的钱多行善事，比如进行慈善捐款。的确，很多高收入人群会捐出部分财富，不过令人惊讶的是，其捐款额占收入的比例并没有比低收入家庭高很多。事实上，在过去的 25 年里，有钱人进行慈善捐助的收入有所下降。在 1979 年，前 1% 高收入者的捐款额占其收入的 4.13%，而在 1994 年只有 3.51%。的确，富人的慈善捐款占国民收入的份额有所上升（从 0.25% 到 0.3%），但主要原因是其收入增速远远快于其他收入阶层的纳税人。[2] 为什么富人用于捐助的收入份额减少了呢？答案是减税政策更不利于富人捐款。因此，供给侧的减税政策不仅减少了收入，也减少了慈善捐助。

减税不仅导致税后收入不平衡，也加剧了税前收入的不平等性。正如赛斯指出："自 20 世纪 60 年代初，最高边际税率的大幅降低，导致了 70 年代初期高工资的大幅增长，这种增长在 80 年代和 90 年代进一步加大。"[3] 非市场因素和制度变迁难以量化，无法代入模型，却对解释工资不平等性起到了重要作用。在过去 20 年里，日益变化的社会规范极大促进了收入不平等的合法化。迈克尔·道格拉斯（Michael Douglas）在 20 世纪 80 年代的电影《华尔街》（Wall Street）中饰演戈登·詹克（Gordon Gecko），他在剧中说"贪婪是件好事"。这反映了社会风气的改变，收入分配拉大是可以接受的，

---

[1] Joel Slemrod and Jon Bakija, Taxing Ourselves: A Citizen's Guide to the Debate over Taxes (Cambridge, MA: Harvard University Press, 2004), 191.
[2] Gerald E. Auten, Charles T. Clotfelter, and Richard L. Schmalbeck, "Taxes and Philanthropy among the Wealthy," in Does Atlas Shrug? ed. Joel B. Slemrod (Cambridge, MA: Harvard University Press, 2000), 410.
[3] Emmanuel Saez, "Reported Incomes and Marginal Tax Rates, 1960-2000: Evidence and Policy Implications," in Tax Policy and the Economy, ed. James M. Poterba, 117-71 (Cambridge, MA: National Bureau of Economic Research), 168.

甚至大有裨益（尽管电影最后他成了阶下囚）。80年代之前，高边际税负是经济社会对高收入者的制动器，对公司而言，奖励高级主管代价昂贵，因为大部分钱都会进入政府手中。之后，由于税率降低，对高收入者的减税政策只会鼓励公司增加其收入。本质上，对富人减税是告诉社会——旧的规则已经无效，而新规变为——得到的越多越好。

不平等加大会刺激经济增长

供给学派承认，减税进一步加剧了收入不平等性，他们同时也认为，较高的不平等性能够激励人们努力工作、勇于冒险，因此会促进经济增长。美国企业研究所的经济学家凯文·哈塞特声称："在发达国家……收入不平等加剧时，经济表现会更好。"[①] 因此，哈西特警告道，收入再分配的举措会"抑制经济增长，建立一个反对自由的独裁政府"。[②] 难道我们应该忧心忡忡，害怕累进税成为踏入极权主义的第一步？

然而，收入高度不平等和经济快速增长之间的上述关系并不可靠。[③] 如果收入不平等会刺激经济增长，那为何在20世纪收入不平等程度较低的50年代和60年代里，经济增速较大，而到了收入不平等程度加大的80年代和90年代，经济却放缓呢？经济学家唐·科里（Don Correy）和安德烈·格林（Andre Glyn）指出："大多数国家在第二次世界大战后的经济增长，在收入不平等较小的初始阶段发展更快，之后速度减慢。"[④] 20世纪90年代，克林顿政

[①] Kevin Hassett, "Rich Man, Poor Man: How to Think about Income Inequality (Hint: It's Not as Bad as You Think)" (Washington, DC: American Enterprise Institute, May 2003), www.aei.org/news/newsID.17509,filter./news_detail.asp (accessed 25 November 2005).

[②] Hassett, "Rich Man, Poor Man."

[③] Persson and Tabellini have shown that inequality has had a negative relation to growth in the United States and in several European countries since at least the mid-nineteenth century. They found a similar correlation in a larger sample of countries since World War II. Torsten Persson and Guido Tabellini, "Is Inequality Harmful for Growth? Theory and Evidence," American Economic Review 84 (1994): 600-21.

[④] Don Corry and Andrew Glyn, "The Macroeconomics of Equality, Stability and Growth," in Paying for Inequality: The Economic Costs of Social Injustice, ed. Andrew Glyn and David Miliband (London: Rivers Oran, 1994).

府提高个人所得税最高边际税率,抑制了收入不平等,但经济却有所增长。

此外,绝大多数学术研究与哈塞特的论断相反,较高程度的收入不均与经济高速增长不存在关联性。在一个跨国比较中,艾莱辛那和罗德里克发现,较高的收入不平等程度会导致未来人均收入水平的增速降低。[1] 此外,关于不平等和储蓄的关系,施密特·赫贝尔和塞尔文的发现与供给学派相反,他们并没有找到确实的统计证据表明收入不平等和国家储蓄率之间的关系。[2] 正如经济合作与发展组织的研究所总结的:

> 佩尔松与塔贝利尼(1994)及本纳布(1996)都观察到,转移支付规模和经济增长之间几乎没有实证关系。伯兹奥尔、罗斯和萨伯特(1995)支持再分配能够促进增长,发现东亚地区的收入不平等(征税之前)较低,反而能够促进经济增长。他们认为,收入平等程度较低对公共资助教育起到再分配作用。[3]

正如斯莱姆罗德所指出的:"大部分学术文献一致表明,尽管供给学派认为高程度的收入不平等能够推动经济增长,但实际上,它更可能带来较低的后续经济增长。"[4]

目前,尚不清楚为什么较高的收入不平等会导致低增长。一种说法是高度不平等会破坏社会资本,而它能引导人们共同创建一个充满活力、团结一致的经济体。奈克和凯飞发现,一个国家的经济发展和下述问题的积极回答之间存在某种关系,"通常来说,你觉得大多数人值得信任吗?"[5] 如果不平

---

[1] Alberto Alesina and Dani Rodrik, "Distribution Politics and Economic Growth," Quarterly Journal of Economics 109 (1994): 465-90.
[2] Klaus Schmidt-Hebbel and Luis Serven, "Does Income Inequality Raise Aggregate Saving?" Journal of Development Economics 61 (April 2000): 417-46.
[3] Leibfritz, Thornton, and Bibbee, "Taxation and Economic Performance," 16.
[4] Joel B. Slemrod, "The Economics of Taxing the Rich," in Does Atlas Shrug? ed. Joel B. Slemrod (Cambridge, MA: Harvard University Press, 2000), 16.
[5] S. Knack and P. Keefer, "Does Social Capital Have an Economic Payoff? A CrossCountry Investigation," Quarterly Journal of Economics 112, no. 4 (1997): 1252-88.

等性破坏了信任，增长就会受到影响。另一个原因在于，加剧的不平等减小了大众市场。经济体会把市场分为两部分，一部分是奢侈品和奢侈服务的高端市场，另一部分是低端商品和服务市场，而中等市场机会很少。由于缺乏大型中产阶级的市场，企业家将很难从规模经济中获得好处。还有一种理论认为，当人的收入低于一定程度时，穷人将会缺乏资源，无法充分展示他们的才华和能力。另一种可能的解释为，高度不平等的社会意味着少部分人成功地创建了这个社会，他们会阻止外来者与已经建立的寡头社会竞争。

收入分配不均的问题

事实上，很多证据表明，低度不平等同样不会对经济增长带来积极影响，那为什么我们不放弃通过大量使用税制造成的收入不平等？尽管经济政策最重要的任务是促进经济增长，但是增长背后的公平分配至关重要。

保守派经济学家赫伯特·斯特恩发表了令人信服的观点，他认为即使再分配一定程度上会抑制经济增长，但对于那些能够得到再分配的人来说，由此得到的经济福利要早于单纯强调经济增长带来的相同福利。他的假设是，收入在后 20% 人群的总收入只占 4%，如果我们通过开支项目使他们的收入增加到 5%，但是一定程度上又会减缓经济增长，比如使经济增长率从 2.5% 下降到 2.4%。那么对于收入在后 20% 的人来说，由较低的经济增长和更多的分配获得的经济福利比相反情况早实现 228 年。[1]

尽管斯特恩承认分配很重要，但大多数供给派学者认为，唯一重要的是经济增长。在这一点上，我们可以比较一下德国和美国的情况。在 20 世纪 80 年代后期以及 90 年代前期，美国的平均收入增加了 15.5%，德国只有 10.4%。但是，就每小时的收入中值（收入中间水平）增长率来看，情况

---

[1] Herbert Stein, What I Think: Essays on Economics, Politics, and Life (Washington, DC: American Enterprise Institute Press, 1998), 22.

有所不同。在美国，每小时收入中值水平下降了 2%，而德国上升了 14.7%。换句话说，德国的经济增长有所下降，但由于对中低收入者的广泛分配，很多人从中获益。而在美国，大部分增长集中到少数高收入者手中。

还有一个令人信服的原因可以说明，促进社会收入均等的政策至关重要。累进税制的基本逻辑之一是，每额外一美元的边际价值，在百万富翁眼里要比只拥有 2 万美元的人低得多。可以这么想，富人消费的产品价值相对较低。是特德·特纳（Ted Turner）[1]的第 23 套房子更有价值呢，还是某个普通人的第一套房子更有价值？对比之下，对于中低收入家庭而言，从一个狭小的公寓搬到一个独门独院的房子里，获得的价值比富人更大。这样看来，收入分配更均衡会使社会的经济效益最大化。

累进税制不仅能使社会整体获益更多，对每一个人也都有好处。康奈尔大学的经济学家罗伯特·弗兰克（Robert Frank）指出，个人价值，包括金钱、地位以及他们选择更多自由或是工作的权利，不仅基于收入和休闲的权衡，而且基于人们对社会地位感知的权衡。如果某人选择了更多的休闲，他的消费水平可能会下降，他就更买不起阿玛尼套装或者是雷克萨斯汽车等名品。相反，如果他工作的时间更多，那么其消费水平会更高，不仅买得起上述产品，还能享受到社会地位的增加所带来的满足感。因此，弗兰克认为："最终，消费者会增加工作时间，使得休闲时间低于社会最佳水平。那么消费者应该会一致同意忽略休闲时间对消费水平的影响。"这样一来，增加累进税远远不会带来供给学派口中的市场扭曲，实际上还会减少现存的扭曲。因此"累进税会提高而非降低效率"。[2] 供给学派的经济学家可能认为，阿玛尼套装根本不会增强人们的社会地位感。对此，弗兰克以大卫·纽马克（David Newmark）和安德鲁·珀斯维特（Andrew Postlewaite）的一项研

---

[1] 特德·特纳全美最大的有线电视新闻网——CNN 的创办者，开创了世界上第一个全天候 24 小时滚动播送新闻的频道。——译者注。

[2] Robert H. Frank, "Progressive Taxation and the Incentive Problem," in Does Atlas Shrug? ed. Joel B. Slemrod (Cambridge, MA: Harvard University Press, 2000), 498.

究为例证。这项研究试图证明，个人的职业选择取决于其重要参照群体的收入水平。该研究对比了姐妹群体。他们发现，如果姐姐的丈夫挣得比妹妹的丈夫多，妹妹外出工作的可能性会增加 16% 到 25%。换句话说，由于会比较收入带来的社会地位，劳动力供给的决定部分取决于其姐妹家庭的收入水平。正如英国著名经济学家理查德·莱亚德（Richard Layard）的名言："在一个贫穷的社会，一个男人要证明对其妻子的爱，他应送给她一枝玫瑰；而在一个富有的社会，他应送妻了一打玫瑰。"[1] 正如弗兰克指出，"如果相对的消费水平很重要，按照推理，由于每个人的消费水平会对他人带来负面外部影响，上述情形无法得到满足。"[2] 更多的累进税并不一定要提高税率，它能够减少和别人比较的压力，使每个人的生活变得更好。

结论

我们国家正处于历史的关键时期。我们可以选择继续走供给学派路线，加剧经济不平等。我们也可以选择另一条道路，减少不平等，团结所有的美国人，共同分享经济增长。1992 年，企业管理专家彼得·德鲁克曾指出："除非服务工作者获得收入的同时，能够有尊严地生活，否则资本主义后期社会恐怕会成为一个等级社会。"[3] 他认为，这种趋势有所增加，中等收入水平的生产和服务工作减少，高收入的知识型工作（如软件工程师、市场经理、医生等）和低收入工作（比如清洁工、卫生保健助理、餐馆工等）的比例大大上升。这种阶级转变的危险正在逐年上升。

美国梦的核心是拥有自己的房产，比父母的工作更好。这向来不只局限于一部分人，所有的美国人都应过得更好。如果我们无法解决加剧的不平等问题，那么美国梦终会枯萎。

---

[1] Quoted in Robert H. Frank, "Frames of Reference and the Quality of Life," American Economic Review 79, no. 2 (1989): 80-85, 82.
[2] Robert Frank, "Frames of Reference and the Quality of Life," 82.
[3] Peter Drucker, Post-Capitalist Society (New York: Harper Business, 1993), 96.

SUPPLY-SIDE FOLLIES

第9章
低税率能使经济增长提速吗

> 经济繁荣是政治运动的第一主题。
>
> 伍德罗·威尔逊

最终,对于如何在这么多有信服力的经济政策中进行选择,时间是最好的检验:实行某种特定的经济政策会促进经济快速、持续以及广泛增长吗?供给侧学派称其政策经得起现实检验,但我们已经知道,供给经济学中促进经济增长的两个主要方式,即促进就业和增加储蓄都站不住脚。我们知道,供给侧经济学会导致巨额结构性财政赤字,这会提高利率,导致经济增长放缓。我们还知道,供给侧政策加剧了日益增长的收入不平等性。因此,证明供给侧政策会促进经济增长这一观点的证据不那么充分也就不足为奇了。但是,供给侧学派却不是这么讲的。

供给侧理论

供给侧学派十分肯定,其政策能够最为有效地促进经济增长。事实上,他们早就许诺过,如果政策制定者走供给侧路线,财富会急剧增长。1924

年，财政部长安德鲁·梅隆称："减税能够促进贸易和商务，增加国家财富，进而提高政府收入。即使税制基础较低，情况仍会如此。"[①]

SUPPLY-SIDE FOLLIES
为什么供给侧的减税政策无法促进经济增长

1. 减税无法促进就业，还会减少储蓄。
2. 在新知识经济时代，供给侧学派试图扩张资本，但这并不能带动经济增长。最重要的因素是创新，对富人减税的作用则微不足道。

SUPPLY-SIDE FOLLIES

在过去的20年里，供给侧学派复兴了梅隆的观点。AEI学者约翰·马金（John Makin）承诺："联邦税收总共减少了约1万亿美元，可用于经济发展的GDP将会在未来10年里增加3.44万亿美元。每年的收益率将达13.1%。"[②] 罗伯特·巴洛（Robert Barro）声称："非生产性的政府支出和税收每减少GDP的1%，经济增速每年会增加0.1%。"总统布什告诉我们："当美国人手头上有更多的钱可以进行储蓄、投资和消费时，美国经济会增长越快。"[③]

他们描绘的经济增长仿佛手到擒来，政治家只需做出减税的艰难抉择，而且不用再关心公平和进步性。林德赛认为："我们很少承认增加收入、刺激经济和实现公平相互矛盾，但是在一定程度上，这种矛盾的确存在，我们必须面对和解决它们。"[④] 总体上，供给侧学派成功地把争论转变为做出艰难

---

① Andrew Mellon, Taxation: The People's Business (New York: Macmillan, 1924).
② Cited in Nouriel Roubini, "Supply Side Economics: Do Tax Rate Cuts Increase Growth and Revenues and Reduce Budget Deficits? Or Is It Voodoo Economics All Over Again?" http://pages.stem.nyu.edu/~nroubini/SUPPLY.HTM (accessed 25 November 2005).
③ George W. Bush, "President Discusses Strong and Growing Economy," Chicago, 6 January 2006, www.whitehouse.gov/news/releases/2006/01120060106-7.html (31 January 2006).
④ Lawrence Lindsey, The Growth Experiment: How the New Tax Policy Is Transforming the U.S. Economy (New York: Basic Books, 1990), 161.

抉择。供给侧学派认为，如果要权衡经济增长和更多累进税的关系，做出艰难选择和增长更重要。许多自由主义需求学派认为这样做的代价实在太高，我们不能单纯追求较高的经济增长，而忽略现在最为所需之事。如果这就是政策制定者面临的权衡问题，那它真是一个艰难的选择。但是林德赛关于该艰难选择的观点并不正确，至少当他研究20世纪90年代的财政和社会政策时，在分析经济增长和公平的权衡问题上有失偏颇。说得好听些，没有可靠的证据表明低税率和单一税能够促进经济增长。最坏的情况是（对于供给侧理论），低税率和单一税对经济增长根本没有任何影响。实际上，经济理论并没有预测到由政府政策带来的经济公平性和增长之间存在一种权衡关系，而现实中几乎找不到任何证据。

现实世界中的证据

供给侧学派称，低税赋尤其是对高收入人群和储户们实行低税率会促进经济增长。对此，历史经验给出了最有力的反驳。盖尔（Gale）和奥斯泽格（Orszag）[1]指出，从1870年到1912年——供给学派的黄金期，美国没有所得税，联邦税收的收入只占GDP的3%。相反，从1947年到1999年，最高所得税率平均为66%，政府征收房产税和企业税，联邦税收收入占GDP的18%。按照供给侧经济学的理论，前一阶段应该出现迅猛的经济增长，而后一阶段应该出现实质性的经济停滞。但事实上，人均实际GDP增长率并未出现变化。

从1929年开始的经济增长对供给侧经济学更加不利。从1929年到1992年，税收占GDP的比例与人均实际GDP的变化有着强烈的正相关性。美联储经济学家李雯丽（Wenli Li）和皮埃尔-丹尼尔·萨特（Pierre-Daniel Sartre）指出："根据这些（新古典主义供给侧学说）模型，20世纪40年代

---

[1] William Gale and Peter Orszag, "Bush Administration Tax Policy: Effects on Long Term Growth," Tax Notes, 18 October 2004, 420.

早期的所得税急剧增加本应该被认为是降低了美国人均 GDP 增长率。"[1]古典经济学家的总结有些轻描淡写,"实际并没有出现这种情况。"

为了回应这些观点,供给侧学派反驳说,过去 25 年的情形有所不同。他们认为,20 世纪 80 年代里根的供给政策就像前《华尔街日报》编辑罗伯特·巴特利(Robert Bartley)所描述的那样,"带来了 7 年的经济繁荣。"将 20 世纪 80 年代描述为"无拘无束的经济繁荣"已经成了供给侧学派的家常便饭,如果情况果真如此,供给侧经济学就得到了证实。供给学派想让我们相信,"当前的经济扩张,即从 1991 年官员上任以来的良好态势,应看作 1982 年经济繁荣的延伸。"[2] 为什么当年的经济增长如此强劲?林德赛的解释很简单,"复苏背后的主要力量是经济政策的变革,尽管它们曾遭到了很多正统经济学家的指责。"[3] 要是美国人愿意捏着鼻子饮下供给侧的药汤,(或者大口喝下供给侧减税这杯可乐),那么经济就会增长。至少供给侧学者想让我们这么认为。

但是正如迪斯雷利(Disraeli)指出,这些谎言分普通的谎言、可恶的谎言以及数据欺骗 3 种类型。事实上,供给侧学者为了证明里根减税政策的有效性,只挑选了部分数据进行求证。尤其是 1984 年到 1990 年间,GDP 每年增加了近 4%,他们称其为"繁荣的 7 年"。约翰·马金告诉我们,"从 1982 年到 1987 年,经济增长了 4.5%,而在 1959 年之后的 40 年中,平均增长率只有 3.5%,比前期低了整整一个百分点。"[4] 然而这些数据恰巧遗漏了里根上任前两年以及任期最后一年的数据。如果将他从 1981 年到 1989 年的整个任期的表现作为考量,情况就没有这么乐观了(GDP 的增长比 20 世纪 70 年代略低,3.4% 比 3.6%)。此外,20 世纪 80 年代的生产率增长比 20 世纪 70

---

[1] Wenli Li and Pierre-Daniel Sartre, "Growth Effects of Progressive Taxes" (working paper, Federal Reserve Bank of Richmond, November 2001), 2.
[2] Lawrence B. Lindsey, "The Seventeen-Year Boom" (Washington, DC: American Enterprise Institute, 2000), 1.
[3] Lindsey, The Growth Experiment, 4.
[4] John Makin, "The Mythical Benefits of Debt Reduction" (Washington, DC: American Enterprise Institute, 2000), 2.

年代低了10%，下降幅度更大。总之，20世纪80年代的经济表现并不出色，与90年代相比，简直令人失望。

20世纪80年代的减税政策并没有使经济出现显著的增长，尤其是生产力的增长。但是，20世纪90年代的增税政策却带来了显著增长。对于供给侧学派来说，这种增长来得毫无准备，令人生疑，存在问题。他们是如何解释的呢？没有解释。正如曼昆所写，"20世纪90年代的经济发展出人意料地强劲，始终是一个谜团。"[1] 如果你相信个人的高税赋会使经济发展放缓，那么这个谜团将更加难以破解。

跨国家比较

在判定经济政策和经济增长之间的关系时，经济学家不仅比较了不同时期的经济增长率，还比较了不同国家的增长率。一些早期的研究最初证实了供给侧的假设，这些假设认为低税率能够加速经济增长，然而随后的一些研究推翻了这些假设。供给侧学派经常用巴洛（Barro）和浦沙尔（Plosser）的两个研究推广其理论，此项研究发现政府开支和税收与经济增长之间存在明显的负相关性。[2]

然而这些研究存在严重的问题。首先，征税程度与初始收入水平之间存在强烈的正向关系（在一些贫穷的国家，税赋通常更低）。发展经济学家威廉·伊斯特利（William Easterly）和塞尔焦·雷贝洛（Sergio Rebelo）重新检查了这些研究，在控制初始收入水平之后发现，巴洛和浦沙尔的研究结果不再成立。此外，经合组织在全面评估了跨国家增长的研究后发现，"如果这些分析包含增长的其他决定因素（比如出口占GDP的份额和国内信贷增长

---

[1] Greg Mankiw, "So Who Do We Thank for This Boom?" Fortune, 11 October 1999, http://post.economics.harvard.edu/faculty/mankiw/columns/oct99.html (accessed 25 November 2005).
[2] Robert J. Barro, "Economic Growth in a Cross Section of Countries," The Quarterly Journal of Economics 106, no. 2 (May 1991): 407-43; Charles I. Plosser, "The Search for Growth," in Policies for Long Run Economic Growth: A Symposium Sponsored by the Federal Reserve Bank of Kansas City (1992): 57-86.

等），政府扭曲（税收和支出）这一变量几乎不会产生影响。"[1]

巴洛和浦沙尔的研究还有第二个问题。他们并没有考虑到某些形式的政府投资（比如基础设施、教育和调查）能够促进经济增长。相反，他们只是假设所有开支都不利于增长。然而，经合组织指出，"更多高质量的公共产品和服务也会提高私有部门增长率，增加人力资本，因此促进经济增长……这也表明，在评估某种特定的增税和减税政策时，我们应充分考虑这些政策资助或者削弱了哪种形式的政府项目开支。"[2] 美联储经济学家李雯丽和萨特进行了该项研究，他们发现，"当政府开支能够提高生产率水平时，增税对经济增长的不利影响会大大减小，甚至会起到促进作用。"[3]

若将影响经济增长的以上及其他因素综合考虑在内，许多研究发现，高税赋与快速增长之间存在正相关性。坦茨等人发现，在富有的国家中，政府的相对规模更大。[4] 另一项研究同样发现，对于很多国家而言，从1976年到1997年，税收和政府支出占GDP的比例与人均收入增长存在强烈的正相关性。供给侧学派可能会争辩说，由于这些研究包含了收入较低的发展中国家，这些国家的政府支出较少，因此结果存在一定误差。然而，若只考虑那些更为富有的经合组织成员国，这种正向关系更为明显。[5] 正如李雯丽和萨特的研究发现，"总体而言，人均增长率和公共支出相对规模之间的关系正在加强。"[6]

因此，大多数跨国研究发现税收和增长之间没有关系，更别说是正向关系。伊斯特利和雷贝洛在审阅了有关经济增长的文献后总结道，"税率对经

---

[1] Willi Leibfritz, John Thornton, and Alexandra Bibbee, "Taxation and Economic Performance" (Paris: Organisation for Economic Co-Operation and Development, 1997), 18.
[2] Leibfritz, Thornton, and Bibbee, "Taxation and Economic Performance," 15.
[3] Li and Sartre, "Growth Effects of Progressive Taxes," 3.
[4] V. Tanzi and H. Zee, "Tax Policy for Emerging Markets; Developing Countries," National Tax Journal, June 2000, 299-322.
[5] Li and Sartre, "Growth Effects of Progressive Taxes," 27.
[6] Li and Sartre, "Growth Effects of Progressive Taxes," 2.

济增长产生作用的论据少得可怜。"[1] 斯莱姆罗德表示同意并指出,"关于经济增长和税收程度之间的关系的数据研究十分复杂,它们试图使其他经济增长的决定因素保持不变,以此突出税收政策的单独作用,这样的分析不会成为广泛共识。"[2] 李雯丽和萨特发现,"跨国研究表明,长期增长与财政政策无关……这些研究的数据表明,经济增长与税收收入占 GDP 的比重无关。"[3] 换句话说,综合以上研究以及模型,经济学家并没有找到充分证据来证明低税赋能够促进经济增长。但这并没有阻止供给侧学者不断重复他们的准则:减税会促进经济增长。

为什么低税赋和高增长无关

为什么供给侧学派关于税收与增长的论述经不起推敲?要理解其中的缘由,我们首先应研究以下供给侧学派关于增长如何发生的观点。他们认为,经济增长源于一系列的步骤。倒着推理来看,资本积累(比如更多的资本设备)会拉动增长,储蓄增多会刺激资本积累,而减税,尤其针对富人和储户的减税会增加储蓄。因此,对富人减税能够得到更多储户,进而增加资本投资,以此带动经济增长。但是,这每一步背后的逻辑都经不起推敲。正如我们在第 6 章中所说,减税不会增加储蓄,更多的储蓄也不会带来资本积累。更主要的是,经济学家逐渐意识到,资本积累本身并不是经济增长的主要驱动力。

供给侧学派坚持认为资本积累能够带动经济增长,这深深地植根于新古典主义经济学的经济增长模式。早期的增长核算试图研究经济增长与不同要素之间的关系,比如资本和劳动力供给、增加的经济规模等。这些研究发

---

[1] William Easterly and Sergio Rebelo, "Fiscal Policy and Economic Growth," Journal of Monetary Economics 32 (1993): 417-58.
[2] Joel Slemrod and Jon Bakija, Taxing Ourselves: A Citizen's Guide to the Debate Over Taxes (Cambridge, MA: MIT Press, 2004), 120.
[3] Li and Sartre, "Growth Effects of Progressive Taxes," 2.

现，传统要素的积累对经济增长的贡献出人意料的小。曾获得诺贝尔奖的经济学家罗伯特·索洛（Robert Solow）将去除供给和劳动力之外的因素称作"科技进步"，即商品和服务生产方式的改变。因此，科技进步大大提高了原先由资本和劳动力积累确定的增长潜力。正如加州大学伯克利分校的经济学家布拉德·德隆（Brad Delong）所指出的："索洛在传统的增长核算中发现，资本积聚对劳动生产率的提高作用不大。"[1]尽管存在这些发现，供给侧学派和新古典主义的经济学家仍然喜欢强调资本的重要性，在他们眼中，科技进步正如早期增长核算经济学家摩维兹·阿布拉莫维茨（Moses Abramovitz）所形容，"简直是无稽之谈。"他们拒绝学习新的理论，只是简单地强调自己已知的资本论。

那么为什么现实情况不同于供给侧学派的理论，资本的作用会如此之小？新型增长经济学的领袖，斯坦福大学的经济学家保罗·罗默（Paul Romer）指出：

> 我们现在已经清楚，古典经济学所说的积累更多的实体资本根本无法轻易地刺激经济增长。经济学家认为，经济体面临的问题（暂时忽略家庭在银行的储蓄）是报酬递减。打个比方，在处理重物时，铲车是很有用的设备。如果经济体中的铲车较少，每一辆新增铲车给投资带来的收益会非常高。但随着铲车数量的增加，每一新增铲车的价值会迅速下降。最终新增铲车将会失去价值，成为废物。每一新增铲车的投资回报率逐渐下降，最终变为负值。因此随着实体资本的逐渐积累，经济几乎无法增长。[2]

近十年内，包括创新在内的新型增长领域已经出现。这种"新增长理

---

[1] J. Bradford DeLong, "Productivity Growth and Investment in Equipment: A Very Long Run Look," Growth and Equipment, August 1995, 4, www.j-bradford-delong.net/ pdf_files/JEH_Machinery.pdf (accessed 24 November 2005).

[2] Paul M. Romer, "Beyond Classical and Keynesian Macroeconomic Policy," Policy Options, July-August 1994.

论"重新定义了传统的增长模式，知识和科技不再被简单地排除在经济活动之外。事实上，这一理论生动地解释并建构了科技进步，并将其视为包括政府在内的经济参与者主动追求目标的结果。这一领域的研究发现，包括科技变革在内的创新方式比资本积累更能促进经济增长。

这种新型增长理论能够兴起的原因之一在于，人们逐渐意识到旧经济模式是在商品生产主导的工业经济下产生，而它已经无法解释当下由知识和创新引领的经济增长。新的增长理论强调了知识及其他形式资本的差异。以前，知识被看作纯粹的公共物品，可以在人与人以及企业与企业之间自由流动。新增长理论假设，人们在同一时间内使用科技和知识的能力不尽相同（对抗性），人们防止其他人使用相同科技和知识的能力也不一样（排他性）。例如，软件程序是非竞争物，很多人可以在同一时间使用。但是，在知识产权的保护下，除非得到所有者的许可，否则他人无法使用该软件。由于知识经常会被其他人使用，那么经济福利并非完全由开发者享有。因此，知识既不是完全的公共物品，也不是完全的私人物品。新增长理论还意识到了科技创新对制度环境产生的重要作用，这种创新并非是对非人性化的价格信号产生的简单回应。这就表明在当今知识导向的新经济下，要促进创新型机构的发展，既需要实验，也需要评估公共政策。

最近，两位著名的增长经济学家罗伯特·霍尔（Robert Hall）和查尔斯·琼斯（Charles Jones）对127个国家的经济情况进行了研究，以确定为何某些国家经济增长如此之快并且比其他国家更富有。不出所料，他们发现，"1998年，人均生产水平最高的5个国家，其人均产出是最低的5个国家的31.7倍。"然而，他们的另一个发现可能会令将储蓄视为关键因素的供给测经济学家大吃一惊，"以上的巨大差异与实体资本和人力资本（这里的人力资本是指工人的受教育情况）几乎没有关系。"[1]相反，他们发现，财富的积

---

[1] Robert E. Hall and Charles I. Jones, "Why Do Some Countries Produce So Much More Output Per Worker Than Others?" Quarterly Journal of Economics, February 1999, 85-116, 92.

累不在于实体资本和人力资本的数量,而在于资本的使用效率。对于促进经济发展而言,资本使用方式重要性是资本数量的 4.6 倍。还有一种方式同样能够证明这个发现,在 127 个国家中,美国工人的人均产出排名第一,生产力水平排名第十三,但是资本输出率排名三十九。[1] 因此,霍尔和琼斯总结道:"实体资本的密度和受教育程度的差异对工人的人均产出作用不大。"[2]

其他一些研究也得出了相似的结论。克诺夫(Klenow)和罗德里格兹(Rodriguez)对跨国研究中工人的人均收入进行了分解,比较了物质、资本、人力资本以及全要素生产率(全要素生产率指由实体资本和人力资本之外的要素投入引起的产出增长)对收入的作用。他们发现,工人人均收入增长率的差异,90% 源于高效的资本使用方式,人力资本和金融资本只起到 9% 的作用。[3] 并非所有研究发现的差别都如此之大,但几乎所有的研究都一致发现,创新和资本使用方式是驱动增长最主要的力量,资本扩张起的作用小得多。[4]

资本的重要性可能比上述还低。当更具生产力的新技术被研发出来,如语音识别系统,它的发展会引导组织加大对资本设备的投入。供给侧学派相信萨伊法则的另一种说法,即储蓄能够带动资本投资。增长经济学假设,能够神奇地拉动经济增长的是创新而非储蓄。如果你手头仅有的工具效率太低,无论储蓄率多高或者利率多低,你都无法买到更多的东西。相反,如果新工具能够让你做到很多意想不到之事,就算利率偏高,组织也可能会加大投资。这是因为高生产率使投资能够获利更多。因此,创新和高生产率促进了资本积累。[5] 创新和企业快速学习的能力加速促进了教育和资本的积

---

[1] Hall and Jones, "Why Do Some Countries Produce So Much More?" 109.
[2] Hall and Jones, "Why Do Some Countries Produce So Much More?" 94.
[3] Peter J. Kienow and Andres Rodriguez, "The Neoclassical Revival in Growth Economics: Has It Gone Too Far?" NBER Macroeconomics Journal 12 (1997): 73-103.
[4] William Easterly and Ross Levine, "It's Not Factor Accumulation: Stylized Facts and Growth Models," World Bank Economic Review 15 (2001): 177-219.
[5] Elhanan Helpman, The Mystery of Economic Growth (Cambridge, MA: Belknap Press, 2004), 26.

累。① 当企业开始创新并且转变为技术更先进的生产力时,他们会吸引更多资本和有技术的员工,反而会使人们增加收入和强化技能。这样一来,并非资本带动经济增长,而是经济增长带来了更多资本形成。一份由布洛姆斯特(BlomstrÖm)、利普西(Lipsey)和赞干(Zegan)进行的跨国研究完全证实了这一理论,即人均收入的增长促进了资本积累。②

在讨论是什么驱动了创新这一问题之前,我们必须首先弄清楚人力资本(教育)以及物质资本(设备)与经济增长之间的关系。增长经济学清楚地表明,资本数量的变化(比如更多的机器或者接受更多的教育)并非提高生产率的关键。但这并不是说对设备、教育以及技能进行投资毫无重要性可言。或许最佳的想法是起重要作用的并非资本(物质和人力)的数量,而是其质量。这不只关乎资本的存量,还有资本多长时间会更新换代以及升级为生产效率更高的机器、设备和软件。

要更好地理解这一点可以从机械师开始。一位在20年前获得大学学位的机械师,与一位只有高中文凭,但是定期参加课程提高技能并且能够及时跟上机械技术发展脚步的机械师相比,谁对经济发展更有作用呢?我想答案很清楚:第二位能够终身学习的机械师更有生产力。但是比起第一个获得大学文凭的机械师来说,第二位机械师的人力资本更少(至少,根据经济学家衡量人力资本的方式是这样),但由于其人力资本不断更新,更能跟得上经济需求的步伐。物质资本同样如此。拿罗默的铲车例子分析,经济体A的铲车数量比经济体B的数量多20%,但是经济体B的现有铲车更新为机器人控制的新型铲车(假设可以实现这样技术),二者相比,哪个更好呢?假设新型铲车的花销比原来的铲车多20%,铲车支出占GDP的比重相同,但是拥有新型铲车的经济体B的生产力水平肯定更高(假设新型铲车的生产力提高水平超过20%)。换句话说,增加铲车的数量会出现报酬递减(每一新增

---

① See Richard R. Nelson, Technology, Institutions, and Economic Growth (Cambridge, MA: Harvard University Press, 2005).
② Cited in Helpman, The Mystery of Economic Growth, 159, n8.

铲车比上一辆的生产力低），但是新型铲车在短期内不会出现这种情况（因为每一辆新增铲车都比其替代的前一辆更有价值）。最终，新型铲车或者相似的科技也需要再进一步发展。同样，教育年限也呈现出报酬递减（如果每位工人都拥有博士学位，生产力会提高吗）。但是为了跟上日益更新的技术和工作环境的步伐而进行终身学习，其报酬递减的情况要好得多。因此，一个经济体拥有的机器数量并不是最重要的，机器的先进程度及其使用方式才是创新源泉。同理，人们受教育的时间不是最重要的，关键是人们的技能是否能与日益改进的生产流程相匹配。因此，至关重要的是，政策应该促进竞争和科技创新，鼓励工人不断更新技能，不断学习使用新一代的设备（包括电脑、软件以及其他信息技术）。

在新型网络经济中，还有一个理由能够说明我们的重心不应放在扩张的资本上。我们能够想出很多资本减少但生产率却提高的例子。比如，如果人们在网上购买所有的音乐并下载到 iPod 播放，那么音像商店、经销商和 CD 制造厂家就都会关门。但是，运营一些类似 Apple iTunes 等音乐网站的固定设备所需的资本要远远少于之前生产、经销以及售卖数以亿计 CD 所需要的资本，包括电脑、收银机、房屋和机器等。通过储蓄增加资本与随处可见的经济数字化相比，哪个对美国经济更有利呢？同理，在新经济中，诸如精益生产（由丰田公司倡导）的新生产模式有助于企业更有效地利用现有资本和空间，提高生产率。企业是该用更多资本和传统的生产方式，还是用更少的资本加上精益的生产方式？但这些并非是排他性选择，之所以会选择后者，因为它可以用更少的资本实现相同的生产力。

如果生产力增长的关键是如何使用和发展人力资本和物质资本，那么其决定因素是什么？霍尔和琼斯对不同国家之间的生产力差异进行了总结，根本上由"社会基础结构"的差异造成。"[1] 他们对"社会基础结构"的定义是创新并高效地管理资本和劳动力以增强生产力，其中一个关键部分是

---

[1] Hall and Jones, "Why Do Some Countries Produce So Much More?" 94.

发展和广泛应用科技创新的能力。正如保罗·罗默指出，"最终，生活质量的提高都将来自对自然资源的有效管理……如果无法通过多次探索使自然资源带来价值，那么储蓄和投资的数量、宏观经济政策的调整以及税收和开支的刺激措施都无法带来经济的可持续增长。"[①] 探索的一种主要驱动力是对研发进行投资。查尔斯·琼斯估计，如果现在美国经济对研发的投资占 GDP 的比重仅为 1950 年的水平，生产率的下降幅度会在 17% ~ 32%。[②] 他还发现，年经济增长的 1.38% 由研发实现。总之，现在最重要的是有多少创新正在被开发和应用，而不是我们有多少储蓄。

尽管资本积聚远没有科技创新重要，借用赫尔普曼（Helpman）的话说，供给侧学派和新古典主义的增长经济学家却不断"强调物质和人力资本的积累是收入增长的主要驱动力"。[③]《商业周刊》的首席经济学家米切尔·曼德尔（Michael Mandel）更加直言不讳地将古典主义经济学家称作"资本基要主义者，他们认为对物质资本和人力资本（偶尔）的储蓄和投资是经济增长的唯一动力，并常常忽略或轻视科技的重要性"。[④] 因此，大多数情况下，他们"对科技的诸多领域持有矛盾甚至敌视心态……尽管不情愿地承认了科技变革的重要性，但他们无法对此表示理解和信任"。[⑤] 正因如此，供给侧学派无法真正解释现实生活中决定经济增长的要素。曼昆承认，"很难找出（20世纪 90 年代）生产力强劲增长的原因。"[⑥] 鉴于其相信税收是决定生产率增长的最重要因素，要找出答案变得更加困难。

为什么供给侧学派（和新古典主义经济学家）通常忽略经济增长的最主要因素——创新，而更偏向单纯强调储蓄和资本的作用？原因有以下几点。

[①] Paul M. Romer, "Implementing a National Technology Strategy with SelfOrganizing Industry Boards," Brookings Papers on Economic Activity, Microeconomics 2 (1993): 345-97, 345.
[②] Charles I. Jones, "Sources of U.S. Economic Growth in a World of Ideas," American Economic Review 92, no. 1 (2002): 220-39.
[③] Helpman, The Mystery of Economic Growth, 9.
[④] Mandel, Rational Exuberance, 47.
[⑤] Mandel, Rational Exuberance, xii.
[⑥] Cited in Mandel, Rational Exuberance, 57.

第一，我们很难衡量工人的技能、新型生产方式的适用性以及创新扩张性这些要素。相反，衡量储蓄和税率等因素要简单得多，只需将如价值和受教育时间等代入数学模型。第二，正如赫尔普曼的观点，强调资本是因为"这些要素积累会随经济刺激发生改变"。[1]供给侧学者有点像在路灯下寻找丢失钥匙的醉汉，其实钥匙掉在黑胡同里。他们之所以忽视创新而强调资本（包括人力资本在内），因为他们相信，资本会随税收水平改变，而创新就是胡同一角的"黑盒子"。正如赫尔普曼指出，新古典主义经济学家"将科技变革看作外部作用"（这表明其不在模型当中），因此他们认为科技"不是经济刺激的一种影响"。[2]因此，"他们不重视科技变革。"

第三个原因在于新古典主义经济学家不熟悉科技，用曼德尔的话说："他们在学校只学习了供给与需求，却没学过半导体。"事实上，自 20 世纪 50 年代以来，经济学过度关注强调价格（通货膨胀率、股票价格和储蓄率）的数学模型，却大大忽略了科技和企业家精神，它们与历史、商业管理、计划、组织心理学和工程学相关，而不是经济学。或许正因如此，著名经济学家肯尼斯·鲍尔丁（Kenneth Boulding）打趣地说："数学使经济学更为精确，不幸的是，它同时也使经济学失去了生命力。"正如哥伦比亚大学经济学家理查德·纳尔逊所指出的："只有把研究转移到那些更简单的、更能引起人们兴趣的领域，经济学的科学性才能更为精确。很多人认为，大多数经济学理论都是如此。这样的确能够形成一些很好的经济学观点，却无法真正阐明政策理论。"[3]曼德尔指出："经济学家知道怎样减少预算赤字，但他们并不理解怎样促进或影响科技的发展。"[4]

我的一段经历更加证实了该观点。2000 年，在白宫举行的新经济会议的午宴上，我坐在一位杰出的经济学家身边，他因怀疑新经济生产力反弹

---

[1] Helpman, The Mystery of Economic Growth, 9.
[2] Helpman, The Mystery of Economic Growth.
[3] Nelson, Technology, Institutions, and Economic Growth, 191.
[4] Mandel, Rational Exuberance, 62.

而出名。他当时告诉我，在当前的经济繁荣中，信息技术起的作用不大。因为上两次重大的信息技术变革——自动取款机和赛博航空预定系统都发生在20世纪70年代。我问他，"B2B等电了商务已经应用于科维森特（Covisint）等汽车行业以及奥贝特兹（Orbitz）等旅游业，你认为其重要性如何？"他承认从未听说过这些事情。新古典主义经济学家从未去过汽车装配厂、电信中心办公室，从未看过银行的检查处理设备或其他生产设备，他们不会理解，在21世纪的美国经济中，技术、工人组织以及企业家行为才是促进生产力发展和创新的主要因素。因为他们不了解技术，只知道金融和复杂的数学公式，他们把所有的赌注都压在了资本和储蓄上。

供给侧经济学家几乎把所有的注意力都放在了资本上。部分原因在于，他们的理念深深植根于盛行于20世纪早期的古典经济学说。在那个年代，积聚大量用以投资工厂、铁路和其他资本工程的资本才是经济增长的关键。有些经济体能够存储并吸引资金进行快速投资，有些则不能。在21世纪初期的经济中，创新才是关键，个人所得税与其无关。回想过去15年的经济增长，并非因为我们得到了更多资本来投资大型钢铁厂或汽车厂，而是因为我们发展了一系列新型科技（比如手机、互联网、高速电脑芯片、基因工程、纤维光学和机器学等），因为许多组织（盈利性的、非盈利性的和政府）采用了新技术并进行了重组，生产了新产品，引进了新服务，开拓了新市场。尽管这些也需要资本，但资本不是驱动力，也不是短期供应商品。创新才是驱动力。

基于信念的经济学

最终，要更完美地解决经济发展的问题，其他计量经济学研究甚至是复杂的数学模型都无能为力。因为经济学有个不为人知的秘密，那就是尽管人们将它视为与物理学一样的科学，实践家的政治信念和个人倾向对政策结果和建议还是会起到决定作用。乔尔·斯莱姆罗德也曾指出："经济学几乎不能被称为是一门科学，我们对于公平的价值取决于我们认为何种财政政策最有利于经济的信念。"[1] 林德赛表示同意并指出："很多人会认为经济数据能够支持他们的主张，以此实现政治利益"。[2] 他继续指出，"之所以有持续不断的争论，部分原因是人性和政府角色在哲学上的分歧，无论经济数据多么健康，经济学家都无法解决这个问题。"[3]

其实，保守派拥护供给侧经济学并非因为它是一种高级增长策略。事实上，相关证据显示，要引领21世纪的知识型以及全球化新经济，供给经济学是低效的增长策略。相反，供给侧学派受保守经济思想的束缚，使经济政策与其根深蒂固的观念相吻合，使政府、市场和个人的角色符合其理念。供给侧经济学最核心的动力是其基本原则，对保守主义来说，这一原则就是自由。由于累进税制将一些人手中的钱给了另外一些人，因此被视对个人自由的威胁。由于政府开支使集体判断代替了个人判断，所以这也被视为对自由的威胁。

关于此理论，里根总统曾在1964年发表的演讲中做过最佳表述，保守界称其为"那个演讲"。

> 越来越多的人告诉我们，必须在左派和右派中作出选择。事实上，根本没有这一说法。我们唯一能够选择的是向上还是向下。向上是实现人类长久的梦想，最终在法律和道德的约束下实现个人自由；向下会造成可怕的极权主义。不管人们是否真诚，或是出于人道主义，只要是用个人自由换取安全感就都是在走下坡路。

最近，同为保守派的麦金纳克公共政策中心主席劳伦斯·里德

---

[1] Joel Slemrod and Jon Bakija, Taxing Ourselves: A Citizen's Guide to the Debate Over Taxes (Cambridge, MA: MIT Press, 2004), 141.
[2] Lindsey, The Growth Experiment.
[3] Lindsey, The Growth Experiment, 12.

第9章 低税率能使经济增长提速吗

（Lawrence Reed）在传统基金会的一次演讲中总结了保守主义的观点："最终，我们希望限制政府，因为我们支持自由主义和自由社会……关于政府，我们的核心原则也是坚攻不破的事实，即如果政府不先从一些人手中获取财物，它就无法进行分配。一个大到可以给你一切的政府，也能随时拿走你的一切。"①

按照这种自由至上的基本理念，只要自由不直接影响人们的生活和财产，人们就应该保留更多的收入，为所欲为。正因如此，供给侧经济学虽然无效，还是被保守主义者视为增长策略。许多左派主义者认为平等比增长重要，而许多右派主义者认为自由比增长更重要。虽然有确凿的证据表明政府的扩张会提高人们的生活质量，但如果政府提高生产力的措施会加重人民的赋税，它仍然会遭到供给侧学派的反对。为了享受到小政府能够赋予的高度自由，他们宁愿降低生活质量标准。保守经济学的保护圣人弗雷德里克·哈耶克总结了该观点，虽然20世纪40年代人们的生活质量水平更高，但因其来自政府的扩张，因此他还是愿意接受90年代的低生活标准。他说："在我个人看来，忍受政府在某些方面的低效率也比忍受控制我生活的有组织的垄断要好。"②在1996年共和党总统提名讲话中，鲍勃·杜尔的观点与哈耶克一致，当提到克林顿总统第一任期的经济繁荣时，他说：

> 谁也不能否定物质福利的重要性。我们应该意识到，为了物质福利，我们已经牺牲了太多经济自由。我并不会把经济自由捧得太高，认为它能带给我们与自由等值的物质福利。市场自由不是经济繁荣的最佳保障，但它是人民权利的主要保障。如果政府为了人民的利益来控制经济，最终将会为了经济的利益控制人民。我们的反

---

① Lawrence W. Reed, "Why Limit Government?" (Washington, DC: Heritage Foundation, June 2004), 217, www.heartland.org/pdf/15354.pdf (accessed 22 November 2005).
② Reed, "Why Limit Government?"

对者将享受自己时间和劳动成果的个人权利视作自私行为，他们要反抗这种违背政府利益的行为。其实他们大错特错。当他们合起伙来拿走人民的收入、指导人民行为的时候，他们并不是为了我们的利益，而是为了获得命令人民的权利。[1]

供给侧学派认为，他们的目的就是有限的政府权利和低税收政策。保守派政策创新研究所曾经记载，"民主政府的首要职责是保护生命和财产。个人收入是财产的基础。税制不应成为财富和收入再分配以及社会建设的工具。"[2] 令他们宽慰的是，关于低税率和小政府能够促进增长的供给侧理论为这些信念提供了理论支持。

尽管供给学派认为自由比高收入更重要，但大多数美国人很务实。只要政府措施符合民主和市场导向的社会，只要能够促进经济增长，美国人民都会为了自己和下一代人能过上更好的生活而给予支持。关于经济和社会，大多数人最重视的是高质量的生活、令人满意的工作和生活标准的提升。

增长的关键是什么？某种程度上，答案非常简单。威廉·伊斯特利（William Easterly）指出："如果政府能采用高科技、对机器进行高质量的投资以及实现高质量的教育，社会将一派繁荣。"[3] 诺贝尔经济学奖得主道格拉斯·诺斯（Douglass North）认为："我们必须实行激励措施，让人们对高质量的技术进行投资，提升技能，形成高效市场。"[4] 保罗指出：

保守主义的多储蓄和自由主义的多消费都不是问题的关键。调

---

[1] Bob Dole, Speech to the 1996 Republican National Convention.
[2] Lawrence A. Hunter and Stephen J. Entin, "A Framework for Tax Reform" (Dallas: Institute for Policy Innovation, 14 January 2005), 5.
[3] William Easterly, The Elusive Quest for Growth: Economists' Adventures and Misadventures in the Tropics (Cambridge, MA: MIT Press, 2002), 289.
[4] Douglas C. North, "Poverty in the Midst of Plenty" (Stanford, CA: Hoover Institution, October 2000), www-hoover.stanford.edu/pubaffairs/we/current/north_1000.html (accessed 23 November 2005).

整货币政策和财政政策提高储蓄率和增加资本积累都无法使生活质量不断提高。经济政策最重要的工作是为支持科技变革创建制度环境。[①]

我们现在就要讨论这个任务。

---

① Paul M. Romer, "Beyond Classical and Keynesian Macroeconomic Policy," Policy Options (July-August 1994), 21.

SUPPLY-SIDE FOLLIES

Why Conservative Economics Fails, Liberal Economics Falters, and Innovation Economics is the Answer

第三部分

新经济下的替换策略

SUPPLY-SIDE FOLLIES

21世纪，要想推行拉动经济强劲广泛增长的政策，对供给经济学进行客观严谨的评论只是第一步。这还远远不够。我们应该提出替换策略。目前有三种经济学说可以代替供给经济学：1.自由学说，它强调凯恩斯主义的重要性，以及旧经济下的再分配政策框架；2.新古典主义的中立学派，重视财政节制，将促进储蓄（尽管通过增加中低收入的美国人的储蓄）看作关键；3.增长经济学，它将创新放在首位。

尽管旧经济下兴起的凯恩斯主义在一定程度上有指导作用，但总体而言，它并不适合指导新经济的增长。尽管在财政节制和累进储蓄方面，新古典主义中立学派也有一些很重要的见解，但其终归也不属于充分的增长策略。增长经济学的模式通过公私合营，将促进创新和生产力放在核心，这才是21世纪经济增长的关键所在。

在讨论增长经济学之前，让我们先看一下前两个理论的缺陷。

SUPPLY-SIDE FOLLIES

SUPPLY-SIDE
FOLLIES

第 10 章

需求经济学：来自过去的替代理论

> 困难不在于创建新观点，而在于打破旧常识，因为它们已经深深植根于我们大多数人的脑子里。
>
> 凯恩斯

尽管我们能够理解供给经济学作为共和党的理论学说而兴起，但却很难搞清楚，为何民主党派无法阻止供给侧理论控制华盛顿。民主党失败的原因主要有三点。首先，在反对供给经济学的过程中，他们使用了错误的观点。其次，他们低估了共和党计划的激进性，以为供给侧进程只是由某些边缘演员倡导，并不会成为共和党内部的核心要义。最后，在 20 世纪 90 年代，民主党尚能够清楚地阐明连贯有效的增长策略，即结合了定向公共投资、财政节制和全球化的克林顿经济学。自那之后，民主党派再也未能清楚地阐明连贯的增长策略，相反他们过于保护旧经济下需求侧和平民经济学的理论框架。

SUPPLY-SIDE
FOLLIES 美国供给侧模式启示录

争抢供给学派主场的时机到了

在成功推行供给侧议程后，小布什和其共和党同僚抢占先机，使用一系列说辞推行重点针对有钱人的减税政策，通过释放资本，刺激就业以带动增长。他们声称，如果不实行减税政策，会提高失业率，降低投资和生产力，致使创新不足，从而导致美国的国际竞争力下降。也就是说，不实行他们的计划，就会发生一些很糟糕的事情。

民主党也曾尝试对供给经济学发起学术攻击，但是他们的进攻大多数站在公平的立场。他们把供给经济学称作滴滑经济学，富人得到了大多数收益，普通民众仅得到了极少利益。民主党抱怨布什政府过度的减税政策以"工人家庭"的利益为代价，使富人享受到了大部分税收减免。

起初，自由派新古典主义经济学家同意供给学派的观点，即必须权衡公平和增长的关系，但他们坚持认为，民主派应该选择公平。该观点的主要倡导者是克林顿政府经济顾问委员会的前主席艾伦·布林德，他在其1987年的著作《头脑冷静，心地善良》中提出，共和党冷静地选择了增长，民主党心慈手软地选择公正。布林德认为，如果能够帮助穷人，牺牲一部分增长以促进公正是有必要的。他甚至承认，"共和党比民主党更了解经济学。"[1] 他进一步指出，"民主党更强调公平原则，而共和党更注重效率原则。"[2] 这大概说得过去，因为他还指出："我们不能仅仅因为牺牲了一小部分效率，就完全否定实质性的再分配项目，改变促进公平的政策（比如，使税制更具累进性，或者提高政府公共福利）会损害效率。"[3]

这样一来，布林德和许多自由派新古典主义经济学家心照不宣地达成了一致，只有一点与供给学派不同，即他们相信公正的重要性如此之大，就

---

[1] Alan S. Blinder, Hard Heads, Soft Hearts: Tough-Minded Economics for a Just Society (Reading, MA: Addison-Wesley, 1987), 13.
[2] Blinder, Hard Heads, 28.
[3] Blinder, Hard Heads, 31.

算以高税收和低增长为代价，也应给予支持。该观点的另一个倡导人，布鲁斯金研究所的经济学家兼卡特政府经济顾问委员会主席查尔斯·舒尔茨（Charles Schultz）曾经打趣地说："供给经济学十分正确，公平无法解决问题。"尽管这看起来是打击供给经济学，实际上是心照不宣的默认。保守经济学派可以骄傲地宣称，减税会带来强劲的经济增长。强调公平的自由派只能抱怨道，"减税虽能带来经济增长，却也大大加剧了不公平性。"① 布林德认同该观点，声称："供给经济学说得很对，低税收可以刺激人们多工作、储蓄和投资，具有效率和价值。"② 他继续指出，"里根经济学至少说对了一方面，降低边际税率的确能够减少税收扭曲，从而提高经济效率。"③ 他认为，"在10%税制下，人们只敢做政府鼓励的事情，避开政府惩罚的事情，不管这些行为是否会带来潜在的经济利益。"④ 布林德反对供给学派的方面在于，他们的承诺太过美好：结束通货膨胀，大大提高经济增长率，不会带来预算赤字。因此，可以把他的观点归结为：供给经济学是不错的增长策略，但是不能过分夸大其效果。然而问题是，供给学派都秉承"资本第一"的理念，将资本而非创新看作经济的主要驱动力。但正如我们在第10章中讨论的，新古典主义经济学的增长模式，无论来自自由派还是保守派，都不能看作当前经济形势的增长策略。

不出所料，由于民主党的首席经济学家持有上述观点，大多数民主党官员也持相同观点，并没有把重点放在供给政策对促进增长的无效性，而是强调其分配问题。众院共和党领袖南希·佩洛西（Nancy Pelosi）将小布什的减税政策比作"特洛伊木马，只对政府偏好的高层实行税收减免"。⑤ 随后，参院共和党领袖汤姆·达施勒（Tom Daschle）也附和说，减税政策将会"只让

---

① Blinder, Hard Heads, 96.
② Blinder, Hard Heads, 88.
③ Blinder, Hard Heads, 64.
④ Blinder, Hard Heads, 165.
⑤ William L. Watts, "Daschle: Democrats Will Press for Middle Class Tax Relief," Tax Policy Center, 3 January 2003, www.taxpolicycenter.org/news/dems_blast_div.cfm (accessed 21 November 2005).

有钱人享受到大多数优惠"。①

鉴于民主党的上述观点，媒体跟风而行就在意料之中。在 2003 年 1 月 20 日发行的《商业周刊》的封面上，该杂志宣称："阶级福利？假设小布什的减税政策起作用，能够提高长期经济增长率，降低失业率，提高工人工资，最终将预算赤字降到可控程度，这是好事还是坏事？再假设，富人越发有钱，收入不平等进一步加剧。请投票：支持还是反对布什的计划呢？"

尽管大多数供给学派否定减税的不公平性，他们也很愿意看到辩论朝这个方向进行。因为他们可以简单地回复到，即使减税会使大多数富人受益，这只是经济快速增长（以及税收减免）的小代价而已。因此对大多数美国人来讲，这个抉择很简单，他们会选择减税以及经济增长。此外，很多投票者可能会想，即使我现在的收入还没有达到最高税级，但总有一天我会达到。大多数投票者可能不需要做出选择，他们更喜欢经济政策"味美馅儿少"。换句话说，他们希望支持能够保证"经济增长，公平分配"的经济政策。但若一定要在共和党的经济增长和民主党的公正之间作出选择，他们会选择前者。

因此，在过去 25 年里，民主党派唯一一次在白宫获胜时，宣称的是人们会公平享有私营部门的增长。其他多数时候，民主党派像以往一样，批判共和党的供给经济学很不公平，却不提他们的增长策略存在缺陷，更没有阐述自己的增长策略。因此，共和党轻而易举地赢得辩论。然而我们在第 8 章讨论过，公正和增长之间没有妥协关系，我们在第 11 章也会看到，经济政策完全可能同时实现这两种功能。

当大多数自由学派站在公平的立场抨击供给侧政策时，很多中立学者站在财政节制的立场，认为大幅减税大大加剧了预算赤字。的确，当迪克·切尼宣称"里根总统证实了预算赤字根本不重要"时，他轻松地放弃了赤字问

---

① CNN, "Daschle Vows Tax Breaks for Middle-class Families," www.cnn.com/ 2003/ ALLPOLITICS/O 1/04/ dems.radio.

题。我们在第6章也看到，大量经济研究表明了这一点。中立主义者正确地认为，其他条件保持不变时，巨大的财政赤字否定了通过减税增加储蓄这一原则。尽管这种说法正确无疑，但与"滴涓理论"的批判一样，没有打中供给学派的要害。

共和党反驳道，既然民主党这么关心预算赤字，为什么不和我们一起削减开支呢？布什曾宣称，"不幸的是，华盛顿有许多政治家宣扬财政节制，却反对削减政府开支。他们认为，解决政府开支问题的唯一方式就是提高税收。"[1]他继续指出，如果华盛顿削减政府开支，那么减税就可能在不引起赤字的情况下，实现经济增长（人们同时少交税），以此实现双赢。民主党唯一的答复是，包括不可持续的福利支出在内的政府开支，能够解决社会问题，帮助穷人。他们又一次把再分配放在了增长前面，这显然不是有胜算的提案。

民主党派的观点并非没有依据和重要性。在过去20年的美国经济体中，高收入者比中低收入者的情况要好得多，大幅减税只会让高收入者增加收入，将不平等性推上顶峰。同时，美国的国家债务已经超过了8万亿美元，还面临着即将退休的婴儿潮一代带来的巨大成本，推行大幅减税对财政节制十分不利。然而尽管这两种批评都有道理，但却都没有说中问题的核心。如果供给侧的个人减税政策是促进经济增长的最佳方式，那么加剧收入不平等和提高财政赤字的代价就可以接受。问题是减税不能促进经济增长。

侮辱味十足的观点

令人吃惊的是，布什政府成功地推行了供给侧议程后，民主党并没有对供给学派发出正面攻击，也没有阐述有效的增长策略。某种程度上，许多

---

[1] George W. Bush, "President Discusses Economy and Tax Relief in North Carolina" (Washington, DC: White House, 5 December 2005).

民主党学者和有思想的领导人认为这些供给学者在道德上或者学术上存在缺陷，只有怪人或者是"右翼保护主义者"才能相信供给经济学的全部蠢话。不然的话，还能怎么解释这一歪门邪道的异端学说和被弃理论呢？因此，左派的评论常常变成了侮辱和讽刺。好像他们能够肯定，谩骂和污辱足以使选民放弃供给经济学。自由派经济学家克鲁格曼就是个例子，他认为，"供给经济学如同非洲病毒。尽管经常在受灾地区清除，但总是在灌木丛里等待着新的受害者。"① 谈及供给经济学为何能在1996年鲍勃·杜尔的总统大选中再次复兴，克鲁格曼推理说："这是因为它引起了对超级富翁的偏见，并给缺乏学术安全感的人提供了自尊。"他继续悲叹道，"'真正的'经济学研究缺乏政府资助，并抱怨说由于供给经济学的研究机构受到部分富豪们支持，任命的经济学家'并非是最合适、最聪明的'"。

沦落到使用诽谤观点的自由经济学家不只克鲁格曼一人。在《头脑冷静，心地善良》中，艾伦·布林德不只用了大量学术研究批判供给经济学，也使用了许多侮辱性言论，他提出"早期的里根经济学背离了共和党著名的冷静头脑。一旦我们保持头脑清醒，精于算计，理于财政，我们就会开始产生美好幻想，构思浪漫情形，造成膨胀的赤字。因此，里根经济学是两个相反的极端：头脑软弱，内心冷酷。"② 他越说越糟，"只有当权者能够区分好的建议和骗人的万精油时，宏观经济学分析才能形成真正健康的经济政策。"他把供给经济学归为后者。③ 不满足于上述抨击，布林德还无理地挑刺说："如果吉米·卡特再次当选，我们如今称作供给经济学的理论只会成为历史的小脚注，在学术上微不足道，无人在意。"④ 他继续指出，里根时代的供给经济学"充其量就是小把戏，或政治口号，最终却成为了世界上最具经济权

---

① Krugman, "Supply-side Virus Strikes Again: Why There Is No Cure for This Virulent Infection," Slate, 15 August 1996, http://web.mit.edu/krugman/www/virus.html (accessed 21 November 2005).
② Blinder, Hard Heads, 15.
③ Blinder, Hard Heads, 69.
④ Blinder, Hard Heads, 87.

力的官方政策。P.T.巴纳姆（美国马戏大王）可能会为之骄傲。"[1] 这种谩骂能够反驳供给经济学吗？若再对供给经济学进行严密的学术分析，或许可以加强反驳，但是单纯的谩骂无能为力。好比在旧经济时期，保守派经济学家曾一度沮丧不已，凯恩斯散播的"骗人的万精油"受到领导者的肯定，而保守派能做的只是谩骂和抨击。但是，很多高中生辩论员都知道，侮辱和抨击不会赢得辩论。

当然，共和党和供给学派的分歧有很多，本书也阐述了供给经济学作为增长策略的诸多缺陷。然而，他们不应该简单暗示道，包括哈伯德、林德赛以及曼昆等在内的出类拔萃的供给经济学家不如自由派经济学家厉害，或者缺乏学术安全感。这种人身攻击并没有严肃看待供给经济学，事实上，供给经济学是构思严密连贯，影响力深远的经济观。

没关系，我们仍是第一名

许多民主党官员和学者自鸣得意的另一个原因是，他们相信即使民主党在国家安全和价值领域没有那么受欢迎，至少在经济学上处于领先地位。他们称，毕竟选民很清楚地意识到，布什的经济政策为了富人的利益，想要最终废除社会保险，而民主党是为了工人阶级。乍一看，民众选票的确符合这种自我安慰的解释。民主党选票专家鲁伊·泰克赛拉（Ruy Teixeira）指出，最近的民众调查显示：

> 选民在很多经济问题上支持民主党派，一些问题上偏向程度很高。它们包括：为中产阶级和工人阶级而战（+31）；预算赤字（+20）；解决医疗成本问题（+17）；抱住我的工作岗位（+16）；退休保障（+15）；处理上升的天然气价格问题（+12）；创建就业岗位（+10）；为"像你一样的普通家庭"创建经济保障（+7）；财

---

[1] Blinder, Hard Heads, 90.

政负责（+7）；服务小企业（+6）；提供经济机会（+5）。[1]

然而民主党不应过分满足于这些数字，正如泰克赛拉所写：

> 如果仔细研究民主党占优势的方面，你会很吃惊地发现，民主党在关于立场方面占有很大优势，比如"为中产阶级而战"，但在民主党的两个核心方面优势微弱：为"像你一样的普通家庭"建立经济保障（注意"像你一样的"用词）（+7）；提供经济机会（+5）。在另一项关乎选民投票结果的问题——使美国繁荣方面，民主党呈微弱劣势（-3）。[2]

说起来的确让人难以置信，虽然克林顿政府实现了8年的经济繁荣，小布什上任5年来，经济一直呈放缓态势，但公众却仍然相信共和党能够使美国繁荣昌盛。进一步考虑后，我们可以清楚地了解到，这并不是因为美国人容易受到欺骗或被引入歧途，而在于他们发现共和党强调把蛋糕做大，而民主党强调均分蛋糕。选民相信民主党是为了普通民众的利益，但他们也信任共和党能够让他们更加富裕。除非特别糟糕的事情发生，否则富裕，甚至只是富裕的承诺，都会比同情更具优势。

新经济下的增长策略是什么

民主党要想在经济领域和共和党进行有效的竞争，他们需要做两件事。第一，他们应更清楚有力地论证，对最高收入者进行多次减税不会刺激中长期的经济增长。第二，他们应该分析供给学派背后的逻辑和证据，说明减

---

[1] Ruy Texiera, "Public Opinion Watch," Washington, DC: Center for American Progress, 20 July 2005. Also see Celinda Lake and Daniel Gotoff, "Overview of Recent Research on the Economy" (Washington, DC: Campaign for America's Future, 11 July 2005), www.ourfuture.org/docUploads/lake_poll_july2005.pdf (accessed 26 November 2005).

[2] Texiera, "Public Opinion Watch."

税不但无法促进就业，增加储蓄，刺激增长，而且会加剧不平等性和预算赤字。

然而，尽管有必要对供给侧政策所谓的经济增长进行令人信服、逻辑清晰的批判，但这远远不够。民主党必须大胆清楚地阐明他们自己的发展策略，且不能简单地是过去的凯恩斯模式。小布什总统经常谈起经济增长，比如"要保证经济机会在美国这片土地上蓬勃生长，我们要确保经济增长，布什政府一直在追求促进经济增长的政策"。①

民主党派也曾拥有自己的经济策略。事实上，在旧经济下，自由派凯恩斯主义学说健康乐观，通过保证充分就业来强调经济增长。而共和党十分谨慎消极，过去强调将赤字保持在低水平，即使其政策不利于经济增长和充分就业。在旧经济下，保守的凯恩斯学者认为，如果能增加财政节制，减少通货膨胀，经济增长稍微放缓是可以接受的。这种情况下，除非通货膨胀过高，否则民主党会取得胜利。事实上，共和党与今天的民主党一样，并没有找到替代凯恩斯主义的增长策略。他们只能抱怨开支过大，希望缩紧腰带。1977年，共和党国会成员约翰·鲁斯洛（John Rousselot）提出减税修正法案，保罗·罗伯茨如此说道："共和党的修正法案十分积极。他们终于找到了与民主党政府开支项目的竞争方式。供给侧改革正整装待发。"②他继续指出，"先前，共和党只会抱怨赤字，投反对票，声称选民终会发现民主党的救济品带给他们的挫败感。"③这听起来像极了今天的民主党，他们十分确定，选民们总有一天会为巨大的预算赤字和减税带来的不平等义愤填膺。这是因为两党面临的情况相似：规模相对较小，过于参考过去的经验而没有着眼未来。

---

① George W. Bush, "President Discusses Strong and Growing Economy," Chicago, 6 January 2006, www.whitehouse.gov/news/releases/2006/01/20060106-7.html (accessed 31 January 2006).
② Paul Craig Roberts, The Supply-Side Revolution: An Insider's Account of Policymaking in Washington (Cambridge, MA: Harvard University Press, 1984), 7.
③ Roberts, The Supply-Side Revolution, 10.

尽管保守派努力想让供给经济学代替 20 世纪 70 年代中期盛行的凯恩斯主义经济学思想，许多左派分子从未想过放弃它。随着经济逐渐全球化，发展动力强劲，科技驱动力加强，很多自由主义者支持在第二次世界大战后规模生产企业化年代一度盛行的需求经济政策框架。框架包括：经济周期的凯恩斯主义管理模式，大官僚政府，主要部门的经济监管，更注重再分配而非增长和财富的政策。自由经济政策研究所的前负责人杰夫·福克斯（Jeff Faux）总结了左派盛行的学说，他声称："民主党构造了一个令人信服的故事，主要包括三点：一个体现进步时代的观点，即联邦政府是唯一能够与大企业抗衡的机构；一个民粹主义者思想，把收入再分配当作关键；将联邦政府视作经济关键的凯恩斯主义经济学推动了消费需求，并通过政府开支进使其居高不下。"[1]

当前的自由经济学提案继续反映了该方向。比如前克林顿政府的劳工部部长罗伯特·赖克（Robert Reich）曾建议民主党按照共和党在 1994 年和美国的契约模式，"和美国建立契约"。然而，他的 10 点计划实际对经济增长毫无用处，只是模糊地保证"我们将会恢复美国中产阶级数量的增长以及中产阶级收入的增加"。目前尚不清楚他将建议民主党采取何种措施，但他的确暗示了一条路，废除供给侧的减税政策。[2] 你可能会急躁地问："就是这样吗？这就是他们的经济计划吗？"

2005 年，众议院民主党的工作和经济计划也取自凯恩斯主义经济学：扩大事业福利，对州立和地方提供财政支持以维持其消费水平，扩大对于中等收入的减税范围以增加其消费。很大程度上，他们将经济繁荣等同于工人阶级的幸福感。许多左派主义者坚持认为，应通过增加产品和服务（而非提高创新和企业生产力）来带动经济发展，经济繁荣的核心是通过高额政府支出以及提高工资的措施（比如加强工会作用，规定最低工资标准等）来保持高

---

[1] Jeff Faux, "You Are Not Alone," in The New Majority, eds. Stanley Greenberg and Theda Skocpol (New Haven, CT: Yale University Press, 1997).
[2] Robert Reich, "A Covenant with America," The American Prospect, November 2005, 48.

需求。在凯恩斯主义盛行的理论中,"民主党的计划是通过帮助那些因经济萧条而无法找到工作的人,为经济注入资金。将失业福利扩大到 500 万千辛万苦也没找到工作的美国工人。"[1]考虑到对企业友好的需要,众院计划对企业提供减税,但他们鼓励企业雇用失业人员。然而在新经济下,供给经济学并非是有效的增长策略,凯恩斯民粹学派同样不是。[2]

很明显,该计划实际上并没有强调通过生产力和创新而提高长期个人收入,只是单纯强调短期内促进就业。这并不是巧合。民主党并未直截了当地提倡经济增长。相反,他们总是在提供警示,强调环境、就业错置、平等、物质主义以及社会衰落等问题。可以肯定的是,这些问题十分重要。但是民主党一直以来支持经济增长,维护肯尼迪"水涨船高"的宣言,这些问题使民主党脱离了以前的立场,不利于其实行促进经济增长的政策。

许多民主党的核心成员,包括环境主义者和反全球化主义者奈德瑞特,认为经济增长和科技变革会导致环境恶化,降低人们生活质量,增加有钱人的财富。他们指责美国过于富有,消耗了过多的世界资源,造成了严重的环境污染。他们认为,我们应简化生活方式,至少可以在 SUV 后加上保险杠小标语,鼓励我们做到思维全球化,行动本土化。此外,很多左派分子担心,经济增长会使有钱人和企业获益,由此导致收入不平等,至少在短期内会发生。但是正如本杰明·弗里德曼(Benjamin Friedman)在其新书《经济增长的道德后果》中写道:"经济增长是指大多数公民的生活质量提升,往往会孕育更多的机会,人们更愿意接纳多样化,有利于促进社会流动,实现公平公正,带来良好的民主社会。"相反,当经济放缓时,"带来的沮丧感会导致狭隘、小气的风气,减少个人机会。它腐蚀了人们彼此信任的意愿,而

---

[1] Nancy Pelosi, "On the Issues: Jobs and the Economy," http://democraticleader.house.gov/issues/the_economy/index.cfm (accessed 24 November 2005).
[2] House Democrats did however offer an innovation agenda. www.housedemocrats.gov/bigpicture/jobs_and_economy/issue.cfm?level2id = 91.

这是一个成功民主社会的关键前提。"①

民主党对经济增长策略缺乏热情,或许最重要的原因是他们过于相信自由派和中立派新古典主义经济学家的意见,认为政府在促进经济增长方面作用微弱。事实上,许多对民主党提供建议的自由派新古典主义经济学家,在生产力、创新和经济增长方面没有发言权。许多供给经济学家声称,如果政策按照其学说实行,经济增长的奇迹就会发生。自由主义左派经济学家回复道,在促进经济增长方面,我们几乎无能为力。比如,艾伦·布林德的《头脑冷静,心地善良》一书共计 236 页,"生产力"一词只出现过 3 次,"创新"的重要性更小,因为它一次也没出现过。由于这两方面是促进经济增长的最重要因素,所以并不奇怪,艾伦·布林德未能在书中提出增长策略。这并不是因为布林德不是一个出色的经济学家。事实上,他很不错。问题在于他和大多数自由派非古典主义经济学家一样,认为除了短期消费需求,政府几乎不可能影响经济增长。他认为,"尽管经济学能够告诉政府怎样影响总需求,但却无法告诉他们怎样影响总供给。别相信供给学者口中的区别。"②

对于希望努力搞明白怎样促进经济增长的民选官员们,布林德提供了充满希望的建议,"一无所知,再说一遍,还是一无所知,经济学家根本不知道,如何在长时间内为国家经济带来 1% 或者更高的增长。我们当然希望他们能够有所了解,但实际并非如此。"③一个求知欲强的民主党当选官员,肯定会因这种建议感到沮丧,转而寻求其他人的意见。他可能去找克鲁格曼,认为他肯定会为经济增长建言献策。不过,这位官员肯定会再次失望,因为克鲁格曼说,既然我们尚未弄清生产力为何在 20 世纪 70 年代和 80 年代下降,"就很难回答别的问题,比如有什么办法能够促进增长?"④

---

① Benjamin Friedman, The Moral Consequences of Economic Growth (Cambridge, MA: Harvard University Press, 2005).
② Blinder, Hard Heads, 107.
③ Blinder, Hard Heads.
④ Paul Krugman, The Age of Diminished Expectations (Cambridge, MA: MIT Press, 1990).

这种新古典主义的消极态度存在两个问题。第一，对经济增长的新近调查表明，我们的确知道引起经济增长的因素，政府可以采取看得见的措施刺激经济。第二，生产力年增长率从冷战前的3%下降到了1996年的1.2%，政治家迫切希望搞清楚影响总供给，即提高长期增长率的方式。布林德、克鲁格曼以及其他新古典主义同僚认为无法提高增长率，并且鄙视供给学派的策略，这为共和党提出自己的增长策略铺好了路。布林德绝不许诺并推行其不信任的策略，其态度值得肯定，但我认为我们的确可以影响总供给，增长经济学政策已经提供了方法。

自由派新古典主义经济学家声称，即使经济政策不能通过带动经济增长来提升大多数美国人的生活质量，至少它能够保证经济的蛋糕得到了更平等的分配。正如古典主义经济学家弗兰克指出，"我们无法使生产率增长合法化，因此公平分配制度相当重要。"[①]民主党坚信，政府能够采取的最佳措施是更公平地对蛋糕进行再分配，由此他们特别重视对富人征税，实行"最低工资"计划，增加医疗保险、公共住房和其他项目的政府支出。

一些民主党经常认为，科技只会取代工人，无法促进经济发展。因此，他们反对直接倾向于新型科技和新型投资的经济政策。的确，民主党的圈子里越来越流行这样一种观点，即工人只能充当机械设备的第二把手。参议院议员特德·肯尼迪（Ted Kennedy）指出："然而情况往往是，是否购买新设备，创建新工作岗位，或者升级现有工作在经济上相对接近。在这些问题上，我们不应该认为购买新设备比创建新工作岗位更有吸引力。我们真正需要的是改革新增岗位税收优惠，为企业提供多年的税收优惠政策，使其对扩大劳动力进行投资。同理，应为现行新设备折旧政策提供税收优惠。"[②]前克

---

① Frank Levy, The New Dollars and Dreams: American Incomes and Economic Change (New York: Russell Sage Foundation, 1999), 4.
② Edward M. Kennedy, "Creating a Genuine 'Opportunity Society'" (speech delivered at the City University of New York Graduate Center, 1 March 2004), www.gc.cuny.edu/spotlight/spotlight_kennedy speech.htm (3 December 2005).

林顿政府的国家经济委员会主席基恩·斯帕林（Gene Sperling）发表过类似观点，"新科技总能够提高效率，通过机器和电脑代替工人。但是经济政策的决定应该以相对经济成本为基础，不仅局限于对工人不利的税法。"[1]

这种分析存在三个问题。第一，这一提案的来源未能反映准确事实，尤其是新增就业和税收减免方面：与升级机器和电脑的决定相反，雇主并不是根据税收政策决定是否雇用工人。他们的雇佣决定依据于市场对其产品和服务的需求预期。第二，带动总体就业增长的主要公共政策，至少在短期看，是联邦政府的财政政策和货币政策。即使税收刺激在降低失业率方面卓有成效，然而若该水平降得太低，美联储银行会简单提升利率，使该指标维持在合理水平。第三，如果不提高公司的生产力，工人的收入如何上升？新型设备的确是促进生产力水平的关键。

部分民主党之所以反对新型科技和自动化水平，是因为他们害怕这会对充分就业带来危险。1995 年，经济繁荣之初，自由派社会评论家杰里米·里夫金在其新书《工作末日》中指责道："目前，技术变革带来了前所未有的科技性失业，大大削减了消费者购买力（根据凯恩斯主义，这是一切经济萧条的起因），可能造成世界性的经济萧条，其影响范围和持续时间难以估量。"[2] 关于高生产率在中长期会导致高失业率这一观点，历史经验给予了清晰一致的反驳。比如，新技术（拖拉机、抗病毒粮食、化肥等）大大提高了农业生产，使农业劳动力急剧减少。粮食价格进一步下降（在全球，美国人用于购买食物的收入最少），人们的消费从价格更低的食物转移到其他物品（比如汽车、器械、娱乐等），因此其他产业的就业岗位增加。

迫于压力，古典主义经济学家可能承认这一观点，但同时他们会回复道，尽管上述情况在过去成立，但今时不同往日。因为技术不仅替代了农业

---

[1] Gene Sperling, The Pro-Growth Progressive (New York: Simon &Schuster, 2005), 85.
[2] Jeremy Rifkin, The End of Work: The Decline of the Global Labor Force and the Dawn of the Post-Market Era (New York: Putnam, 1995), 15.

和制造业的许多工作，服务业也未能幸免于难。因此，没有出现能够创造出更多就业岗位的新增产业，使所有失业者都能找到工作。里夫金承认道，数以亿计的零售业工作都被电子商务和其他经历数字变革的服务业取代，不会再有新的岗位进行填充。零售业、银行和保险业等其他服务行业产生了诸多岗位，如果这些行业的生产力得以提升，世界上的人们再去哪里找工作呢？

上述"勒德谬误"认为，技术变革毁掉的工作数量多于新增数量。该观点并未意识到，一个高效产业的储蓄会以三种方式回流到经济当中，拿保险行业举例：低价格（投保人的低利率），剩余少数员工的高薪资，以及高利润（或者是三者兼而有之）。在竞争型保险市场，大多数储蓄会以低价格的形式回流到经济中。由于保费变低，消费者拥有更多的储蓄外出就餐、买书或者去看电影。这大大刺激了其他行业的用工需求（饭店、书店和电影院等）。

此外，里夫金和其他自由主义者在论证该观点时，承认了供给学派犯的相似错误，即认为总体就业水平很大程度上取决于微观经济学层面上公司和个人的决定。当供给学派争论类似最低工资标准等政策不利于就业时，自由派经济学家认为自动化和工资税是不利因素。事实上，凯恩斯主义的深层观点是，总体就业水平很大程度上取决于个人、企业和政府对产品和服务的总需求。因此，就业的主要决定因素是整体层面的货币政策和财政政策，而不是数以亿计的微观决定，诸如是否应该安装新设备。

改革派并非不在乎经济增长。一些人的确在乎，部分左派主义者推行了"促进经济增长"的议程。但是许多自由派活跃分子常常对经济增长和生产力抱有矛盾态度。一些环境保护主义者担心经济增长会破坏环境。参与劳动运动的部分人士担忧，生产力能减少就业岗位。一些社会政策活跃分子认为，直接通过社会政策和政府项目来帮助弱势群体的效果会更好，认为水涨不能抬高所有船，就连抬高大部分船也不太现实。

因此，自由派的经济议程经常打着促进增长的口号，实际实行的却是再分配政策。参议院民主党提出的经济政策以"促进机会"的名义,实行过度保护和促进最低工资水平的再分配策略,罗伯特·赖克提议道,

> 民主党应该实行自己的供给侧政策——浮沫经济。最确切的经济增长方式是提升经济体中每一个人的生产力。这意味着人们可以去往更好的学校,享受价格更低廉的儿童护理和幼儿教育,得到更多上大学的机会、更亲民的健康护理以及便宜高效的公共交通。浮沫经济还有一个附加优点,即公平性。它使每个人都有机会享受未来的民族繁荣。[1]

该提议可能对促进公平起作用,但是很难成为促进经济增长的议程。事实上,这些提案真正反映的观点是,尽管政府在刺激经济增长上无能为力,至少它应该保障收入实现平等分配,以此创建更佳的风险防范安全网。可以肯定的是,在新式知识型经济下,过去分配高度不均、雇佣优先的安全保障体系(包括削弱的健康保险以及界定退休保险福利)被打破,因此急需公平分配和更为强劲的安全。但是分配政策和增长议程并非一回事,尤其是把分配政策贴上经济增长的标签时。因此,难怪很多选民更倾向供给侧政策,尽管它有缺陷,但是它更有吸引力:至少供给学派承诺会把蛋糕做得更大。

经济学"娘炮"

自由经济学还有一个缺陷:与供给经济学十分确定的乐观前景相反,自由学派总是在传达经济灾难即将来临的信息。在 2004 年的共和党代表大会上,加州州长阿诺德·施瓦辛格的发言令人印象深刻,当时他把民主党称作"经济学娘炮"。虽然这种说法有些低级,但有一定道理,引起了很多美国人的共鸣。许多民主党十分消极,总是在寻找经济政策的阴暗面。而小布什则

---

[1] Robert Reich, "For Democrats Adrift, Some Fiscal Therapy," Washington Post, 10 November 2002, B1, www.robertreich.org/reich/11102002.asp (accessed 23 November 2005).

第10章 需求经济学：来自过去的替代理论

恰好相反，他总是强调积极面，甚至有些盲目乐观，"我们十分强大，我对未来经济抱有信心。"①

在世纪之交，股市和网络泡沫爆破。自由党中出现了新经济怀疑论派别。他们拿出一副"我早就告诉过你"的嘴脸，将20世纪90年代的经济繁荣看作假象。前克林顿经济顾问委员会主席杰夫·马德瑞克（Jeff Madrick）将90年代的经济视作"灾难"。②自由派经济解说员认为90年代经济增长十分不正常，所谓的"新经济"不过是一场炒作。他们称，"这是自内战以来，美国第一次长时间忍受经济缓慢增长。"③这些消极的自由主义者没有看到新经济，没有看到科技变革，也没有看到最近的经济猛增。事实上，大萧条只是一个已经成为过去时的错误。他们就像小熊维尼的朋友屹耳，只能看到最坏的一面。

为什么那么多自由主义者对过去10年以及未来经济发展的态度如此消极？在过去10年里，新增岗位达2 000万，住房自有率创新高，贫困和失业率有所下降，生产力有所提升，为什么斯蒂格利茨仍然把它称作经济灾难？要理解其原因，我们可以回顾一下保守党对战后的经济繁荣做出的反应。随着战后新经济的出现，许多保守党就像今天的民主党一样，只看到最差的一面。这不是因为他们反对经济增长，而是因为他们发现，随着大企业、大劳动力、大政府的兴起，新的社会、组织和政治秩序与其眼中的好社会标准恰恰相反。他们认为的好社会应该由小企业、小政府、自耕农和小产权者组成。令他们失望的是，战后新经济需要的社会和秩序基于集体行为而非个人自由主义。正如管理学大师彼得·德鲁克所说，"政府成了所有社会问题的合适代理人，非政府活动甚至令人生疑。"④

---

① George W. Bush, "President Discusses Strong and Growing Economy."
② Joseph Stiglitz, The Roaring Nineties: A New History of the World's Most Prosperous Decade (New York: W. W. Norton, 2003).
③ Jeffrey Madrick, The End of Affluence (New York: Random House, 1995).
④ Peter Drucker, Post-Capitalist Society (New York: HarperCollins, 1993), 123.

如今，随着新的社会政治秩序更多依赖于网络、公民行动以及公司合营，它们逐渐取代了过去稳定的大企业，有权力的工会以及保护性官僚机构。许多自由者对新秩序的迅猛发展持怀疑和沮丧态度。他们认为，知识导向型全球化经济充满竞争，会对经济正义和社会团结造成威胁。许多人指责科技和全球化减少了好工作，造成工资停滞，降低了工作质量，带来环境问题。19世纪80年代，与民主党标准一致的平民主义者威廉·詹金斯（William Jennings）努力反抗对个人主义的抨击，并为小型农场或商人导向型经济寻求保护。如今的左派平民主义者想努力找回从前的辉煌日子，那时大公司会提供稳定的工作，蓝领制造业发达，工会强大，存在主流中心城市，经济国家化而非全球化，官僚政府规模宏大。因此，他们理想的繁荣社会是旧时的企业大规模生产经济，由就业稳定的大型组织、稳定市场及有限竞争组成。

比尔·克林顿可能宣称"大政府的时代已经结束"，但是许多左派主义者坚持否认大政府没有过去有效和受欢迎。他们继续顽强抵抗，使政府功能减弱的速度放缓。他们拼命地采取多项措施，抵挡共和党对其来之不易的成就发起的攻击，这些成就包括环境和劳动力保护、累进税、社会保险以及一系列其他社会项目。许多人希望美国能回到自由主义的高潮，即福利国家日益扩张的大社会时代。事实上，2004年霍华德·迪恩（Howard Dean）的总统演讲很大程度上可以被视作对过去20年政治（包括克林顿政府）的抗议。迪恩把20世纪60年代称作"希望的时代。医疗保险计划通过，开端计划通过，还有民权法案和选举权法案等……我们觉得心聚在一起，对社会充满责任感，这才是我想要的国家……"[①]这样的抗议不只局限在美国。在英国，经济学家和新劳动顾问安东尼·吉登斯（Anthony Giddens）声称："还有别的事需要进行——左翼英国人必须做出改变，来适应这个能够找寻自我的社会，却一直不愿面对。在这一问题上，许多左翼英国人一直在自欺欺人。"

---

① Paul Farhi, "Dean Tries to Summon Spirit of the 1960s: Candidate's Recollections Differ from Historians' Views of a Turbulent Decade," Washington Post, 28 December 2003, A5.

许多自由主义者担心，若承认新经济能够促进经济复兴，或者至少在未来十年内继续带来强劲增长，他们将无法批评新经济带来的更多不利问题（比如风险、不平等和动力等）。因此，还是完全反对新经济更加省事。

凯恩斯的生命力

自由经济学关键在于，它很大程度上植根于需求经济学。需求学派的核心是对20世纪30年代主要经济挑战的回应：要让更多的人回到工作岗位。因此，充分就业是其首要目标，即使会出现人浮于事的情形也在所不惜，凯恩斯曾经写道：

> 如果财政部将银行钞票塞满旧瓶子，将它们浅埋在废旧煤矿下，表面盖满一层城镇垃圾，等着自由放任的私营企业再次把它们挖出来……由于这些反弹，失业将不复存在，社会的真正收入以及资产财富情况也会比实际更好。[1]

他的确承认道，"建造房屋等措施更加明智，但如果其中存在政治或实际困难，那还不如什么都不做。"真的这样吗？凯恩斯认为，在生产性工作中雇用工人是最佳解决措施，这一点没错。但是如果该措施无法实行，就为人们支付失业保险，能够保证其至少可以享受垂钓等爱好，尽管这无法带来实际价值，那也总比让他们人浮于事好得多。[2]

充分就业是需求经济的首要目标，实现该目标的工具是在政府帮助下促进消费者需求。自由派经济学家詹姆斯·加尔布雷斯（James Galbraith）声称"消费是重要的恶意政策目标，人们的收入应该满足吃穿住行以及享受生

---

[1] John Maynard Keynes, The General Theory of Employment (New York: Harcourt Brace and World, 1935), 129.

[2] It's true that this could lead workers to lose skills and their attachment to the labor force, but the broader point is that simple make-work does not boost economic welfare.

活的需要。公共服务应致力于以下方面，日间护理、教育、公共健康、文化以及必须加大支持力度的艺术事业。"① 前民主党众议院院长迪克·格普哈特（Dick Gephardt）响应了该观点，声称："提高工资有助于人们多消费或者支付房租。还记得共和党在20世纪80年代的万灵药——供给经济学吗？我坚定地相信需求经济学，提高工资会提高美国工人的购买力，这对整个社会都有好处。"②

可以肯定的是，在周期性经济萧条时，政府通过临时增加支出或者减少税收，能在一定程度上起到积极作用，使经济恢复到接近生产力顶峰水平。但是这些政策无法通过提升生产力促进经济增长。需求侧的经济政策可以使经济列车的时速从40英里提升到巅峰时的68英里，但是他们没有办法造一辆时速高达70英里的列车。然而，造一辆跑得更快的经济列车对促进美国人民的收入至关重要，因为中长期来看，工资变化与生产力变动紧密相连。从1963年到1973年，商业生产力增长了35%，工资增长了31%。在那10年里，平均每个美国工人的实际工资都增长了约三分之一。相反，在1985年到1995年之间，生产力增长了9%，工资只增长了6%。

这并不是说，生产力增长就能解决所有问题。事实上，也有一些令人不安的证据表明，尽管过去10年的生产力水平较高，但是大多数经济增长的成果为高收入者享有，中等收入者的收入比生产力增长的速度慢得多。因此，高生产力只是促进收入的必要条件，而非充分条件。

克林顿政府曾努力平衡赤字，减少债务，而左翼分子重视强劲的经济需求，因此猛烈批判克林顿的策略。③ 许多自由主义者将平衡预算看作共和党为民主党设的陷阱，共和党想结束大政府时代以及自由的赠品。按照这种观点，即便在长期来看，平衡预算也会因减少消费者需求而不利于经济增长。

---

① James Galbraith, "The Surrender of Economic Policy," American Prospect, I March 1996.
② Richard Gephardt, An Even Better Place: America in the 2 I st Century (New York: Public Affairs, 1999), 73.
③ Stiglitz, The Roaring Nineties.

第 10 章 需求经济学：来自过去的替代理论

但是在 20 世纪 90 年代，并没有出现上述情况，因为失业率下降至 60 年代繁荣时期以来的最低水平。

凯恩斯主义重视充分就业、避免经济萧条的观念在旧经济形势下有一定道理，当时经济的主要挑战是解决相对频繁的经济衰退问题，面临的国际竞争也并没有太强烈。然而，充足的证据表明新经济减缓了经济周期的严重性。[1] 在新型全球化经济下，促进生产力，提高创新能力，提升竞争力成为应该重视的关键问题。

一些自由经济学家开始承认新经济面临的挑战的本质，并回应修改凯恩斯主义经济学，他们于 2000 年出版了新书——《增长繁荣：21 世纪下经济增长和公平之间的战役》。自由经济学家巴里·布卢斯通（Barry Bluestone）和贝内特·哈里森（Bennett Harrison）试图重新讲述新经济下自由派的需求政策，并将政策关键放在生产力上。然而，尽管如此，他们仍把充分就业和强劲的消费者需求放在政策核心。他们认为上述要素是领先公司进行新科技设备投资的关键，能够以此促进生产力。尽管其新论述承认了企业在促进生产力方面的重要性，但它仍然属于需求经济政策。他们声称"战后经济的繁荣与供给因素（比如科技）关系不大，更多与重要的需求要素相关。"[2] 他们忽略了机电自动化系统以及科技型企业研发对战后生产力发展的拉动作用，还继续说，"在供给方面，没有蒸汽机或电气化等伟大科技突破。"[3]

然而这种构想无法解释始于 20 世纪 70 年代的生产力和投资下降问题。

---

[1] One reflection of this new stability is the fact that quarter-to-quarter GDP volatility is down significantly since the mid-1980s. In the three decades preceding 1983, approximately 30 percent of quarterly GDP growth rates were in excess of 1.5 percent, while 22 percent were negative. In comparison, the numbers after 1993 were 78 and I0 percent. Economists attribute the reduced cyclicality to several causes, including a decline in the change in inventory investments and a greater role of the service sector in the economy. For example, as a result of just-in-time inventory practices, the average production lead time for supplies has declined from seventy-two days during the 1961-to-1983 period, to forty-nine days from 1984-to-1998 period. Robert D. Atkinson, The Past and Future of America's Economy: Long Waves of Innovation That Power Cycles of Growth (Northampton, MA: Edward Elgar, 2005).
[2] Barry Bluestone and Bennett Harrison, Growing Prosperity: The Battle for Growth with Equity in the Twenty-First Century (New York: Houghton Mifflin, 2000), 33.
[3] Bluestone and Harrison, Growing Prosperity, 37.

由于人类统计学因素，20世纪70年代前期的劳动力就业速度好于繁荣的60年代。根据自由党的构想，这会加大企业家对建筑和机器的投资。而事实是，投资下降，生产力增长出现停滞。

经济体中的基础科技系统变革也起到了作用。在20世纪70年代，旧经济下的科技生产系统仍在运行，发现额外的生产机会十分困难。直到90年代，数字经济的出现使生产力增长得到反弹。摩尔定律花了30年才实现电脑芯片速率的加倍，最终使这项科技变得便宜高效，将经济总量拉动到5万亿美元。①

事实上，带动创新和生产力发展的因素是科技创新而非收支变化。举例来说，如果马克像供给学派说的那样，会由于税收降低而选择不发明网页浏览器，那么他也可能计算到消费者需求过高后，人们完全支付得起网络服务，因而放弃这项发明。马克之所以创办该浏览器，是因为他发现了新式上网方式，以及这项研究获得了联邦财政对伊利诺伊大学的资金支持。这并不是说消费者需求不重要，但是如果没有创新，持续增长就不会发生。

新经济平民主义

约翰·克里（John Kerry）在2004年总统竞选中还说过令人印象深刻的话，他当时把那些为了少交税而将业务移到海外的CEO们称作"本尼迪克特·阿诺德（Benedict Arnolds）"②。克里的政治顾问可能觉得这么说会赢得很多由于海外业务而面临失业危险的选民的认同，但实际上克里的言辞会加深选民对民主党反商业性的看法。实际上，许多民主党的确把商业看作问题，认为或者至少怀疑，"对通用汽车公司有利"不一定对国家有利。也正是出

---

① Named after Intel founder Gordon Moore, it refers to the prediction Moore made in the early 1970s that the cost of computing power would decline by half every two years, while the power would double. In fact, Moore was not optimistic enough; computing power has been doubling about every eighteen months.
② 本尼迪克特·阿诺德是美国将军，独立战争中的大陆军第一猛将，竟然为了奢侈的生活方式而出卖了曾经为之出生入死的独立事业，最终在孤独中客死英国伦敦。——译者注

第 10 章 需求经济学：来自过去的替代理论

于这种想法，艾伯特·戈尔在 2000 年的总统竞选中围绕的主题是"人民与权力"。他认为大多数政策经济包括零和博弈，但是对象并非供给学派所称的经济增长和公平，而是强势的大型公司与卑弱的消费者和工人。

根据该观点，美国政府的职责并非与企业集团一起努力，帮助其更具创新性和生产力。相反，美国政府旨在通过强大的政府手段减缓美国企业的创新力。正如自由派评论员哈罗德·梅尔森（Harold Meyerson）所说，"当民主党代表经济正义和机会时，该党所支持的选民可以按照阶级划分：天主教徒、黑人和女人。该党派属于以多敌一型，在选举的舞台上，这比以一敌多的党派更有优势。"[1]

尽管如此，很多左翼分子意识到，要赢得选举，他们需要减少、至少模糊平民主义动机，因为这会令人们以为他们找不到合适的增长策略。避免被贴上"反企业"标签的方法之一就是宣扬小企业和小农户的重要性，好像小企业和小农户比大企业和大农场在促进经济繁荣方面更有道德，更重要。前克林顿国家经济委员会主席基恩·斯帕林在其新书《促进增长的改革派》中声称："小企业是美国经济增长的主要带动者，创建的就业岗位占所有新增岗位的75%。"[2] 除斯帕林之外，克里在 2004 年的总统竞选中，也承诺会帮助"小企业进行投资"。[3] 众院民主党人承诺"会为美国的小企业奋斗"，因为它们是"美国经济的引擎"。[4] 改革派更支持小企业而非大公司，将小企业和工人绑在一条船上，认为二者都需要抵抗贪婪的大公司。对此，最佳案例是左翼分子对沃尔玛的敌意。的确，沃尔玛的雇佣情况并不具有进步性。但是，攻击沃尔玛对许多小零售商不公平，是把几千家小零售商的利益放在数以亿计的消费者之前，然而消费者却能从沃尔玛的极高的效率和生产力中获益。

---

[1] Harold Meyerson, "What Are Democrats About?" *Washington Post,* 17 November 2004, A27.
[2] Sperling, *Pro-Growth Progressive*, 86.
[3] Kerry-Edwards 2004, *Strong at Home, Respected in the World, Washington,* DC, 2004.
[4] www.house.gov/smbiz/democrats/SMALL%20BUSINESS%20FACT%20SHEET %20FINAL%20(2)%20(2). doc.

为小企业的利益奋斗，即反对高生产力和强竞争性的大企业，其实是另一种形式的经济再分配。

尽管小公司创建了更多的工作岗位，但实际上只有不到5%的小企业创建了大部分工作岗位。[1] 除此之外，与大公司相比，小公司的平均生产水平更低，在研发方面做得贡献更小，支付的工资更低，提供的医疗和退休保险更少。这不是指企业家精神并非经济繁荣的关键，但是当大多数企业是小公司时（至少最初如此），绝大多数这类小公司的老板还称不上企业家。帮助工人繁荣的最佳方式，是确保美国企业无论规模大小，都能够促进生产力，提高创新能力。

可以肯定的是，许多大中型企业存在各种违法以及破坏公信力的行为，比如做假账，乱扔危险性废旧垃圾，制造不安全产品，维持危险的工作环境，歧视特殊员工，支付的工资少，不提供医疗保险等。事实上，改革派很有必要加强措施，保证政府能够有力限制或惩罚企业的不法行为。然而，称企业应遵守法律，做合格企业公民是一回事，把大企业看作对手又是另外一回事。尽管很多美国人对大企业有所担忧，但他们意识到美国集团是就业和经济繁荣的引擎。即使在安然集团和其他企业的财务丑闻达高潮时，76%的美国人仍完全或部分认同该观点，即"美国的综合国力很大程度上取决于商业的成功"。[2]

这并不是说左翼分子必须老老实实接受当前的市场现实。毫无疑问，经济体制在过去20年有所改变，工人们得到的保护更少，面对的风险更多，工资相对高层人员更低。然而严厉批判美国企业可能会夯实自由派基础，但这并非有效的解决措施。在新型全球化经济下，来自资本市场短期利益的巨

---

[1] According the National Commission on Entrepreneurship, only 4.7 percent of U.S. businesses that existed in 1991 at least doubled their employment from 1992 to 1997. Cited in Organisation for Economic Co-operation and Development, "Micro-Policies for Growth and Productivity: Final Report" (Paris: OECD, 2005), 17.

[2] Pew Research Center for the People &the Press, "Views of Business and Regulation Unchanged by Enron," 21 February 2002, http://people-press.org/reports/print.php 3?PageID= 349 (accessed 23 November 2005).

大压力令企业领导难以回应这些批判。无法做出回应的 CEO 可能会很快被淘汰，被能够做出回复的 CEO 取代。因此，除非个体公司做出违法行为或者破坏伦理道德，否则改革派不应过于指责他们。相反，改革派的重点应为建立新规则制度支持大公司，使其采取多种措施促进美国的繁荣和安全。

资本基要主义者

如果自由经济学家建议民主党重视促进开支来提高就业水平，许多中立主义者和新古典主义经济学家会建议民主党通过增加储蓄来刺激投资。然而不像把减税看作增加储蓄、刺激投资工具的供给学派，许多中立经济学家认为财政节制才是工具。这些"资本基要主义者"认为更多资本（实物资本，有时可能为人力资本）才是增长关键。

在新古典主义经济学的熏陶下，许多中立派以及某些自由派经济学家认为高储蓄率是增长关键，彼得·奥斯泽格声称，"通过保留大部分预计预算赤字，高国家储蓄的主要收益是增加了未来的经济产量。较高的国家储蓄会带动高投资，这意味着未来的工人有更多的工作资本，因此生产力也会大幅提高。"[1] 杰森·福尔曼（Jason Furman）曾经负责克里总统大选的经济政策，他在评论基恩·斯帕林的著作《促进增长的改革派》时声称：

> 经济学家喜欢把资本和劳动力看作增长之源，关于如何实现经济增长最大化，传统保守派提出的方法很简单：减少资本税会得到更多资本。减少劳动税会得到更多的劳动力。斯帕林的回答更加微妙……他声称，现在很多人的储蓄很少甚至不储蓄，通过鼓励资本形成，能够提高中等收入家庭的储蓄动机。[2]

---

[1] Peter R. Orszag, "Marginal Tax Rate Reductions and the Economy: What Would Be the Long-Term Effects of the Bush Tax Cut?" (Washington, DC: Center on Budget and Policy Priorities, March 2001), 1.

[2] Jason Furman, "Comments on the Pro-Growth Progressive," www.tpmcafe.com/ author/jfurman (accessed 3 December 2005).

这些中立派新古典主义经济学家如同保守的供给学派,将储蓄视作增长关键。但是中立派的措施并非对富人减税来增加其储蓄,而是希望通过减少对低收入人群征税,增加富人的税收来提高国民储蓄。然而我们在第 6 章也看到,通过增加储蓄来刺激经济增长的策略成效甚微。

当经济政策的辩题为促进储蓄的最佳方式时,由于鲜有美国人了解足够的经济学从而能进行政策判断,对很多选民来说,减税政策听上去更加有效。此外,这些民主派和中立派新古典主义经济学家令经济政策以资本为中心,使民主党站在供给侧的立场,将税率和资本看作是最主要的要素。因此,当民主派和中立派新古典主义经济学家把财政节制作为经济政策的核心,他们实际上弱化了民主党对供给经济学的批判能力。例如,450 名经济学家曾联名上书,对布什的减税政策进行指责,马丁•费尔德斯坦曾回复道:"据我所知,你们并非因为税收政策不好而反对它,你们反对的原因是它会带来预算危机。"[①]一旦辩论朝这个方向进行,我们其实已经承认减税能够促进经济增长,但由于它同时会加剧预算赤字,因此对经济有一定的不利影响。保守派可以轻松回复说,我们可以既通过减税促进增长,又通过减少政府支出来减缓赤字。而自由派只能回复称,他们只希望通过取消减税政策来减少预算赤字,很明显这不会得到很多政治支持。

这并不是说财政节制不重要,事实上,它至少在三个方面会起作用。我们在第 6 章看到,巨额预算赤字能够提高利率,减少投资。除此之外,当今的巨额预算赤字大量吸引了外资,使美元价值居高不下,破坏了美国本土企业的竞争力,造成美国历史上最大幅度的贸易赤字。最后,不断加剧的国家债务对下一代人来说是巨大的负担,他们最终要偿还这笔债务。然而,尽管由于以上种种原因,财政节制十分重要,但创新依然是刺激经济增长的主要动力。此外,如果财政节制要以所需的研发、基础设施、教育和培训等投资

[①] Quoted in Justin Fox, "Here We Go Again: Supply Side Economics Is Back! But This Is Not 1981-and That's Why Bush Tax Plans Don't Quite Cut It," Fortune 147, 12 May 2003, 64.

为代价，那会有目光短浅之嫌。

从另一方面来看，新古典主义的资本基要学派也掉进了供给学派的陷阱中，他们与供给学派观点相似，认为埋想的税制很简单，即降低税率。比如艾伦·布林德对税收第二戒律的描述是："它应该尽量减少对经济活动的扭曲程度，"他继续指出，"如同供给学派所正确强调的那般，每种税收都会影响行为动机，除非市场失调，这种税收导向的资源分配会降低经济效率，因此应该被最小化。"① 当他指出我们"应该对所有形式的收入征收同样的税率，并且使税率保持越低越好"时，听起来他像是顽固守旧的供给学派人士。② 布林德认为，如果不能这样做，将会导致资源分配不均，这是所有新古典主义经济学家最忌讳的问题。换句话说，如果一些活动的税率比另外一些高，消费者可能会违背市场意愿，减少对这些活动的消费，这就违反了亚当·斯密看不见的手的原则。然而这种评论听起来特别像供给学说中的减税政策以及政府不应干预"社会建设"的理论。供给学派会争论道，如果新古典主义经济学家真正想要的是简单税法，即低税率以及减少干预，为什么不把所得税替换成更简单的税制，比如说国家销售税或者是只有一定减扣程度的单一税呢？

虽然新古典主义的观点分为左派和右派，增长经济学明智地认为，税制应该提升人们从事有利于经济和社会政策活动的动机。税收政策应该推进重要目标，比如投资可再生能源，促进大学招生，鼓励收养孩子，增加退休储蓄。但是在很多方面，个人和企业要比僵化的官僚体系更能有效地实现集体目标，税收动机可以成为有效工具，进一步促进劳动力培训，增加企业研发投资。这样一来，通过税制鼓励特定活动的"扭曲"行为，能够促进经济社会福利，因为这些特定活动包含经济学家所谓的外部性，即个人和组织的行为无论好坏，都能相互影响。我开私家车这一行为会给他人带来负面外部

---

① Blinder, *Hard Heads, Soft Hearts*, 162.
② Blinder, *Hard Heads, Soft Hearts*, 164.

性，包括交通堵塞、公路巡逻工资等公共部门的成本以及环境污染。除非这些成本内在化（比如通过高额汽油征税），我开私家车的时间可能会多于社会最优值。在另外一些方面，我的一些行为也会创造正面外部性。比如如果我在房顶上安装太阳能板进行发电，那我使用的可污染电能就会减少，因此使环境更加清洁。然而，如果安装太阳能板没有税收津贴，人们的安装量肯定会低于社会最优水平。因此，提高个人和企业投资某些有利于其自身及全社会的活动的税收动机，对我们所有人都有利处。

这并不是说我们不应简化税法，实际上，税法中有很多条例只是为了某些特定利益，几乎不存在经济社会的合理性。不过简化税法已经成了左右两派新古典主义经济学家的神圣目标。至少他们声称，市场和税法应该成为决策制定者。该观点并没有考虑到，个人和企业作为广泛社会的一份子，多做一些事情（比如投资科技），或者少做一些事情（比如使用化石燃料）存在自身利益关系。彻底简化税法可能会减少其作为经济和社会政策工具的有效性。

还有另外一种资本基要主义，即认为人力资本（比如接受更多教育）是经济增长的关键。事实上，经济政策越来越倾向于将接受更多教育作为解决一系列社会问题的灵丹妙药，这些问题包括收入不平等，经济增速放缓，国际经济竞争力不足。举例来说，前美联储主席艾伦·格林斯潘在回答政府应该如何解决日益加剧的不平等问题时提出，"我们必须使劳动力的平均技能水平赶上日益上升的科技水平。"[1]

然而，即使简单为工人提供更多的教育和训练，低收入工作依然比中等收入工作数量增长更快，高收入工作者享有的经济蛋糕仍然逐渐增大。当然，更多教育会令某些人从收银员变成会计师，但这可能对某些个体成立，却不一定对全社会都成立。即便更多教育有正面作用，但是它却不能创造更多高收入的会计岗位，减少低收入的收银员岗位。相反，它会使更多接受高

---

[1] Alan Greenspan, quoted in Nell Henderson, "Greenspan Says Workers' Lack of Skills Lowers Wages," *Washington Post*, 22 July 2004, Al.

等教育的人从事低工资的工作。这样来看,它对整个社会的作用与个体作用大不相同。[1]（当然,拥有大学文凭的工人变多,其工资水平相对于教育程度较低的人来说有所降低,会减少收入不平等性。同时,低等教育人群数量变少,愿意从事低级工作的人也变少,这使得雇主必须通过其他方式寻找工人,比如说自动化等。）

资本基要主义者还认为,促进人力资本能够有效提高国际竞争力,尤其当增加获得大学文凭的工人数量时。然而,在中国,获得大学文凭的青年数量略次于美国,但许多美国公司转移到中国后,其工资只有美国平均工资的1/10。并不是说较好的教育体制不重要,或是我们不需要培养更多科学家和工程师。然而,对很多人来说,"更多教育"这一方法过于简单,使得许多难度更大、重要性更高的挑战（比如,怎样使公司在美国投资更多创新型活动）被忽略。许多保守派金融资本基要主义者强调通过减税来提高储蓄,因为这种方法相对比较容易实施。人类资本基要主义者重视教育也是因为其容易实行（比如,提高佩尔奖学金（Pell grants）额度,对"不让一个孩子掉队"项目进行充分资助）。

小结

如果非得让选民在保守的供给学派和自由的需求学派中做出选择,人民通常会默认保守的共和党,原因很简单,共和党强调经济增长,民主党强调再分配。共和党的策略积极自信,而民主党通常忧心忡忡。共和党认为应释放私营部门的激情来促进经济增长,民主党认为应该对其进行限制。幸运的是,这些选择并不真实。我们完全有可能兼而有之,既实行提升中低收入人群经济水平的改革派政策,也能够促进生产力增长,带动创新能力。然而,这要求人们实行前瞻性的积极经济策略,而不是单纯强调再分配,限制大公司的力量。

---

[1] Robert D. Atkinson, "Inequality in the New Knowledge Economy," in *The New Egalitarianism*, eds. Anthony Giddens and Patrick Diamond (New York: Polity, 2005).

SUPPLY-SIDE FOLLIES
第 11 章
增长经济学：当前需要的经济政策

> 我们促进经济增长的真正方式是投资人才和创新，让联邦政府将钱投入到能够创造高科技的研发当中，投资到能够带来数百万新增岗位的产业当中。
>
> ——约瑟夫·利伯曼（Joseph Lieberman），参议员

要促进 21 世纪的经济发展，保守派的供给经济学以及自由派的需求经济学都有缺陷，很大程度上是因为二者都想从过去寻求指导方向。要采取有效的增长策略，需要基于 21 世纪全球化以及知识型导向这一经济现实。因此我们应该采用增长经济学，因为该理论强调，通过创新带动生产力增长是提高人们生活质量的关键。

供给经济学认为经济政策的首要目标是自由，需求经济学认为是公正，而增长经济学认为是快速广泛的经济增长。如果劳动力能够支撑增长的婴儿潮一代的退休福利，同时还能保证其自身生活质量不下降，那么确保强劲的生产率增长，即每小时实现的经济产量，在未来 20 年的发展中至关重要。为了实现这一目标，我们需要使用所有可能的政策工具来增强国家的生产

力,恢复20世纪90年代中后期广泛实现的收入增长。的确,增长是社会政策的关键,肯尼迪也曾提醒过我们"水涨船高"。如果我们能够用增长经济学政策来促进生产力,使其比预计趋势多增加1%,那么每个人都能分得一杯羹。在10年后,美国工人的平均年收入将会增加4 300美元,20年后将增加1万美元,这才是让美国人"拥有更多钱"的真正方式。

相反,民主派和保守派的经济学说都想通过捷径促进经济增长,把重点放在再分配而非生产力上。保守派想要通过减税提高税后收入,通过减少公共开支促进私营收入,想让工人因低税率而加大工作力度。这种税后收入的增长(伴随税前收入的减少),是小布什总统在最近巡回演讲中的主要话题。然而,能够加剧预算赤字以及减少所需公众投资的减税政策,以及使美国人加倍工作都并非解决之道。美国工人已经比其他发达国家更加勤奋,我们应该采取更多措施来帮助美国人平衡好工作和家庭生活。

民主党想要对富人多征税,通过增加政府项目开支使政策更多惠及美国工人。对蛋糕进行再分配能够公平帮助更多美国人一次性提高收入,却无法带来强劲的生产力增长,因此无法让更多美国人的生活质量得到持续有效的提高。

增长经济学在提高工资和收入方面采取了不同的方法,旨在努力提高生产力的同时,保证经济福利能够得到更公平的分配。为了实现这一目标,收入增长以及创新应该放在经济政策的核心位置。事实上,我们应该确立更为明确的国家目标,使生产力在25年内翻一番(这要求生产力的年增长率达3%),同时要减少10%的志愿者工作。因此,我们就应该多采取有助于实现该目标的投资、管理、税收及贸易政策,拒绝不利于实现该目标的政策。如果我们真能使生产力翻番,美国人的收入将会提高80%,工作量将下降10%。

保守学派告诉我们,经济繁荣依赖于一小部分寻求投资组合最大化的普罗米修斯般的投资者。自由学派告诉我们,经济繁荣要靠政府努力把固定大

第 11 章 增长经济学：当前需要的经济政策

小的经济蛋糕实现再分配，令所有收入人群公平享有。增长经济学的基础不同于前两者，相反，它认为增长的关键在某种程度上十分简单。正如经合组织在知识型新经济的报告上所称，"长期增长和就业水平越来越不依赖短期分配效率措施，而更依赖于长期以夯实知识型基础为目标的政策……这些政策要通过对知识型基础设施、分配体制和人才的支持增加投资。"[1]领先的经济学家们现在已经承认，没有变革就没有经济增长，增加对知识和竞争的投资将会带动增长，促进变革，而政府在这一进程中扮演着十分重要的角色。[2] 总之，增长经济学强调的最佳宏观政策其实是从微观角度出发。并不像供给学派推行的降低个人所得税，增长经济学强调应支持对新设备、技能建设以及促进有竞争力市场的调查、创新和投资。

增长经济学意识到，只有工人、公司、工业财团、企业家、研发机构、民生组织以及政府共同努力，经济的创新力和生产力才会得到加强。因此在研究新经济怎样创造财富时，增长经济学更关心下列问题：企业家敢于冒险，创办新企业吗？工人能够持续升级技能，公司的组织方式能够使工人技能实现最优化吗？美国公司对科技创新进行投资了吗？政府对其科技基础进行支持了吗（比如，资助科学家和工程师的调查和培训）？当地企业集群以及其他机构培养创新力了吗？政策制定者对那些反对创新型竞争者的企业减少保护了吗？研发机构将新型知识传递给公司了吗？政策对先进信息科技和电子商务的广泛采用进行支持了吗？总之，增长经济学意识到，最重要的观点是在一系列制度环境下实现创新。这使经济政策的重点有所转移，它不再是供给学派强调的对富人减税，而是建立一个合适的制度环境，能够支持科技变革、企业家驱动以及高级技能。

增长经济学说强调需求还是供给呢？答案是兼而有之。一方面增长经济

---

[1] Luc Soete, "Globalization, Employment, and the Knowledge-Based Economy," in *Employment and Growth in the Knowledge-based Economy* (Paris: Organisation for Economic Co-operation and Development, 1996), 387.
[2] For example, see Charles I. Jones, "Sources of U.S. Economic Growth in a World of Ideas," *American Economic Review* 92, no. 1 (2002): 220-39.

学重视包括知识、技能以及投资等供给因素，但是与供给经济学不同，其重点不是边际最高税率会影响工人工作、储蓄和投资的能力和意愿。

与此同时，增长经济学也重视需求方面，努力增加能够促进增长和创新要素的组织需求。这些要素包括新型知识、新技能以及新资本设备（包括软件以及信息科技设备）。换句话说，它没有将重点过多放在促进消费者对产品和服务的需求上，而更多强调公司对新设备、软件以及更多有技能员工的知识投资需求。实际上，供给经济学和需求经济学的重点主要在于个人，前者强调永久降低个人税率，后者强调促进工资，以及政府对个人资助的福利。增长经济学重视增加组织的生产力和创新力。因为在发达的知识型经济体中，组织（营利组织、非营利组织和政府）创造了大部分财富，而绝大部分来源于商业。因此我们不可能一边强调促进增长，一边反商业，同时增长经济学没有盲目地促进商业，而是强调促进创新和生产力。

增长经济学的原则

增长经济学主要有 15 个指导原则，一些观点可能会被看作保守派，比如重视经济增长，保证市场的竞争性。另外一些可能会被看作自由派，比如政府行为是保证经济增长的主要因素。实际上，在 21 世纪全球化和创新知识型为导向的经济环境下，这些原则十分务实，旨在促进强劲广泛的经济增长。两个政治党派都应该遵照这些原则。

增长经济学更重视促进创新力和生产力，而非分配效率

新古典主义认为，处理好要素分配关系就够了。增长经济学反对该观点。供给学派和新古典主义经济学家通常认为，要确保要素（资本、劳动力、产品和服务）分配，决定因素在于个人在市场上的自由决定不会受到规定或税制的扭曲。然而该观点存在两个问题。第一，在这一模型假设中，市场在大多数情况下是对的，即使出现不对的情况，政府也无法做出正确调

整。他们认为，征税之前的市场效率很高，税收管制以及支出都会扭曲亚当·斯密所谓的"看不见的手"。但是正如经济学家谢勒指出的，该模型的假设条件是"完全竞争、规模收益不变、缺少外部性。在新的增长理论下，通常来看，这三个假设已经被证实并不准确"。[①] 的确，尽管市场被公认为确定生产内容和方式的重要工具，但它在很多方面失效，或至少没有完全成功。第一，外部性，即市场参与者能够为彼此带来积极或负面的影响。因此，如果没有政府干预，生产活动可能过剩或者过少。比如，单纯强调市场力量可能会导致研发投资不足，因为科学研究的结果将会给其他企业带来"溢出效应"，防止研究企业完全获得所有的经济福利。除此之外，还存在许多种市场失灵的情况，包括"网络效应"，即只有市场上其他参与者采取相似措施，私营企业的行为才能成功。比如，个人医疗信息智能卡的出现，使得个人电脑也得配备智能卡编码器，医生办公室及其他医疗提供者也必须有相似的智能卡显示器。所有的智能卡都有一个类比标准，即医疗信息密码标准化，也就是说数百万公共和私营的医疗提供者都得使用这个系统，使私人信息得到处理。市场个人参与者见证了 visa 卡如何创建信用卡行业的标准，但是他们发现，在缺乏有效公共政策协助的情况下，解决这些合作问题十分困难。

第二，在新式知识创新型经济下，分配效率不再是带动经济增长的主要因素。相反，经济增长在很大程度上由经济学家口中的生产效率和适应效率决定。生产效率是指组织能够以包括劳动力投入在内的最小投入实现最大产量的能力。适应效率是指经济体和机构能够通过发展和采用新型科技创新，适应不断改变的环境的能力。经济学家道格拉斯解释道：

适应效率是关于经济体如何随时间变化的多种规则，是关于社会对掌握知识和学习能力，引进创新，承担风险，创建各种活动，以及解决社会在不同时期出现的问题和瓶颈的意愿。我们现在还远未弄清楚适应效率的所有方

[①] Jonathan Temple, "The New Growth Evidence," *Journal of Economic Literature* 37 (March 1999): 112-156.

面，但是我们非常明白，社会和经济对试点试验和创新的鼓励是分配效率的主要特征，而总体制度结构对其程度起着重要作用。与组织结构密切相关的刺激要素将会促进实践中的学习进程，有助于隐性知识的发展，它能够使个人和决策制定程序不断更新体制，不断进步。①

若是在一个分配效率决定一切、市场失灵很少出现的经济体中，我们可以充分证明，除了在解决分配问题上外，政府功能应该被限制。但是在生产效率和适应效率最为关键的经济体中，直接有效的增长经济政策更有说服力。

活跃明智的政府政策能够促进创新和竞争，刺激经济增长

对促进经济增长来说，过度依赖市场，使政府只履行合同执行和财产保护的功能，并不是最优选择。在其他条件不变的情况下，就经济表现来看，实行有效公私合营，要好于限制政府功能，把大多数决定留给私营企业。市场的确在很多方面卓有成效，如果一定要我们在强劲的市场和有限的政府，以及有限的市场和强劲的政府之间做出选择，我们应该选择前者。但是与供给学派的警告相反，这并不是一个正确的选择，经济政策完全能够兼顾市场以及公共政策干预。

增长经济学基于的原则是政府行为是生产率增长所依赖的基础，这些行为包括对科学、技术、基础设施、教育和技能等进行投资。从这种意义上说，它否认了右派的固有观念，即政府失灵总是比市场失灵更糟糕。事实上，供给经济学的意识形态基础是政府行为不仅从未补充市场，而且始终比市场更低级。正如布什总统告诉我们的，"政府的作用不是设法创造财富，它也起不到这样的作用。"②

---

① Douglas C. North, *Institutions, Institutional Change, and Economic Performance* (Cambridge, MA: Cambridge University Press, 1990), 80-81.

② George W. Bush, "President Highlights Importance of Small Business in Economic Growth," 19 January 2006, www.whitehouse.gov/news/releases/2006/01/20060119-2 .html (accessed 21 January 2006).

布什的减税政策并未增加政府支出和人民投资。事实上，绝大部分税收减免增加的是消费。最近繁荣的房地产市场无法提高生产力或创新力。此外，并非所有的私营部门投资都有利于经济，因为其中不容小觑的比例以零和活动获得市场份额，不会提高生产率。[1]

增长经济学认为，公共部门有助于促进创新力。供给学派认为，政府会阻碍私营部门的创新水平。然而，即使浅析创新史，我们也能清楚发现政府在刺激科技创新方面起到了关键作用。通过追踪最近的创新技术起源，我们发现政府对其研发支持的影响十分深远，比如条形码、网页浏览器、计算机辅助制造、磁共振成像、光纤和组织工程学。[2] 互联网为当前众多经济活动以及人类基因组的映射提供支撑作用，它们是未来创新的基础。如果没有政府的积极支持，互联网不会得到如此迅猛的发展。这表明我们应该扩大政府对研究的支持，且不应把支持领域局限于基本的无向研究，还应加大对国家重点需求的研发（例如，提高生产率、减少化石燃料领域的能量消耗等）。

我们的集体繁荣取决于接受变化的意愿

改革派总想要无风险、不可替代的舒适增长。然而，增长的决定因素是经济学家约瑟夫·熊彼特提出的"创造性破坏"，即取消生产力较低的企业、行业和职业。因此，增长经济学明确倾向进步和创新，而不是为保持现状而争取创新的商业、劳动力和民间部门的特殊利益。这个并不意味着我们应不假思索地接纳所有形式的创新或者市场发展。然而，增长经济学的确支持创新。美国之所以能成为最富有的国家，靠的不是"等到创新手段得到证实，没有风险时再采用吧"。风险和不确定性才能带来突破。

---

[1] Some studies find that only a small share of capital is spent to boost productivity. In contrast, a large share is spent by companies on things like automated databases in order to gain market share from their competitors. While the latter helps the individual company, from a collective sense it is at best a zero-sum activity that transfers resources from one company to another.

[2] National Science Foundation, "Nifty Fifty" (Washington, DC: National Science Foundation), www.nsf.gov/od/lpa/nsf50/nsfoutreach/htm/home.htm (accessed 24 November 2005).

创新和变革具有颠覆性。他们会取代工人，淘汰某些技能，使某些企业甚至整个行业陷入衰败。它们还会使城市甚至整个地区的产业和经济结构重组，打乱传统的行为方式，带来完全意想不到的发展，使世界瞬息万变至无法提前预测。20世纪80年代后期，谁能预测到由美国国家科学基金会运行的政府网络会演变成今天的互联网，人们可以在互联网上进行一切活动，包括网上约会，购买一系列商品和服务，进行交流。由于创新的颠覆性，它往往会引发强烈的政治要求：隔离受影响的行业，以减缓经济变革。

不过，虽然创新具有颠覆性，甚至经常令人害怕，它在总体上还是有益的，会创造新的机会，增加美国人的收入。因此，减缓变革、提升冲突和规制创新萌芽的需求尽管可以理解，本质上却不利于打压那些打着"保护"幌子的少数强大的政治利益集团。这样一来，在新经济下，要有效促进经济增长，政府不应屈服于这些保护主义者，而是应该促进创新和变革进程。政府必须支持能够促进创新力，培育更高生产力的政策，并反对下列政策：只想着怎么切分增长缓慢的经济蛋糕，牺牲整体经济发展来保护某些特殊利益，放缓变革进程，或虽以好的出发点重视创新，却往往被不正确的监管约束。特别是，政府不能向害怕变革的特殊利益集团屈服。我们应在很多方面回绝这些保护主义者，这些人反对能够提高农业生产水平的生物工程食品，反对会提高效率的企业兼并，反对威胁现有组织和商业模式的新型市场参与者，还以破坏隐私权为由，反对新型信息技术，包括消费者产品上的射频识别放置设备（RFID）。

不是所有的公司都存在国际竞争，但是所有的国家都面临竞争

提起国际贸易，供给学派和新古典经济学一般认为，企业间存在国际竞争，但国家之间不存在。因此，政策无须倾向于提升国家竞争力。根据这种观点，假设波音公司这类高附加价值的创新公司倒闭，只要美国的劳动力和资本市场尚为灵活，这些资源将会流入其他行业，如扩大或新生的企业和部门。在这种市场环境下，政策只需要推动破产公司的资源向新晋公司过渡，

确保破产公司不会在这场残酷却必要的惩罚中受到保护，以及下岗工人能尽快再就业。其结果是，持有新古典主义观点的人认为，只要我们有一个良好的教育体系，避免抑制上述创造性破坏，一切将万事大吉。

以上的传统观点或许能够准确描述过去二十年的经济情形，那时全球化尚未出现。在旧经济时代，如果企业因竞争失利而关门，我们只需要确保包括工人在内的资产能在短时间内重新得到分配，进入能够成功赢得竞争的公司。然而，在新的全球化经济中，知识在生产中的地位越来越重要，以上理论已经无法充分解释工业和经济变革。与新古典观点相反，知识不是自由流动的商品。工人、知识与特定环境相适应，环境消失后其价值会大大下降。此外，公司活动具有显著的溢出效应和先发优势，比如学习效应会使早期领先的企业最终实现主导地位。显著的网络效应是另一个因素，指某一行业的领先（如宽带电信）会带来其他许多行业的领先（如互联网视频）。

因此，对于许多面临国际竞争的美国经济部门和行业，竞争失利意味着很难重新获得资源。在这些情况下，外国进口商品可能最终取代无效的美国产品。该理论由约瑟夫·熊彼特提出，被一些人称作新熊彼特理论，它比新古典主义模型更好地描述了美国的逐渐增长的经济份额，尤其是那些重视技术和知识导向的产业。

在知识导向的产业中，输掉国际竞争带来的损失远不只几家企业，还有很多分散其中的价值，体现为失业人员、空办公室、多余机器和未充分利用的供应商。

如果破产企业雇用的是训练有素的科技人才，往往很难将这些人才以及培训资源投入到其他部门。假定他国政府对波音公司的欧洲竞争对手空中客车公司进行资助，导致波音公司倒闭，美国几乎无法依靠市场的力量重建国内航空业，就连美元急剧贬值也无能为力。因为，重建此产业，波音公司将不得不重新获得失去的人才，这不仅包括员工本身，还有融入波音公司甚至整个供应链的集体智慧。供给学派和其他新古典经济学派会声称，只要包括员工在内的资源进入到新的活动中，失去波音公司并不重要。此外，融入企业的组织技能等许多资源将会完全消失，与生产移动要素（例如，工人技能、设备和建筑）相关的资源很容易流向增值较小、工资较低的活动。例如，数以万计的波音公司工人结合自身知识，生产出世界上最先进的喷气式客机，一旦公司破产，他们很可能进入个人产值较低的行业，导致国民生活水平下降。供给学派还可能会指出，就连上述分析提到的对欧洲空中客车进行补贴，也暗示着某种挑选赢家和输家的严厉产业政策。但是，认识到高附加值的创新型企业对未来的美国繁荣十分重要，并不意味着公共政策应对个别公司甚至个别行业提供保护支持。正如在附录中讨论的，政策应逐步使这些公司增加投资，实现繁荣，采取的措施包括促进研发和税收优惠。

　　这表明，经济政策还应重视提高技能、加强教育以及增加资助计划，以此帮助失业工人获得新的就业机会。当然，这些措施显然是解决任何问题的方法。强有竞争力的政策必须做得更多。其思想基础很简单，在21世纪的全球化经济下，各国不能再对工业和增值混合经济无动于衷。除了美国之外，几乎所有国家都下意识地实行"干预市场"的政策，这有助于企业投资高附加值活动，给国家创造更多高薪职位。这些国家没有坐视不管，只等着观察市场如何分配生产，因为它们很清楚，市场更容易将生产资源分配到工资较低的T恤工厂和电话中心，而不是工资更高的半导体工厂和软件公司。虽然这两类经济活动的盈利性可能相似，但对生活水平的影响大为不同。一群民选官员认为，有必要禁止美国企业自己决定进行高附加值经济活动的地区。自20世纪中叶，无论是共和党还是民主党，大多数美国州长在竞争环境方面制定了倾斜性政策，使创造更高附加值工作的公司在其州内驻扎。就像古典经济学派宣称，一些经济活动可以在华盛顿进行，另一些则不行。大多数州长也认识到，市场通常能够创造繁荣。但是，与华盛顿官僚不同，州长通过现实经验了解到，出于政治必要性，市场并不总会使公民富起来。接下来的许多高附加值工作会很容易地在另一个州或国家出现。因此，共和党和民主党的州长们用激进的经济发展政策"干预"经济。不过，一些州打着经济发展的旗号，带来的是零和效果（换言之，不会增加国家财富），但其大部分行为有助于州和国家的发展，比如投资劳动力发展，资助大学等研发中心，不断扩大基础设施建设，支持早期风险资本"正和"活动。

现在，本质上看，美国经济已经成为一个大州（从某种意义上，经济的绝大份额来自国际贸易，以及与其他国家的竞争，就像当年不同州之间的竞争），美国已经失去是否"干预"经济的选择，因为留给它的只有"必须干预"这一个选项。若完全依赖市场竞争，美国会逐渐失去在高附加值技术和知识密集型生产方面的全球竞争力。这意味着联邦政策制定者需要制定关于国家竞争力的政策，重点是保证创新力在美国不断发展。这不是要对个别公司进行支持保护，而是应扩大研发税收优惠，提高联邦政府对科研的支持力度，从而使创新更易在美国发生。

增长经济学认为，资助工业和帮助其提高创新力与生产力不是一回事

供给学派要我们相信，任何能够帮助企业的政府行为（不包括没有针对性的减税和监管）都是产业政策，这些非生产性补贴替代了市场智慧。许多自由派会把这些措施称作企业福利。因此，在美国政府目前的经济政策辩论下，下述两种政策并没有明显区分，一种政策能够帮助原本很少促进社会进步的企业行为有利于社会（例如，雇用福利工人，投资节能技术，对工人进行培训以使其掌握更多的技能，加大研究和开发投入），另一种能对企业提供简单补贴，却很少会提高其效率或创新力。前者将包括提高公司产能、促进其创新力和生产力的项目，比如国家标准技术研究所（NIST）和制造业扩展伙伴关系（一个为中小制造商提供技术援助的项目），或者能帮助企业开发新技术，如 NIST 的先进技术程序。[1]

---

[1] The Manufacturing Extension Partnership is a highly effective program that was a Csemifinalist for a 2004 Innovations in American Government award sponsored by Harvard University's Kennedy School of Government. Likewise, the ATP program has been shown to be a highly effective program. See Charles W. Wessner, ed., *Government-Industry Partnerships* (Washington, DC: Board on Science, Technology, and Economic Policy, National Research Council, 2001).

后者包括为公司进行资金投入却没有增加其生产和创新潜力的项目和政策，如推迟所需的市场调整以支持低效农场生产者的农业补贴和价格支持；对某些特定活动进行的资助保护，如联邦资助的洪水保险（以激励更多的房主和公司住在洪泛平原）；由于特定行业的政治压力而对某些产品征收关税；不与某些特定有利的企业行为捆绑的普遍减税。政府必须努力减少或消除政府的一系列保护和补贴，因为它们保护了既得利益，无法提高经济的创新和生产能力。同时，应努力扩大政府投资（包括直接支出和税收激励机制），以帮助企业提高创新能力和生产能力。

政府要成为增长经济学的有效代理人，就必须和与其密切相关的经济社会一样，实现高速发展、及时反应以及灵活变通

看到政府有望支持经济增长和创新力，保守的供给学派有些无可奈何，开始宣称我们几乎能够完全依靠私营部门实现财富最大化。然而他们很少采取措施来确保政府更好地工作，严格公平地评估项目，扩大有效项目数量（然而，他们通常愿意削减效果较差的甚至是有效的项目）。相反，许多自由的需求学派都不愿意接受强有力的政府再造议程，部分原因在于该议程会从改革公务员体制开始，以增加绩效表现和更灵活的人事管理制度。这些措施几乎总会引发来自公共部门工会的阻力。此外，许多人不愿接受与官僚现状相关的举措，即使它们没有成效。

增长经济学承认，如果政府不必依靠僵化的、规则驱动的、分层级且缓慢的官僚组织，而与企业、民间部门和工人建立合作伙伴关系，政府将发挥最佳水平。因此，执政的新模式应该分散化、非官僚化、催生化、结果导向化以及授权化。在许多情况下，我们应该把庞大低效的官僚机构替换成更灵活的基于绩效的组织（PBOs），甚至是准公共公司。接下来，如果PBO允许政府机构增加灵活性和问责制，下一步改造的组织将是受政府任命的委员会管理的、拥有公共使命的不属于政府部门的非营利组织。许多寻求改造以及为政府带来企业灵活性的国家和美国各州，已经将很多运营性（而不是监

管）任务进行转移，从大型官僚机构转向更灵活小巧、以结果为导向的公共或私人非营利性公司。

这些组织将不再受累于繁杂的人事和合同规则，因为这些规定对当前的政府机构十分不利。在准上市公司的情况下，公司的领导权属于CEO，其任职和报酬取决于公司表现。例如，我们应该建立新式非官僚组织以促进创新（美国创新基金会），增加技能（国家技能总公司），带动区域经济发展（农村繁荣总公司）（参见附录）。

在旧经济下，官僚主义能够处理许多重大的公共政策问题。在知识型经济时代，我们必须依靠一系列新式公私伙伴关系和组织联盟。在这种新经济中，各种各样的界限已经模糊。新的"竞合"环境下，公司正形成多种形式的伙伴关系和联盟，一个市场中的直接竞争对手可能成为另一个市场的研发伙伴。同样，政府不应只扮演官僚项目的唯一资助者和管理者角色，政府需要与公司的组织网络、研究机构、非营利性社会组织和其他民间组织共同投资与合作，来实现广泛的公共政策目标。相对于政府，这些组织有许多优点。通常来说，它们更加灵活，能够利用额外的资源，面对底线压力必须提高表现，因此离客户更近，解决问题的能力往往更强。总之，增长经济学理论中政府必须存在，但联邦政府机构，尤其是在目前的结构下，无法独自实行这一理论。

数字化转型是生产率增长的关键

在过去150年里，生产力增长很大程度上由获得新型工具的农民和工人带动（农民得到化工肥料、质量更高的种子、机械化农具设备；工人得到机床、连续流动处理、叉车和其他类似工具）。生产力的未来进步将取决于我们能否适应占经济总量80%以上的生产收益与粮食种植和食品制造没有关系，靠的是商店、小公室、医院和学校。但是，实现生产力增长的科技并非机械化，而是广泛使用信息技术来改造整个经济行业和功能的数字化。因此，增长经济学的核心是加速经济数字化转型。

信息技术革命正在使绝大多数行业发生转型，它是提高生产效率的关键。事实上，经济学家们发现，20世纪70年代和80年代生产力增长得以反弹的主要原因之一是IT革命的传播。[1] 通过将常规信息处理实现自动化，包括面对面、电话交易以及纸质交易，数字经济有望继续成为生产力增长的重要引擎。信息技术使企业的一系列处理过程实现自动化，提升其效率，比如，电子银行代替了纸质支票，信息亭代替了手工票务，人们可以通过语音识别系统进行通信，在线填写表格，大量基于信息的常规任务被科技代替。五年前，人们进行机场检查时，需要到航空公司柜台排队等待个人登机牌，然后在登机时上交，之后它才会被送到别处进行穿孔，最终进入到数据库中。现在，人们可以通过网上或自助服务亭，获取在登记时可自动读取信息的登机牌。通过信息科技交易实现的储蓄多于取消纸张使用或将面面交易自动化后节省的储蓄，它淘汰了整个经济功能的一大类。例如，电子商务使消费者使用网页而不必去实体店购物，令购房成本降低了1/2。

因此，增长经济学特别重视发展强大的国家电子商务战略，以促进数字化改造。这要求我们在诸如税收、隐私、数字签名、电子通讯监管和行业监管（如银行、保险和证券）等领域中，制定出能够支持数字经济增长的法律和监管条例。这也意味着我们应使用采购和其他直接政府工具，打破在宽带、智能卡和其他相关网络技术问题中"先有鸡还是先有蛋"的数字僵局。此外，我们应反抗中间商和实体店通过法律法规等方式阻挠电子商务对手的行为。政府在某些进行电子转型的行业中，扮演客户、监管机构或出资人（例如，卫生、教育、交通、银行证券以及住房）等重要角色，因此政府应与业界合作，建立部门的电子转型战略，促进行业转型。同时，应资助对先进信息科技的前沿研究，积极部署以客户为中心的电子政务应用，同时确保

---

[1] For example, Federal Reserve Bank economists Steven Oliner and Daniel Sichel found that the use of computers and the production of computers added two-thirds of the 1 percentage point step-up in productivity growth between the first and second half of the decades. Steven D. Oliner and Daniel Sichel, "The Resurgence of Growth in the Late 1990s: Is Information Technology the Story?" Federal Reserve Bank of San Francisco, Proceedings, 2000.

各级政府都尽可能使用信息技术,以降低成本和提高服务质量。

知识和研究商业化会促进创新

知识、科技和创新是增长的关键。要使 21 世纪的经济保持增长,我们不能只是老生常谈,更要采取多种更佳的方式,这就要求我们对知识进行应用和创造。这种知识可能来自在网上销售产品和服务的企业家,发明新产品的研发者,改变工厂生产过程的工程师,发明新软件的程序员,以及发明新型电子商务模式的企业家。这些知识都会带动经济增长。[1]

供给学派声称,政府除了在基础科学以及诸如国防、航空、健康等特定领域进行一定投资,应该将研发和创新的机会留给私营部门。但是在全球化超竞争的经济中,公平市场需要公司在每一季度都产生利润,这使得企业家越发难以在研发上进行投资,尤其是在早期基础和应用型研发上进行投资。如果增加研发投资取得成功,公司可能在 5 到 10 年后才会享受到益处,因此它们很难进行尝试。即使股东们赞赏长期投资,公司仍然会降低此类研发投资标准,因为它们获得的成效并不能完全为公司享有。私营企业在这些研发上投资不足,是因为很多投资收益会产生溢出效应,并不能完全为企业所获。[2]某个企业发明的商业模式很容易被模仿。大学会将这些发现从实验室转移到市场。某些公司在创新基础上取得的突破很容易被其他公司使用。因此,研究估计,企业研发所获得的社会收益回报率至少是企业自身所获收益的两倍。[3]因此,政府在资助科学技术以及调查研究中扮演着十分重要的角色。此外,对私营部门进行税收激励以加大调查投资,也对促进强大的科

---

[1] David B. Audretsch and Max Keilbach, "Entrepreneurship Capital and Economic Performance" (discussion paper no. 3678, Max Planck Institute of Economics, Centre for Economic Policy Research [CEPR], London, 2003), http://papers.ssrn.com/paper.taf?abstract_id= 371801 (accessed 23 November 2005)

[2] Charles I. Jones and John Williams, "Measuring the Social Return to R&D," *Quarterly Journal of Economics* 113 (1998): 1119-35.

[3] Council of Economic Advisers, *1995 Economic Report of the President* (Washington, DC: U.S. Government Printing Office, 1996).

技型经济发展至关重要。① 事实上，经济学家已经发现，对研发的公开支持是经济增长的关键。比如，超过 30% 的美国专利基于公共部门支持的研究，而且这种比例正在增加。

不幸的是，政府对知识的投资已经有所下降。按 GDP 的比例来看，政府对基础应用型研发的资金支持占 GDP 之比已经从 20 世纪 60 年代的 6% 下降到 80 年代的 4.5%，到了 2000 年更是降到 0.38%。政府对非国防和健康相关的研发资助下降得更严重，占 GDP 之比从 1970 年的 1.41% 下降到 2003 年的 0.21%。因此，韩国和芬兰等国的研发资金占 GDP 之比高于美国，瑞士、日本、加拿大和澳大利亚也在赶超美国，主要原因是美国联邦政府的研发资助比例下降得太快。此外，美国政府对企业投资研发的税制优惠也比其他国家低很多。

学术调查一致发现了很高的回报率。曼斯菲尔德学院发现，联邦政府对学术教育资助的收益率达 28%。② 农业调查公共支持收益率稳定在 40%。③ 在进行抽样调查后，研究发现，由商务部国家标准科技研究所资助的 14 个调查项目收益率高达 144%。④ 经济学家雷德和林克总结道，政府对调研的资助激发了额外的私人投资。⑤

因此，增加的政府研发资助是增长经济学的支柱。政府对科学技术的投资每年应至少增加 100 亿美元，大部分钱应该用于新型校企合作调研的合伙关系。此外，政府应该加倍实行税收优惠，对于企业和联邦实验室、大学以及其他调研机构合作的研发财团或伙伴关系进行的研究，政府应该提供更为

---

① Kenan Patrick Jarboe and Robert D. Atkinson, "A Case for Technology in the New Economy" (Washington, DC: Progressive Policy Institute, 1998).
② Edwin Mansfield, "Basic Research and Productivity Increase in Manufacturing," *American Economic Review* 10, no. 4 (1980): 863-73.
③ Zvi Griliches, "The Search for R&D Spillovers," *Scandinavian Journal of Economics* 94 (1992): 29-47.
④ Greg Tassey, "The Economics of a Technology-Based Service Sector," planning report, 98-2 (Washington, DC: National Institute of Standards and Technology, 1998).
⑤ D. P. Leyden and A. N. Link, "Why Are Government R&D and Private R&D Complements?" *Applied Economics* 23 (1991): 1673-81.

有利的统一优惠，以鼓励私人调研。

提高技能可以促进生产力

当科技变革成为生产力增长的主要驱动力，劳动力能够拥有与时俱进的技能也十分重要。因此，新科技和新形式的商业模式不仅需要更多的技能，而且需要新型技能。然而，尽管技能的重要性与日俱增，由于竞争压力，美国公司培训投资占 GDP 之比低于 10 年前的水平。原因之一在于美国人在一种工作上停留的时间缩短，因此公司面临较大的风险，可能出现培训收益尚未产生时，工人已经辞职的情况。此外，当工人技能提高时，公司为从中获益，必须对工作进行重组。但公司又必须先进行工作重组来促使工人提高技能，否则工人很难主动提高技能。这两个因素导致技能水平低于最优值。

因此，政府有责任提供多种激励措施和项目来鼓励组织和工人提高技能，但是如同联邦政府对研发的支持，政府对培训的支持也急剧下降，在布什总统大幅减税之后，占 GDP 之比从 1980 年的 0.19% 下降到 2004 年的 0.05%。现在我们应该转变这种趋势，增加培训资助，每年多分配 10 亿美元支持国家技能公司这一新组织的建立，它会与行业工会共同合作，促进技能培训。除此之外，我们应该实行新型知识税收减免政策，让公司在增加培训开支时享受到 40% 的税收减免。最后，在保证充足的科学家和工程师的供给方面，我们面临特殊挑战。为促进此类人才供给，我们需要加倍努力，既要增强国内的科学和数学教育，又要使国外的科学和工程人才更容易移居美国。

对新设备和软件的投资会为经济注入新的创新力

供给经济学声称，低税率会促进投资，但是企业投资新资本设备的决定几乎与个人所得税无关。即使减税能够增加储蓄，但是增加的储蓄也很可能用于购房、买车及其他不会促进生产力的消费项目。需求学派声称，公司会根据增加的消费者需求来扩大产量，促进投资。这种观点忽略了一个事实，即最重要的不是更多的资本设备,而是新一代资本设备,因为很大程度上新设备才是创新渗透经济的方式。

增长经济学认为,公司对新设备进行投资,会使它们生产得更好(比如,更便宜、更快捷以及更多样化),而非生产得更多。此外,该理论认为,投资的重要性不在于会产生更多的资本设备,而是会促使新型资本设备的使用。换句话说,对增长起关键作用的并非资本设备的数量,而是其更新频率。对于汽车零部件的供给商来说,到底是1 000台个人电脑更高效,还是100万台磨坊更高效?科技变革渗入经济的最主要方式是通过对新型机械、设备及软件进行投资。诸如高速电脑以及快速电子通信方面的创新,我们需要进行大量的投资来实现其收益。

需求学派和供给学派都认为,投资由独立的因素带动,前者认为这个因素是消费者需求,后者认为是储蓄。因此,他们觉得没有必要实行特定的政府投资政策。但是,上述两种观点并未意识到,与对研发进行的投资一样,对新资本的投资带来的总收益超过了进行该投资的企业收益。完全依靠市场,可能会出现新资产设备(包括机器、电脑和软件)投资不足的情况①。原因之一就是,投资追随者可能会从投资领先者的行为中获益。正如伯克利大学的经济学家布拉德·德隆的发现,对设备进行投资"会给社会产生很高的总收益,提高了经济的生产力,但与此同时,它也的确减少了能够合理使用该资产设备的所有者的利润。"②

因此,刺激资本投资的激励措施即便不会带来产量急剧增长,也会促进生产力提高。通过减少设备成本,投资激励措施可能使更高的盈利水平提前

---

① See Christian Keuschnigg, "Business Formation and Aggregate Investment," *German Economic Review* 2, no. 1 (2001): 31-55; and Bradford DeLong and Larry H. Summers, "Equipment Investment and Economic Growth," Quarterly Journal of Economics 106 (1991): 445-502.

② Bradford J. DeLong, "Productivity Growth, and Investment in Equipment: A Very Long Run Look," *Growth and Equipment*, August 1995, 31, www.j-bradford-delong.net/ pdf_files/JEH_Machinery.pdf (accessed 24 November 2005).

出现，以此带动更多投资。①它也会改变在旧机器损坏之前更换新型更佳机器的成本收益比率，不仅可提高生产力，还会使工人更加安全，环境破坏性更小。

显然，保持低通货膨胀率以及低赤字的宏观经济政策能够减少利率，刺激投资，但是被消费更多的物品可能会促使生产力（如新机器）提高，也可能不会（比如购房）。税收政策可以只针对能够提高生产力的物品，加大其投资力度。一种方法是让企业勾销第一年所有机械设备的成本，而不再像现行税法那样，每年只扣除一部分设备损耗成本，直到它完全损坏。这种新方式能够增加企业对新型设备投资的税后收益，激励企业进行更多的投资。②此外，它能使美国公司使用最先进的设备和软件，因此提高国际竞争力。③

促进投资的方式除了改变税制，还有很多其他的直接方式，如对中小企业施加帮助，因为它们了解的投资最佳途径的信息很少。比如，商务部的拓展伙伴关系支持以区域为基础、行业为导向的措施，旨在帮助小型制造商采取更具生产力的车间科技和手段。

位置很重要

创新力和生产力由企业和其他组织机构带动，但是它们并非与现实世界脱轨而独立存在。它们存在于三维空间中，相近组织之间的交流对创新十分重要。事实上，在一些区域经济体中，整体要大于部分之和。换句话说，在特定区域中，相关产业的聚集群会让它们从共同资源中获得优势（比如，对劳动力进行特殊技能的培训，技术研究所，以及共同的供应链基础）。此外，在知识型导向的经济中，拥有知识还不够，知识必须得到共享。在很多

---

① F. M. Scherer, *New Perspectives on Economic Growth and Technological Innovation* (Washington, DC: Brookings Institution Press, 1999).
② Equipment includes industrial equipment and information processing equipment and software.
③ For example, semiconductor factories in Japan can depreciate 88 percent of their cost in the first year, compared to just 20 percent in the United States.

地区，企业群的交流网络能够使它们互相取长补短，从而提高共同的知识水平，这要比它们独立分散出去好得多。

或许最著名的产业群是北加利福尼亚的硅谷，里面汇集了高科技公司，斯坦福大学等研究型高校，培养高科技工人的科技院校，风险投资者，以及其他支持型机构，因此硅谷成为世界上最有活力的科技区域。当然，硅谷不是唯一拥有产业群的区域，还有密西西比河李县的家具产业群，罗德岛的珠宝产业群，以及波士顿、费城等城市所在地南马萨诸塞州的生物科技产业群。目前，区域产业群十分丰富。上述例子表明，产业群不仅可以由高科技公司组成，很多时候，低端公司也能够从产业群中的知识共享中获益。因此增长经济学强调对区域产业群进行支持，鼓励丰富的国际组织学习环境。部分手段是，联邦政府、州立政府和地方政府结成伙伴关系，支持企业科技导向型的经济发展政策。

广泛分享的繁荣需要充分就业

要想实现广泛共享的经济繁荣，高度生产力和创新力很有必要，但并不总是充分因素。20世纪90年代的例子说明，尽管许多经济学家因担心过高的通货膨胀率而反对低失业率，但其实它是保证经济广泛共享的关键因素。在90年代，充分就业提高了许多工人的实际工资，尤其中低工资收入。[1] 要实现密集的劳动市场，公司必须提高工资，使收入实现更平等的增长。但是密集的劳动市场不仅能让经济果实得到更公平的分配，也能够刺激经济增长。当公司加大竞争力度以吸引稀缺员工时，为了支付更高的工资，它们很可能投资新科技和自动化，减少成本，加大产出。如果宏观经济政策十分宽松，并且将充分就业放在低通货膨胀率之前，就业可能会继续增长，生产力的收益会得到更广泛的分配。

---

[1] Jared Bernstein and Dean Baker, *The Benefits of Full Employment: When Markets Work for People* (Washington, DC: Economic Policy Institute, 2003), 2.

第11章 增长经济学：当前需要的经济政策

增长经济学能够帮助美国人更加适应改变

增长经济学致力于促进创新的生命力，同时也努力减少人们对创新的恐惧。如果人们感觉自己在一个没有安全网的环境下工作，他们可能会减少参与企业家行为，甚至不接受强劲增长。在过去10年里，越来越多的研究强调"社会资本"在促进经济增长方面的重要性。[1] 事实上，我们自我感觉的凝聚力越强，我们越可能努力带动经济增长。[2] 此外，我们越有自信承担风险，就越可能逐步共同带动经济增长。如果工人们觉得自己处于动荡的经济环境下，无法得到支持，只能眼睁睁看着企业的CEO们掘金，他们接受改变的意愿就会大大下降。无论我们内心多么渴望，我们都不可能重新回到那个工人依赖大型稳定组织来获取安全感的年代。相反，我们可以努力使工人成为个人成功的代言人，以及安全感的管理者。为了实现这一目标，我们需要给予使工人获得成功的新工具（参见附录）。

自由派帮助美国人应对变化的方式常常是反抗，保守派告诉美国人，只要克服因变化带来的恐惧就好。但是，解决方式应该在促进变革的同时，帮助美国人应对变化结果。如果我们要求美国人接受新经济下的连续变化以及强劲竞争力，政府需要保证工人能够享受到合适的员工福利，领先的快速再就业体制，更有效的失业保险体制，持续低廉的终身教育，资本所有者拥有更大的机会，更普遍的医疗保险。除此之外，随着过去20年税前和税后收入不平等性的大幅增加，税制也急需进行反向变革。我们应从废除布什的减税政策开始，该政策惠及了美国年收入超过20万美元的最富有人群。

此外，不平等性不仅体现在个人收入方面，不同地区之间经济发展情况的差异也属于不平等。许多社区由于经济脱轨，经济发展举步维艰，尤其是

---

[1] R. Quentin Grafton, Stephen Knowles, and P. Dorian Owen, "Social Divergence and Productivity: Making a Connection" (Ottawa: Centre for the Study of Living Standards, 2004), www.csls.ca/rcpsp/2/graftonetal.pdf (accessed 23 November 2005).

[2] Jonathan Temple, "Growth Effects of Education and Social Capital in the OECD Countries," Department of Economics, University of Bristol, UK, 19 June 2001, www.nuff.ox.ac.uk/Users/Temple/abstracts/edfina12.pdf (accessed 22 November 2005).

农村地区和小型旧工业区。因此，经济增长的关键在于实行强有力的国家政策，以促进更多地区实现繁荣。方式之一是建立属于私营公共事业的农村繁荣总公司，转移部分当前针对废旧农场和现存农村发展项目的政府资金，用来帮助农村地区更加富裕。

竞争市场能带动创新力和生产力

仅仅促进知识和投资还远远不够，我们还需要强劲的竞争市场。否则现有企业会减少创新动机，增加生产力，想要进行创新尝试的新企业可能会遭到排挤。事实上，创新不只是知识增加的结果，也来自能够决定企业产品和服务生产方式的竞争以及看上去有破坏性的力量。

增长经济学支持竞争市场和企业家精神，其理论基础是，拥有目标产品和目标服务的有需消费者创造的环境能够使企业振兴或者衰败。这意味着增长经济学支持国内外的开放市场。

在国内，增长经济学指移除对生产者的一系列保护和资助，包括反对电商竞争以支持必要厂商。与市场上的公平竞争相反，很多服务业、零售业及其他行业的中间商努力建立各种符合法规的壁垒，尤其在州立层面，以此束缚竞争对手。比如，汽车经销商禁止美国所有州的制造商直接向消费者销售汽车，并且成功将其纳入法律。如果消费者能够想方设法直接在网上通过汽车制造商买车，就像他们直接从公司购买电脑一样，那么每辆车会少花数千美元。然而不止汽车经销商阻碍了电商竞争，很多其他行业和职业也同样如此，包括配镜师（反对网上配镜）、旅游代理、房地产商、实体教学（教师工会 反对网上课堂），甚至包括殡葬行业（反对网上销售棺材）。事实上，抵制竞争是公司和工会的本性。政府必须主动且有攻击性地反对这些压力，因为此类保护限制了消费者的选择，阻碍竞争者增加市场效率，从而威胁到了消费者福利。此外，这些限制经常有倒退效应，大大损害了低收入消费者的利益。在自由竞争市场中，不应该出现既得利益结伙使用政治手段来阻碍竞争的情况，而应该使消费者决定商业结构方式。因此，联邦政府应该采取系列措施，根除阻碍公平竞争的因素，可以通过权力压制各州壁垒，消除保护主义者条例规定。

在全球层面上，增长经济学支持国际贸易。贸易能够使经济专注于高附加值活动，因此促进经济增长。此外，由于贸易增加了相关市场规模，带来新的竞争者，它也能增加经济竞争，降低价格，培育生产的创新力。然而，要充分实现这些贸易福利，必须保证全球贸易体制基于开放的市场和有限的政府扭曲。决定贸易模式的是市场而非政府。不幸的是，许多美国的贸易伙伴，尤其是来自亚洲的贸易伙伴，参与了一系列意图获取长期经济利益的市场扭曲行动。其中包括货币操纵，使进入其国内市场的外国公司必须在国内生产，窃取知识产权，对进入其市场的公司实行关税和非关税政策，差别税率，管制政策，以及歪曲相关标准以使国外竞争对手倒闭。① 为了充分实现全球化收益，美国政府需要积极利用世贸组织程序，确保外国市场的竞争性、公平性和开放性。这里要特别指出，所有的国家都要开放市场，尊重知识产权，不能因为商人所谓的竞争优势来控制货币。

增长经济学同样支持企业家精神，但是其方式与供给学派不同。供给学派只是简单对所有规模的企业实行减税和减少管制政策，而增长经济学的观点与熊彼特一致。熊彼特曾提出新型创新经济活动，既包括大型公司引进新服务，也包括个人发明家在其车间里想出新点子。正如熊彼特所说，企业家功能是利用创新技术改革生产模式。更通俗地说，是通过开放新型供给材料市场，或对产业进行重组，采用未经使用的技术生产新产品，或是用新方式生产新产品。② 因此增长经济学并不侧重于某一种规模的企业，而是想创造

---

① U.S. Trade Representative, *2005 National Trade Estimate Report on Foreign Trade Barriers,* www.ustr.gov/Document_Library/Reports_Publications/2005/2005_ NTE_Report/Section_Index.html (accessed 23 November 2005).

② Joseph A. Schumpeter, *Capitalism, Socialism, and Democracy* (1942; repr., New York: Harper Perennial, 1975), 132.

对企业家行为有益的环境，使真正的创新注入经济中。

最后，关于阻止反竞争行为的反垄断法，增长经济学旨在对其理解和应用能够与时俱进。反垄断法经常被恐惧变革的企业家利用，来保护在任者，或束缚竞争对手。在另一些情况下，由于担心任何公司串谋行为，传统的反垄断法支持者经常反射性地反对公司合作，担心企业参与反竞争行为。然而很多例子表明，公司合作能够促进创新，比如促进竞争研发或者发展产业标准。事实上，在新经济下，此类竞合关系（企业间同时存在竞争和合作关系）是创新的主要动力。

财政节制是增长经济学的基础

增长经济学基石包括加大对科技、技能和教育进行投资，同时也强调保持财政节制，迅速有效地偿还国债。增长经济学并不崇尚减税或平衡预算，但是它的确意识到财政节制的重要性。这是因为它不仅能够降低利率，还有利于避免下一代人从一出生就背上巨额税收负担。此外，过去5年预算赤字的增加使美元大幅升值，这不利于美国企业在国际贸易中的竞争力。[1]

由于创新是促进经济增长的最重要因素，财政节制不应该以所需要的公共投资和税收优惠为代价，以促进创新和生产力。事实上，很多种方法既能保持财政节制，又不会减少所需投资。实行增长经济学政策的第一步应该是废除布什对富人的减税政策（包括股息税、资本收益税以及个人最高所得税率）。同样重要的是，应控制应享权利支出的增加。其中一种方式是，为社会保险实行累进指标，高收入者的保险福利按照通货膨胀率增加，低收入者的保险福利按平均收入增长率增加。对于很多领域，减少支出并不会带来负的社会和经济成本。比如，我们应该在十多年时间里分阶段将200亿美元和

---

[1] Even though some conservatives and the Bush administration claim that budget deficits don't affect trade, they sang a different tune during the Clinton administration. At that time, prominent conservative economists, such as Martin Feldstein, Greg Mankiw, John Taylor, and Alan Meltzer, argued that cutting the budget deficit would help reduce the value of the dollar and boost U.S. competitiveness.

年补贴额分配到农场企业。[1]

预算、"工业政策"和工作怎么办

左右两派的某些人对增长经济学议程提出很多反对观点，包括它代价高昂，挑选赢家和输家，将资本置于工人之前。

我们能承受增长经济学议程吗

实行增长经济学议程需要政府进行投资，包括直接支出以及对公司实行税收优惠。不过，这些投资并不会加大赤字。在某些方面增加的支出，会被其他方面减少的支出抵消，比如减少农场补贴。税收优惠政策也可以通过实行适度的企业活动税来弥补，企业在生产过程中的高附加值活动获得的收益越多，支付的企业活动税就越多。[2] 同时，可以为低收入家庭提供可偿还税收抵免，这不仅能使美国政府通过累进制提高额外收益，还能促进技术、调查和设备上的国内投资。此外，由于企业所得税还可以支付额外的企业税收激励措施（比如让企业在第一年勾销所有的设备投资），以及扩大研发税收优惠，因此最终结果呈收益中性。一些公司的研发、培训和投资较少，因此支付的税收更多，但它会被那些有大量研发、培训和投资的企业所得到的税收减免抵消。企业活动税还有另外一个好处，在世贸组织的现有规则下，存在边界可调。因此，该税种不仅可以应用于进口，也可以应用于出口，使美国公司与其大多数贸易伙伴一样更具竞争力。

难道它不是工业政策以及"挑选赢家和输家"吗

供给学派喜欢辩论称，"由于现代经济中的不确定性蔓延，中央集权的

---

[1] Robert D. Atkinson, "Reversing Rural America's Economic Decline: The Case for a National Balanced Growth Strategy," Washington, DC: Progressive Policy Institute, 2004.
[2] This variation of a VAT is based in part on the tax described in Gary Clyde Hufbauer and Paul L. E Greico, "Comprehensive Reform for U.S. Business Taxation," submitted to the President's Advisory Panel on Federal Tax Reform (Washington, DC: Institute for International Economics, 21 April 2005).

策略并不是促进经济增长的可行方法。"① 由此,许多供给派学者反对增长经济学议程,并把它看作工业政策,认为它已经"挑选了赢家和输家"。然而供给学派并没有把经济政策看作是对策略性公共行为和非公共行为二者的选择。在他们看来,经济政策的选择就是自由市场和计划经济,自由选择和极权主义。比如,曼昆曾经反对联邦政府在新挑战下采取行动增加美国的竞争力,尤其是应对来自亚洲的竞争对手时。他如此讨论经济政策的选择问题,"政策制定者不应该试图精确决定应新增何种工作,或是何种行业,如果政府的官僚有能力进行这种远见,那么计划经济早就会成功。然而它并没有成功,这足以证明自由市场才是经济繁荣的基础。"②

其实这种绝对观点提出了一个虚假选择。因为并不是所有想要解决社会问题的政府策略都依赖于市场工具以及行业导向,即使采取了旨在促进竞争的方式。并不是所有的政府策略都是工业政策。即便如此,供给学派也可能会将任何政府扮演重要角色的经济议程看作是工业政策,即使政府明显没有任何行业偏向。增长经济学并不重视帮助某种特定的公司或者行业,它只是强调政府应该加大对增长和高附加值活动的关键投入,这涉及公共和私营两方面,包括研发、技能和投资。

相反,一些左翼分子把任何想要帮助公司提升生产力和创新力的行为,尤其是税收优惠手段,看作不平等的企业福利。一切左翼分子很喜欢强调,当前的企业缴税额占 GDP 的比例要少于上一代。但是这种观点并没有考虑到企业不是普通人,在竞争性市场环境下,高额企业税最终还是由消费者以高价形式买单。此外,商业活动征税使企业为税收优惠买单,这也就意味着企业最终要缴纳的税收并没有减少。

---

① Chris Edwards, "Entrepreneurs Creating the New Economy" (Washington, DC: Congressional Joint Economic Committee, November 2000), www.cato.org/research/ articles/edwardsl 1-00.pdf (accessed February 4, 2006).
② Gregory Mankiw, "Remarks at the Annual Meeting of the National Association of Business Economists Washington Economic Policy Conference," 25 March 2004, www .whitehouse.gov/cea/mankiw-032404.html (accessed 2 December 2005).

工作和工人们呢

最后,一些左翼分子对增长经济学抱有矛盾心态的另一个可能原因,是他们担心经济充满活力、生产力很高时,风险也会提高,工作岗位相应减少。但是,创新和生产力尽管会使一些工人失业,因为公司可以用更少的工人实现同等生产力,但它绝不意味着失业率会更高。在第二次世界大战后的繁荣经济时期,国家生产力急剧提高,就业率也维持在较高水平。没有强劲的生产力和创新力,美国工人不可能获得持续的收入增长。增长的关键不是像某些左派分子希望的那样,给生产力和创新力的车轮里扔沙子,使其放缓到"人类行走"速度,而是保证强劲的生产力和创新力的收益能够为所有美国人享受到,使所有美国人都有工具成功驶向有活力的劳动市场。

结论

在新经济下,创新和知识是带动经济增长的两个最重要的因素。如果想促进这两个方面,政府就不能像自由派倡导的那样,只是简单地将资源再分配到穷人(甚至是中产阶级)手里,也不能像保守派倡导的那样,将资源输送给富有的投资者。相反,政府需要投资科研、创新和技能,同时鼓励竞争,这样既会为下一代人实现财政节制,又能帮工人处理增加的风险。通过将知识和创新放在国家经济政策的中心,我们能够保证实现强劲的经济增长,提高全美人民的生活质量。

布什政府一心想通过减税和限制政府功能来促进经济增长,增长经济学的方法则完全不同。但是,该差异不仅仅局限在经济学方面,也在于对美国社会本质的认识方面。充分利用政府以实现除国防和公共秩序之外的目标,在保守派看来,是违反个人自由的行为。不过政府促进惠及所有人的行为的动机并不违背个人自由。比如,没有公司会不愿意接受针对员工培训或校企合作的税收减免,也没有哪个下岗职工会不情愿接受医疗保险支出的税收减免。

美联邦从大英帝国脱离出来后，形成了一个中央政府力量相对较弱的散漫联盟。这种联盟方式存在很多缺陷，以至于创建者重新改变了政府体制。但是他们既没有选择皇权模式，也没有完全放弃中央政府。相反，他们加强了政府权力，更好地行使权力，既保护个人自由，又能够增加共同财富。

如今，美国仍然不只是由一群在市场上相互交换以满足个人需求的自给自足者形成的集合。我们拥有共同的目标，只有通过团结努力才能实现：干净的环境；可居住的社区；就业、退休、医疗保险；逐渐发展的科技知识；有尊严的令人满意的工作环境；完善的公立大学；有效的交通体制；更多能和家人在一起的时间等。实现这些共同目标并不意味着我们要反对市场，或者我们应反对公共行为。正如最好的运动团队要靠一群上进心强，勤奋又有天赋的球员向着共同目标努力一样，最好的社会是人们的个人追求不仅仅限于短期的自我利益。伟大的社会是从一群聪明团结的人中产生的。如果我们过于关注自我，就不会像一支好球队那样赢得胜利。

团队成员要对彼此负责。这里所说的互相负责并不是要我们穿着苦行僧的粗布衣服，把"公平"和"公正"写在上面。事实上，相互依赖能使个人取得成就。一个好的社会依赖自由、正义以及共同行为。就连供给学派始祖，著名经济学家弗兰德，也曾在一篇已经被保守派遗忘的文章中指出："共同需要只有通过共同行为才能得到满足。"[1]增长经济学反对供给学派和需求学派，因为他们的时代已经过去了。相反，增长经济学家强调公共行为的力量，也重视市场竞争的重要性，在现代经济下，该策略给予所有美国人实现美国梦想的最佳机会。

---

[1] Friedrich A. Hayek, *The Constitution of Liberty* (Chicago: University of Chicago Press, 1960, paperback edition 1978), 257.

SUPPLY-SIDE
FOLLIES

附 录

增长经济学政策提案：支持创新型国家

供给学派的主要吸引力在于其传达的信息可以作为汽车保险杠上的标语："低税率能促进经济增长。"要把增长经济学的信息浓缩到标语上有些困难，不过"支持创新型国家"可能是一个好的开始。

不管能否作为标语，增长经济学的确为政府提供了带动增长的特定政策手段。当然，下面要讨论的绝不是增长经济学的全部，但它的确反映出了政府应该采取的某些措施。

促进联邦政府对研发的支持，同时建立国家创新基金会

由于创新能带动经济增长，联邦政府需要促使创新成为经济政策的主要部分。尽管商务部已经将创新作为其任务之一，但是所采取的手段很有限，也相当分散。因此，我们应该将国家电子通信信息局、国家科学基金会以及包括国家标准与技术研究院在内的科技局转变成新型国家创新基金会。在未

来 5 年，将总预算从 50 亿美元提升到 150 亿美元。[1] 基金会的目标不是指导创新或者我们的自有专利，而是与大学、其他研究机构以及私有部门共同合作，支持创新。我们还可以利用增加的基金来做以下事情。

1. 加强美国的研发基础设施（设备、设施以及能够从事一流研发和先进科技的装置）。[2] 这样的基础设施可能包括癌症调查 DNA 分析设备，新材料和系统的纳米科技研究设施，以及可创造出新媒体和虚拟现实环境的超级电脑。新型研发基础设施的核心组成部分是先进的信息基础设施程序，它能够创建更普遍、及时和合作性的数字化研究环境。[3]

2. 支持能够带来直接经济利益，包括提升制造业竞争力以及生产力的科技研发。这就是说：（1）提高美国国家卫生基金会在设计部、制造业以及工业创新上的资金支持，每年增加 10 亿美元的资金支持。原因在于这些部门十分重视在设计、制造以及工业工程等方面的基础调研。（2）每年向生产力加强研究基金会划拨 10 亿美元，资助大学以及校企合作项目的早期研究，尤其是对机器人、机器视觉、专家系统以及语音识别等科技工业和服务的研究。这笔资金能够支持应用领域广泛、会在诸多工业中提升生产力的早期研究，而非针对特定企业的晚期研究。（3）每年向 100 家校企合作的美国创意调查联盟[4]投资 10 亿美元。同样，这笔资金也是支持应用领域广泛、会在诸多工业中提升生产力的早期研究，而非针对特定企业的晚期研究。（4）加大对可再生能源研究的资助，每年至少 20 亿美元。（5）投资 10 亿美元以跟上

---

[1] Adding $10 billion to the nation's research enterprise would restore the ratio of federal R&D to GDP that the nation enjoyed in the early 1990s.
[2] As the National Science Board reports, "Over the past decade, the funding for academic research infrastructure has not kept pace with rapidly changing technology, expanding research opportunities, and increasing numbers of users."
[3] The National Science Foundation Blue Ribbon Committee on CyberInfrastructure recently concluded that our nation's science, engineering, and educational enterprises would dramatically benefit from major advances in information technology.
[4] Industry-led research alliances of at least ten firms would be eligible for matching federal funds, provided the firms agree to develop midterm technology road maps that identify generic science and technology needs that firms share and then invest the funds through a competitive selection process in these research areas in universities and federal laboratories.

美国州政府在科技经济发展上的投资。各州需相应投资校企合作项目及其他工业为导向的创新合作项目,与联邦资助比至少1∶1。联邦资助和工业投资应该一一对应。由此,10亿美元的联邦资助可能最终会产生30亿美元的研发资助效果,很多项目由非一流大学和中小企业公司合作。这些研发主动权的附加成本每年将达100亿美元。

通过扩大和重组税收减免投资研发,加大对私营部门的优惠力度

加大对公共研究(尤其是非国防、非健康相关的研究)的投资固然不可或缺,鼓励企业加大研发投资力度也十分重要。企业投资在20世纪90年代有所增加,但是占GDP之比却有所下降。[1] 在美国,政府的税收政策应该为投资研发的企业提供更好的奖励措施。[2] 国会应该采取下列措施:

1. 令研发税收减免永久化;[3]

2. 将优惠力度从20%提高到40%;

3. 对于企业和大学、联邦实验室或者研究财团合作的调研支出实行40%的统一税收减免,以此支持美国学校和大学的教育培训;[4]

4. 使小型企业和初创企业更容易申请税收减免,允许他们自己计算研发基数和100万美元以上的毛收入;

---

[1] While it's not clear why funding declined, one cause may be the offshoring of research by U.S. firms to other nations. Between 1994 and 2001, R&D by U.S. firms increased 70 percent faster overseas than it did in the United States. Major U.S. companies such as Microsoft, General Electric, and Cisco have made significant investments in R&D facilities overseas, particularly in developing countries. One reason is the growing number of talented, low-cost researchers in nations like China and India. But another reason is that the tax treatment of R&D in the United States is relatively unfavorable compared to other nations. For example, the Canadian government provides a flat, nonincremental, 20 percent R&D credit for large companies, and up to a 35 percent credit for small companies. Provincial government credits can be taken on top of these. In contrast, U.S. companies can take only a 20 percent credit on increases in R&D, and few states have significant credits.

[2] Studies, including by the former Congressional Office of Technology Assessment, have shown that the R&D credit is effective at boosting private-sector research.

[3] The official name is the research and experimentation tax credit.

[4] One reason for this more generous collaborative R&D credit is that more of the benefits of such collaborative R&D spill over to the economy than proprietary in-house R&D.

5. 用于确定全球标准以及取得专利权的支出也有资格申请税收减免；[1]

6. 对于合格的研究（以及培训），若其花费超过纳税人合理支出的 60%，可以将替代性最低税减免率提高到 10%。[2]

通常，人们一致认为研发税收抵免是很划算的货币政策工具。比如，前预算办公室科技评估部门总结道，"边际上，研发税收抵免每带来一美元税收损失，都会在研发支出报告上带来一美元的增加。"[3] 其他一些研究发现的收益更高，经济收益与税收成本比在 1.3 到 2 之间。[4]

知识税收抵免的额外成本每年大约 200 亿美元，私营企业研发的成本要大于这个数字。将研发税收抵免提高到 40% 后，企业的成本约在 50 亿美元，将基础减免增加到 10%，成本约为 50 美元，实行统一合作税抵免，成本将在 25 亿美元左右。

鼓励对新设备、科技和软件进行投资

政府在鼓励公司投资新设备和机器方面起着关键作用，国会应该采取以下措施。

1. 使公司在第一年勾销掉所有机械设备投资，而不是每年扣除一部分设备成本，直到它完全损坏。使公司在第一年勾销所有新设备和软件的投资，会提高投资的税后收益率，以此促进更多投资。[5] 这会加大美国公司的全球竞争力。

2. 使商务部的制造业扩展伙伴计划的项目资金从 1 亿美元增至 3 亿美元。

---

[1] Corporate investments to participate in global standard-setting processes are an important component to ensuring U.S. competitiveness. But because of the free-rider problem where companies benefit from the actions of other companies, U.S. companies appear to underinvest in standards-settings activities, just as they do in R&D.

[2] This would include the average of qualified research expenses over the last three years.

[3] U.S. Congress, Office of Technology Assessment, "The Effectiveness of Research and Experimental Tax Credits" (Washington, DC: Office of Technology Assessment, 1995).

[4] Coopers and Lybrand, "Economic Benefits of the R&D Tax Credit," January 1998.

[5] Equipment included is industrial equipment and informationprocessing equipment and software.

制造业扩展伙伴计划还应在特定产业部门建立基于行业的现代化中心。此外，联邦政府应该将这些选择性服务行业纳入工业扩展项目。

加速经济数字化[①]

电脑、互联网、电子通信和其他信息科技的广泛使用已经成为可持续的生产力增长的关键，政府应该采取很多措施，具体包括一下内容。

1.加大宽带供给。美国在宽带使用上不断落后于其他国家，从2000年的世界排名第3名降到了2004年的第16名。即使安装了宽带的家庭，大部分网速都很慢。[②] 要真正加速数字革命，实现电子媒体、远程教育、电子通信、网上视频下载技术，宽带速度必须至少提升到每秒10兆到20兆。日本和韩国等国家在下一代高速宽带上发展进步很快，而美国的电子通讯公司则刚刚开始起步。当然，私营部门将进行大部分网络建设，但是政府也可以加速这一进程。各级政府可以移除管制障碍和税收障碍，比如对公路使用征收高额费用。他们还可以经常为推进下一代高速互联网提供财政补贴。在未来5年或者更长的时间里，各级税务局应该免除宽带服务行业的普遍服务基金，直到大多数美国人都能够享受道高速宽带服务。国会应考虑将税收优惠纳入新宽带网络部署，包括允许电子通信公司在第一年勾销所有宽带投资。许多其他国家用这种方式成功推进了先进的电子通信基础设施建设。比如日本政府允许日本电报电话公司快速勾销光纤宽带网络成本，韩国政府也采取了相同的措施。最近，加拿大政府在对宽带、互联网及其他数据网络基础设施设备建设上，加大了50%的税收优惠。

2.促进宽带需求。联邦政府可以采取下列措施：

a.资助美国公共电视台，使其将电视节目放在网上，这样人们就可以上

[①] 由于本书初版于2008年，所以很多数据已经过时，但是作者的观点依然具有启发和借鉴意义。——编者注

[②] www.yankeegroup.com/public/products/decision_note.jsp?ID = 13117.

网下载节目，比如肯·伯恩斯（Ken Burns）的《内战》。

b. 通过美国国会图书馆，建立国家电子借阅图书馆，以此迅速进入电子书市场，加速宽带进程。①

3. 促进行业电子转型，政府作为消费者、管制者和资助者（比如健康、教育、交通、银行证券业、执法机关和住房等），拥有很大影响力，它应该与产业部门一起合作，建立电子转型策略。行政机关应使各级代理部门研究采购行为、管制行为和其他行为如何促进行业电子化。政府应该为联邦机构分配任务，让其与科技研发者和使用者共同合作，帮助众多行业绘制电子信息科技革命的地图，重点放在政府采购和管制等政策如何加速数字转型。②健康医疗是主要例子。布什政府已经开始采取行动帮助建立交换医疗信息（包括病历）的标准，但是政府还可以采取更多措施以促进体制变革。

提升技能

1. 允许企业对增加的培训费用享有40%的税收优惠，以此促进研发税收优惠转型到知识领域。培训税收优惠的成本大约在85亿美元。

2. 创建新型私营公用的国家技能公司。教育部的教育项目和劳动部管理的雇佣培训项目中的资金和责任将会转移到新公司。该私营政府公司的管理人员来源广泛，将由商业和劳动界代表、教育家以及由总统和国会任命的当地民选官员组成。公司有以下任务。

a. 与产业部门、区域工会或行业技能联盟等共同合资。③

b. 在全国各地建立由友好专家组成的便捷"学习商店"。个人可以咨询有学识的专家，或者在自己所知领域分享所知，得其所需：包括评估技能、

---

① Robert D. Atkinson, Shane Ham, and Brian Newkirk, "Unleashing the Potential of the High-Speed Internet: Strategies to Boost Broadband Demand" (Washington, DC: Progressive Policy Institute, 2002).

② Robert. D. Atkinson, "What's Next?" *Public CIO*, February 2005, www.public-cio.com/story.php?id=2005.01.31-92922 (accessed 23 November 2005).

③ Robert Atkinson, "Building Skills for the New Economy: A Policymaker's Handbook"(Washington, DC: Progressive Policy Institute, 2001).

地方课程、学位项目、证书项目、决定金融援助资格；

c. 建立政府学习网站，提供相应工作信息，将其建设为领先的网上学习和员工再就业平台。此外，该网站还可以提供培训教育课程、财务援助、自我管理的技能评估和教育及职业咨询、在线获得教育和培训益处的能力，最重要的是提供丰富的免费互联网课程和培训材料。

3. 加大对国家卫生基金会中先进科技教育项目的资助力度。该项目能够资助社区大学和科技院校中的科技教育项目。

4. 提升拥有良好数学、科学和工程背景的工人数量。

a. 建立250所重点培养数学、科学、工程和计算机学生的公立高中。增加的科技技能对未来经济增长至关重要。然而，相对而言，美国只有少量大学生在数学、科学和工程专业上获得学位。相反，在几乎其他所有发达国家以及如中国和印度等发展中国家，数学、科学和工程专业的毕业生逐年增多。此外，作为当前数学和科学人才的重要来源，外国学生很少会选择来美国读这些专业，也很少人会在毕业后继续留在美国。除非有更多对此类学科感兴趣并擅长的学生在大学里修读这些专业，否则，增加数学、科学和工程专业的毕业生十分困难。因此，我们需要建立重视科学、数学、工程和计算机领域的公立高中，以托马斯数学科学研究所为榜样。这些学科的重点应该放在服务弱势群体。[①]

b. 全面资助数学、科学和教育领域伙伴计划，包括奖学金项目和科学、技术、工程以及数学天才拓展计划。

c. 使有天赋的外国学生更容易在数学科学和工程专业获得博士学位，留在美国。可以通过免除特殊人员签证的方式，并给予其绿卡，从而加速这一进程。

---

① This is similar to a recommendation made by the National Academy of Sciences' report "Rising above the Gathering Storm," to expand statewide specialty high schoolsfocused on science, technology, and mathematics.

提升竞争力，而非特权

1. 在白宫增设竞争监督员的职位，其职责是对新提出的以及当前的政府法规进行辨认、分析和检查，看其是否有不公平地阻碍竞争和创新的情况，比如新兴电子商务运营模式。

2. 对于联邦贸易委员会、证券交易委员会、联邦通讯委员会等政府以及其他机构，若有忽视商业的行为，严格根除保护主义者法规，尤其是对电子商务竞争者的限制。

3. 联邦政府应该继续加大全球市场一体化，但与此同时，它应该更积极确保贸易合同符合世贸组织和国际货币基金组织的规定。美国政府应该更加积极警惕地和现有国际机构合作，创建一个更加开放和市场导向的全球贸易体制。对于货币管制、知识产权盗取、关闭市场、标准控制和一些其他保护主义者和商人主义行为，要加大控制和惩罚力度。[1]

给美国人更多管控风险的工具

1. 为失业人员提供更多保障。

a. 改革联邦政府失业保险制度：（1）所有无过错失业员工还应该获得失业保险福利，即使其工作时间很短或者工资很低；（2）为这些工人多提供另外13周的保险福利，使其参加证书技能培训项目；（3）设立失业保险救助金最低水平，所有州都必须实行。[2]

b. 允许企业在当前员工和退休职工的相关医疗保健支出方面获得65%的

---

[1] In the case of nations like China that peg their currencies to another currency (in this case, the dollar), the appropriate solution may be for them to revalue their currency upward to better reflect their trade surplus. One way this could be done would be for the IMF to convene a panel of experts who would agree on the extent to which the nation's currency is undervalued.

[2] Robert D. Atkinson, "Modernizing Unemployment Insurance for the New Economy and the New Social Policy" (Washington, DC: Progressive Policy Institute, 2002).

优惠。① 这会大大加强企业员工提供医疗保健的力度。此外，政府应该缩小与其他国家在政府医疗保健资助方面的支出差异，使美国公司更具竞争力。

c. 对失业员工提供过渡性医疗保险福利，将可退还税收抵免增加到65%，以帮助领取失业保险的工人购买医疗险。其他渠道包括购买集合资金"前员工可持续保险"（COBRA），或者是其他国家资助的医疗计划以及个人险。

d. 对无过错失业工人提供"新经济奖学金"。对于那些想通过领取失业险进入大学继续学习的失业员工，该奖学金计划可以提供高达4 000美元的资助。②

2. 建立重点帮助农村地区实现经济繁荣的新农村繁荣公司。将联邦部门用于无效的现有农村发展项目的资金转移到该公司。新农村繁荣公司的领导人员由总统和国会任命，由商界和劳动者中的领军人物、国家和地方民选官员以及农村发展专家组成。公司主要有3个任务：（1）推进按绩效拨款项目，支持农村发展；（2）支持农村经济发展研究以及农村经济发展最佳案例的评估；（3）资助旨在支持农村地区产业的科技研究（比如风能）。

恢复财政状况

1. 产生额外收益

a. 取消针对有钱人的布什减税政策（比如股息税、资本所得税和最高边际税率）。

b. 为了弥补增长经济学一系列税收优惠政策，实行5%的"企业活动税"，要求企业根据生产过程中"增加的价值"缴纳。将企业活动税与对低

---

① This could work by setting a base credit amount that companies could take per worker. If companies spent more than that on health care for their workforce, they would be able to deduct it as they currently do, but not take the more generous credit.

② Red tape would be reduced by allowing workers to apply for aid directly from certified training providers rather than government agencies. To protect workers, training providers would have to be certified and report results on an annual report card to help workers identify the best lifelong learning programs. Paul Weinstein Jr., "New Economy Work (NEW) Scholarships: Universal Access to Training for Dislocated Workers" (Washington, DC: Progressive Policy Institute, 2002).

收入美国人的不可退税优惠结合起来,美国政府的额外收入将增加。这种方法既有进步性,也符合促进国内企业投资以及加大美国公司竞争力的总目标。①

2. 控制不必要支出

a. 建立非党派的企业福利取消委员会,研究所有特定产业的支出和税收条例。该委员会将会对不符合首要国家目标的资助进行一系列改革和削减,比如关闭基地等。国会不能修改,只能投票增加或减少该提案结果。

b. 限制权益性支出增加。首先应对社会保险实行累进制指标,限制高收入者因高膨胀率增加的福利。此外,政府还应采取措施限制医疗支出,比如努力提高当前医疗体制的效率。

---

① In order to limit compliance costs, only firms with revenues of $10 million or more would be subject to the BAT. Because the BAT is border adjustable under WTO rules, whereas general corporate taxes are not, it will help reduce the trade deficit, including promoting U.S. exports. Currently, virtually every major trading partner (with the exception of Australia) has some kind of VAT/BAT, and that means they are able to subject imports to the VAT tax and exempt their exports-an advantage our companies don't enjoy.

北京阅想时代文化发展有限责任公司为中国人民大学出版社有限公司下属的商业新知事业部，致力于经管类优秀出版物（外版书为主）的策划及出版，主要涉及经济管理、金融、投资理财、心理学、成功励志、生活等出版领域，下设"阅想·商业""阅想·财富""阅想·新知""阅想·心理""阅想·生活"以及"阅想·人文"等多条产品线。致力于为国内商业人士提供涵盖先进、前沿的管理理念和思想的专业类图书和趋势类图书，同时也为满足商业人士的内心诉求，打造一系列提倡心理和生活健康的心理学图书和生活管理类图书。

阅想·财富

《金融创新：重塑未来世界的智财》

- 金融史始终是一部动态创新的历史，本书力求探明金融创新的本质，指出金融创新的方向，如此才能守护金融创新本有的善意。
- 诺尔贝经济学奖得主、英国央行首席经济学家、中国银行业协会首席经济学家、清华五道口金融学院副院长联袂推荐。

《索罗斯传》（白金珍藏版）

- 他似乎拥有控制市场的超级能力！某种商品或货币的市场价格会随着他的言论上升或下跌！
- 他的一生毁誉参半。他到底是"市场驱动者"，是"金融界的超级明星"，还是"投机客"？他到底是投资界的"魔鬼"，还是悲天悯人的"慈善家"？为什么他又自诩为"金融哲学家""无国界的政治家"？
- 罗伯特·斯莱特将引领我们进入这位大师的思想深处，让我们看到一个真实的索罗斯。

阅想·商业

《共享经济商业模式：重新定义商业的未来》

- 欧洲最大的共享企业 JustPark CEO 倾情写作、国内外共享企业大咖联袂推荐。
- 首次从共享经济各个层面的参与者角度、全方位深度解析人人参与的协同消费，探究共享经济商业模式发展历程及未来走向。

《德国制造：国家品牌战略启示录》

- 赛迪研究院专家组倾情翻译，工业4.0研究院院长兼首席经济学家胡权、工业4.0俱乐部秘书长杜玉河、工信部国际经济技术合作中心电子商务研究所所长王喜文联袂推荐。
- 从冠军品牌、超级明星品牌再到隐形冠军品牌，以广阔而迷人的视角，深度解析德国制造究竟好在哪里。

《大数据经济新常态：如何在数据生态圈中实现共赢》

（"商业与大数据"系列）

- 一本发展中国特色的经济新常态的实践指南。
- 客户关系管理和市场情报领域的专家、埃默里大学教授倾情撰写。
- 中国经济再次站到了升级之路的十字路口，数据经济无疑是挖掘中国新常态经济潜能、实现经济升级与传统企业转型的关键。
- 本书适合分析师、企业高管、市场营销专家、咨询顾问以及所有对大数据感兴趣的人阅读。

Supply-Side Follies: Why Conservative Economics Fails, Liberal Economics Falters, and Innovation Economics is the Answer.

ISBN: 978-0-7425-5106-0

Copyright © 2006 by Robert D. Atkinson.

AUTHORIZED TRANSLATION OF THE EDITION Published by Rowman & Littlefield Publishers, Inc.

No part of this publication may be reproduced, stored in a retrieval system or transmitted in any form or by any means, electronic, mechanical, photocopying, recording or otherwise without the prior permission of the publisher.

Simplified Chinese rights arranged with Rowman & Littlefield Publishers, Inc. through Vogel Burda Media.

Simplified Chinese version © 2016 by China Renmin University Press.

All Rights Reserved.

本书中文简体字版由 Rowman & Littlefield Publishers，Inc. 通过弗戈博达媒体授权中国人民大学出版社在全球范围内独家出版发行。未经出版者书面许可，不得以任何方式抄袭、复制或节录本书中的任何部分。

版权所有，侵权必究。

图书在版编目（CIP）数据

美国供给侧模式启示录：经济政策的破解之道 /（美）罗伯特·阿特金森著；杨晓，魏宁译 . —北京：中国人民大学出版社，2016.9

书名原文：Supply-Side Follies: Why Conservative Economics Fails, Liberal Economics Falters, and Innovation Economics is the Answer

ISBN 978-7-300-23319-2

Ⅰ.①美… Ⅱ.①罗… ②杨… ③魏… Ⅲ.①经济改革—研究—美国 Ⅳ.① F171.21

中国版本图书馆 CIP 数据核字（2016）第 194425 号

美国供给侧模式启示录：经济政策的破解之道

【美】罗伯特·阿特金森　著
杨　晓　魏　宁　译
Meiguo Gongjice Moshi Qishilu: Jingji Zhengce de Pojie Zhi Dao

出版发行	中国人民大学出版社		
社　　址	北京中关村大街 31 号	邮政编码	100080
电　　话	010-62511242（总编室）	010-62511770（质管部）	
	010-82501766（邮购部）	010-62514148（门市部）	
	010-62515195（发行公司）	010-62515275（盗版举报）	
网　　址	http://www.crup.com.cn		
	http://www.ttrnet.com（人大教研网）		
经　　销	新华书店		
印　　刷	北京联兴盛业印刷股份有限公司		
规　　格	160mm×235mm　16 开本	版　次	2016 年 9 月第 1 版
印　　张	17 插页 2	印　次	2016 年 9 月第 1 次印刷
字　　数	225 000	定　价	59.00 元

版权所有　　侵权必究　　印装差错　　负责调换